许晓芳 主编

失败：
教学创新
的 源泉

上海教育出版社
SHANGHAI EDUCATIONAL
PUBLISHING HOUSE

图书在版编目（CIP）数据

失败：教学创新的源泉 / 许晓芳主编. —上海：上海教育出版社，2024.6. — ISBN 978-7-5720-2740-6

Ⅰ．G420

中国国家版本馆CIP数据核字第2024N6A535号

责任编辑　姚　岚

美术编辑　蒋　妤

失败：教学创新的源泉

许晓芳　主编

出版发行　上海教育出版社有限公司

官　　网　www.seph.com.cn

地　　址　上海市闵行区号景路159弄C座

邮　　编　201101

印　　刷　上海商务联西印刷有限公司

开　　本　700×1000　1/16　印张 20.5

字　　数　313 千字

版　　次　2024年6月第1版

印　　次　2024年6月第1次印刷

书　　号　ISBN 978-7-5720-2740-6/G·2417

定　　价　59.80 元

如发现质量问题，读者可向本社调换　电话：021-64373213

目 录

理念创新篇

教学过程篇

方法探究篇

反思成长篇

评价管理篇

理念创新篇 //////////

在"创造性失败"中成长为数学学科专家

同济大学附属实验小学　黄诗韵

摘要："创造性失败"不是将失败视为学习的终点，而是视作学习和启发的起点。本文以"创造性失败"为切入点，通过教与学的变革促进学生核心素养的发展，成为数学学科专家，用数学学科专家的思维思考问题、探究世界。具体借助丰富的案例实践，探讨三个问题：一是如何通过"创造性失败"让教师以学科视角考察真实问题，修正教学设计；二是如何在失败中调整学习策略，让学生更具创造性地解决问题；三是如何依托评价机制创设包容失败的氛围，让学生勇于创新，为基于"创造性失败"的项目学习、探究学习路径策略设计提供指导与借鉴。

关键词：创造性失败；数学；学科专家

晶体管的发明者肖克利当年提出用"场效应"原理实现固体放大器，后来这个创意失败了。但是研究小组的其他成员并没有就此停步，而是从失败中找到了表面态这个原因，继续深究下去，最终揭开了晶体管的秘密。肖克利觉得，"个人的失败并不是对自己能力的贬低，而应当把它看作通往进步的垫脚石，才能激发出更好的创意！"

—— "创造性失败"（creative failure）

一、我们的认识：基于核心素养的学科专家思维

2022年4月，教育部颁布了新版义务教育数学课程标准，进一步提出发展核心素养，落实立德树人的根本任务。数学核心素养意为通过数学学科的学习，学生能获得的思维与做事上的终极目标，包含了用数学的眼光观察现实世界，用数学的思维思考现实世界，用数学的语言表达现实世界。

我们今天提出的学科专家思维就是一种基于核心素养的终极目标，既有数学特征，又有教育特征；既表述学科思维，又表述认知心理，有着无限发展的可能。而培养这种学科专家思维，就要让学生尽可能参与到更多的数学活动中，对现实生活中的现象进行抽象；运用数学推理思考问题，开展探究，不断试错；用数学的概念、方法尝试总结自己的学习成果，并思考不足，进而迁移到新的学习情境中，最终收获知识的认识、方法的习得与经验的积累。

那怎样的数学学习经历才能达成这样的目标呢？我们知道：数学学科核心素养是在基于真实的综合化、复杂化的数学问题解决过程中，通过个体与情境的有效互动而生成的。而项目化学习为学生提供了在情境中创造性应用学科知识，基于学科关键概念解决问题，不断尝试与调整，促进素养发展的渠道。项目学习中，失败是常有的，更是必须经历的。"创造性失败"就是不将失败视为学习的终点，而是视作学习和启发的起点。本文基于创造性学习理念，主要探讨三方面问题：一是如何通过"创造性失败"让教师用学科视角重新审视真实问题与教学设计；二是如何在失败中调整学习策略，让学生更具创造性地解决问题；三是如何依托评价机制创设包容失败的氛围，让学生勇于创新。

二、我们的探索：失败经历成就数学中的创造性思维

（一）关联核心概念，建立数学眼光，激发学生创造性探索——失败不是单方面的

以统计与概率学习领域为例，该领域的学科核心概念是数据意识，在小学阶段包含"数据分类""数据的收集、整理与表达"和"随机现象发生的可能性"。针对数据分类，笔者在实践教学沪教版一年级上册《分一分》《分彩色图

形片》等课程后,实施了一个经典的学科项目"小小分类师":为家中的衣物、鞋子、书包里的文具和书本等分类,绘制草图。许多孩子画出了精美的小报(见图1、图2),堪称精彩,但深入观察,却会发现孩子仅仅理解了分类的含义,能够依据事物的特征对某一类物体进行分类,绘制出分类的结果。学生并不理解为何要分类(生活中杂乱无章的事物需要进行整理分析,进而得出一些有效结论),也尚不能理解数学知识能为生活带来怎样的价值。可以说,这是一次在项目素养目标上发生偏移的尝试。当意识到这一点时,我开始了第二次尝试。

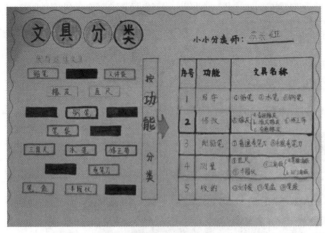

图1 "小小分类师"学生初次成果作品1

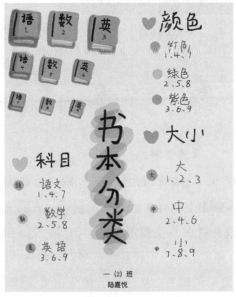

图2 "小小分类师"学生初次成果作品2

我重新思考了学科大概念的内涵：什么是统计？统计是呈现数据的一种清晰的表达方式。那么在数据表达之前学生还要完成哪些程序呢？依据学生学习的逻辑，我重新在数据意识的素养目标下设计了项目学程：

第一步：寻找生活中哪些物品需要分类；

第二步：设计分类标准，尝试分类并记录结果；

第三步：画出分类图，思考用什么符号替代实物；

第四步：用数据呈现分类结果。

学生采取了表格、树状图、饼图、思维导图等等个性化的呈现方式。可以发现，学生的学习过程从对事物分类的必要性分析，到从"事物分类"走向"数据分类"，感悟依据不同的属性标准区分事物，形成不同的类，再运用数据意识进行个性化的编码，呈现数学思考，从中感悟对事物的抽象过程，发展数学的眼光，下面图3是能体现大概念建构下知识技能、核心素养一致性的学生作品。

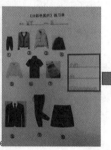

1. 探究：生活中哪些物体需要分类？为什么？
2. 制定一个分类标准，进行分类。
3. 画出你的分类图（思考你准备用什么符号代替实物图）。
4. 向班级同学展示你的分类图和思考方法。

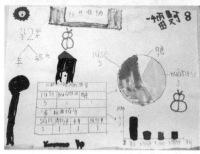
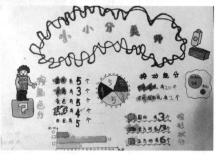

图3 "小小分类师"第二次设计方案与学生成果作品

同样是一个现实问题，笔者清楚地意识到第一次的失败经历源于教师未能设计与学科大概念相关的现实情境与学习历程，没有引导学生对情境中的数学信息进行观察、提取、概括并联系已有知识经验进行联想与加工。因此，只有当教师先拥有数学的眼光，从学科大概念出发思考"失败"的原因，以

"失败"为契机再次审视项目、活动蕴含的价值,学生才有可能透过生活现象看到数学本质,教师也才能真正帮助学生开展创造性探索,让学习走向深处。

同样是数据素养,还有一个小故事也发生在去年:过去学生学习统计是根据情境和已知的数据直接绘制统计图表,但无法亲历统计的全过程:由为什么统计,到怎么统计,再到统计解决了什么问题。而在"物力维艰"项目中,学生就遇到了一个真实问题:疫情期间,我要统计每天全校班级使用的洗手液量,怎么办?学生在第一次解决问题时估测,全校 1530 名学生,每人每天使用 1次,一共是 1530 滴的用量。我们不能说这个结果是错误的,但我深深反思:这样的简单估算和计算真的帮助学生更好地深化数据意识了吗?真实情况和估算的误差有多少,学生是否开展了真实的探究?答案是否定的。解决真实问题一定需要学习者深入地分析,学习的意义就在于如何通过真实任务驱动学生思考:洗手液每日用量数据如何获取,以及不同统计图的功能是不同的。

我决定引导学生思考三个问题:要统计洗手液使用的总量,如何确立数量关系?怎样在洗完手的同时方便地收集到数据?这些数据又如何呈现?每日的数据不同,我们怎么选取和处理?

带着这些问题,超越小队在学校男女厕所洗手台上分别摆放了两瓶免洗洗手液,墙上则设计了一张贴画,他们规定了一行按 20 个手印方便统计。每位小朋友洗手后在贴画上摁上拇指印就代表使用了一次洗手液。通过观察,学生发现一瓶 600 毫升的洗手液能使用 120、113、107、143 次,于是他们估算每瓶洗手液大约使用 120 次,得出每按一次是 5 毫升。以每个学生一日按 4 次洗手液计算,每天使用 20 毫升洗手液,最终计算出全校 1530 名学生每天约使用 30600 毫升洗手液,也就是 51 瓶,花费约 2397 元。学生创造性地运用生活中的"大数据"设计统计实验,结合运算解决了问题。

图 4　由失败重构关键问题,指导学生创造性探索

在此过程中，教师抓住了第一次"失败"的学生回答，重新设置关键问题，激活学生的数学思考，激起了他们对数学问题的猜想、验证与解决问题模式的创造。关键问题的设计不像第一次的"请你估算全校洗手液一次用量"那样，学生通过简单的记忆、理解就可以回答，而是要驱动学生深度思考：这个问题的核心什么？涉及什么数量关系？与我学过的数学知识如何联系？如何将这个问题拆解为可步步实施的子问题，并从现实问题转化为数学模型进行求解，实现对数学概念的"再认知"与"再理解"？

（二）挖掘"失败"因素，搭建有效支架，重构学生创造性经历——失败换个角度，也可以成功

在真实世界里解决问题，学习是多样化的实践组合。教师要在学生初次经历"创造性失败"后，运用质疑引导、案例迁移、支架铺设等方法，设计分析比较、推理应用、实验归纳等高阶学习活动驱动学生第二轮的探究，并在新情境中不断尝试运用，形成知识与能力的迁移。

今年年初，我校开展了一次基于大单元的项目化学习实践：以"如何为学校分校的弟弟妹妹设计一间功能齐全、创新与实用性兼具的教室？"为挑战性问题，让学生化身校园设计师，探讨桌椅的摆放方式、书包柜的大小、窗帘的高度等。在这个过程中，有一个小组想探究窗户的用料和价格，但在测量时，他们就经历了第一次失败——窗户太高了，用直尺量不到该怎么办？教师当即抛出一个关键问题：必须量吗？可否数呢？小组在讨论后想到了解决方案：用数学书作为单位面积，比一比横竖可以放几本，就可以测出教室窗户的长宽和面积大小，他们的回答正指向了单元核心概念——度量。

图5　由失败尝试引发的"面积测算"创造性实践

　　还有一个小组很有创意地设计了圆形蒲团桌椅，他们要计算出教室的面积可以放多少个小组的座位，可是圆形的面积该怎么算，学生并没有学习过。他们考虑要放弃这个方案。我适时提供给学生梯形面积的推导案例，接着让学生研究各个平面图形的面积计算公式之间的关系，感悟转化思想，最后思考圆形面积如何计算。学生惊喜地给出了个性化的解决方案，还有的学生将圆形估算成外接和内切的正方形面积进行测算，也是估算思想发展的良好体现。学生能结合不同的经验，发现情境中解决问题的不同路径，凸显了重构学习经历下思维的生长。

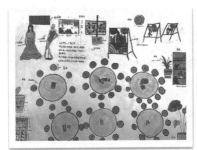 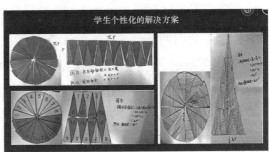

图6　学生的教室设计图与圆面积计算个性化方案

　　有一个小组想要在教室前的作品墙上设计这样的密铺图案，但他们不知道哪种多边形既适合密铺看起来又美观。于是，孩子们绘制出的作品都是用一种形状密铺而成（如图7左），既没有创意，也不美观，更达不到项目的学科价值：通过密铺图形内角和的计算等发现规律，开展多种图形的拼接创造。

　　到了第二周，我选择借助表格支架让学生探究哪些不同边数的多边形能密铺整个平面，学生发现了规律：只要每个正多边形的内角加在一起是360°就可以。接着，我又提供给学生一张学校接待中心的墙面图，让学生思考：不同的图形拼在一起内角和可不可能等于360°呢？学生的思维一下子被打开了，他们边尝试边发现：可以用两个正方形和三个三角形拼在一起，还可以一个六边形和四个三角形组合，有的同学还发现两个正方形、一个三角形和一个六边形的内角和也是360°，甚至可以有更多的图形组合，由此构造出了缤纷多彩的密铺图案来装饰教室的墙面（图7右）。

图 7　学生两次密铺设计对比

试想，如果教师只是将规定好的数学法则告诉学生，那学习永远只是模仿；而如果能带领学生一起挖掘问题背后的"失败要素"，通过支架设计重构学习过程，学生就能够经由自己的主动探索、自主建构，发现并创造出新的答案。因此，我们的数学教育要带领学生建构基于经验的知识体系。有时候经验也不是万能的，许多实际问题的解决一定会超出学生的已有经验，此时教师就要通过学习支架的分层设计，让学生能够跳一跳，站上更高处，领略创造学习山峰的美景。每一个孩子都能触及学科本质、学科精神、学科思想方法，每一个孩子都能成为学习专家！

（三）辩证看待成功与失败，制造观点"矛盾"，点燃学生的创造性火焰——从学习中建立富有哲学思维的人生观念，建构数学智性与自信

何为学科育人？那就是用数学学科的力量让学生获取自信，当孩子用数学描述、解释和解决现实世界中的实际问题，最主要的表达方式就是数学模型。一张海报、一幅作品无所谓对与错，重要的是学生基于数据表达现实问题的意识与能力，基于说理的数学智性与自信。项目化学习中，教师要让每一步学习的结果都与现实世界发生关联：包括在实际情境中发现问题、提出假设、建立与求解模型、检验结果、改进模型，最终解决实际问题，不断运用数学理解做出回答。

以近期开展的"微菜园竞标设计"数学跨学科活动为例，在栅栏总长度为16米的限制条件下，各个小组竭尽所能设计一个美观、经济的微菜园种植箱造型。有的小组考虑长和宽接近时，菜园的面积足够大；有的小组则利用"边的平移"，考虑了菜园造型的独特与美观性。在这个项目中，我们特意安排了菜园设计要素的"矛盾点"——面积大小与美观程度，并让学生在限制条件下

开展创造性实践。我在设计项目的评价量规时思考，为什么问题一定需要有一个正确答案？只要学生能够对方案做出合理的诠释，那便是成功。学习不只有结果，在学科上收获智慧与自信的学习经历对孩子来说更是宝贵的人生财富！

图8 微菜园竞标会个性化定制方案

还有冰箱规划小当家、家庭食谱设计、核酸检测方案优化、口罩收纳师、校园方舱建造者等实践过的数学项目，小到如何计算一片树叶的面积大小，大到为疫情后学校运动场馆设计一份开放方案，现实世界无穷无尽的语言当中，源源不断地生成与真实情境、真实问题有关的数学语言。而只有教师不再用对与错衡量学生的学习成果与成效，学生才能真正敢于建立数学化的思想，从生活世界中读懂数学规律与模式，又从现有的数学世界中抽象概括出更高级的数学模式，实现与现实世界的对话，学生的数学思维才能从低结构走向高结构，从本学科的结构跃迁到跨学科的结构，从知识走向真实世界。这本身就是最大意义的成功。

三、未来的展望：做"失败"的同行者，将孩子的"失败"导向创新

新课标背景下面向未来的教育，不只是让当下的教育去准备未来，更重要的是让教育更好地适用于现在。成功与失败是相对的，在这个不确定性的时代都有着确定的、必然的教育价值，都是每个孩子成长中必须要经历的重要站点。只是，我们这样的一线教师还不太敢于让孩子"失败"。

埃隆·马斯克说：失败与创新紧密而不可分割，如果你不曾失败，那就证明你还不够创新。我们每一位教师都要相信：每个孩子都是不断成长中的学

科专家。身为专家，哪有不曾失败过的呢？在一次次真实学习的经历中，师生看见彼此的失败和成长，学会接纳成功与失败，教师更要转变身份角色、教学视角、师生关系，成为孩子历经失败的见证者、聆听者、同行者、守护者，为孩子创设敢于面对失败，重新再来的氛围，从失败中汲取思想方法，不断优化学路，让"失败"真正成为师生创新素养的推动力。

参考文献

［1］赵紫薇.两种不同思维视角下失败学习对创造性问题解决的影响机制研究［D］.兰州：兰州大学，2020.DOI: 10.27204/d.cnki.glzhu.2020.001040.

［2］白琳琳.项目化学习在小学数学课堂上的应用研究［C］// 广东省教师继续教育学会.广东省教师继续教育学会教师发展论坛学术研讨会论文集（一），2023：16-18.DOI: 10.26914/c.cnkihy.2023.007494.

［3］姜桢.基于核心素养背景下数学思维能力的培养策略［J］.中学课程辅导，2023（05）：81-83.

留白，让创新之花在"失败"处盛开

上海市嘉定区南翔中学　王晟喆

《论语》有云："不愤不启，不悱不发。"朱熹这样解释道："愤者，心求通而未得之意；悱者，口欲言而未能之貌。"皮亚杰认为，一切真理要由学生自己获得，或者由他重新发明，至少是重建，而不是简单地传授给他。在数学课堂上，学生因苦思冥想不得其意而"愤"，因支吾踌躇欲言又止而"悱"，此时若能深究"有效失败"激发学习动机，追问递进问题理解数学本源，创设"留白"活动感悟数学本质，在互动"补白"中发展数学思维，创新之花或许就将在"失败"处缓缓盛开。

一、被问及"为什么"时，他支吾了

在一堂复习课上，"老师要考考同学们对函数的理解有多深。"我提问道，"长方形的面积 S 一定时，长方形的长 a 是宽 b 的函数吗？"大部分学生做出了正确的判断，但对于"为什么"的追问，被提问的学生支吾了，他涨红着脸说："我感觉应该是的，但说不清楚。"

学生陈述"为什么长方形的面积 S 一定时，长方形的长 a 是宽 b 的函数"时的"失败"，并不意味着他对函数概念一无所知，但仅凭"感觉"判断而"不知道如何表达"，则暴露了他对函数概念的掌握停留在了"知其然"，由于没有真正理解函数的概念，就无法有理有据地输出自己的想法与观点。

像这样若对所学数学知识的理解浮于表面，就好似无源之水，"不知其所以然"，遑论创新。创新是数学课程的核心素养，如何在数学课堂上发展数学学科核心素养，寻找创新之花绽放的可能，我进行了一次"以白悟败"的课堂实践探索。

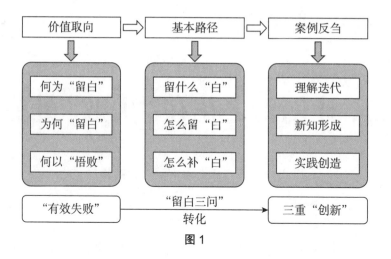

图1

二、化用"留白"，为"失败"插上"创新"的翅膀

（一）何为"留白"

"留白"是中国艺术作品创作时的一种表现手法，"以虚显实"，留给人无限的想象与思考，是"东方智慧"的结晶。在尝试"以白悟败"的课堂实践之后，我看到了学生在数学课堂上展现出了因"留白"而生的直面"失败"、接纳"失败"、战胜"失败"的积极心态，看到了学生在"补白"活动时激荡的思维、专注的思考与燃起的对数学的好奇之心。我选择"留白"，是为了在这些"失败"中孕育的无限"新"可能。

在《追求理解的教学设计》一书中，格兰特·威金斯说："为了避免遗忘、误解和缺乏迁移，在追求理解的设计和教学中需要三种'揭示'：揭示学生的潜在误解；揭示问题、疑问、假设以及隐藏在字面描述之外的未知领域；揭示对于初学者而言并不明显的、关于一门学科本质的核心概念。"

王华老师领衔的"中小学数学学科留白创造式"研究团队提出了"留白创造式"教学，即以学生为中心，立足育人目标，为学生学习留下充分的思维空间和探究机会，让学生在已有的知识基础上，主动学习、解决问题、创获新知、陶熔品行的教学方式。

"留白创造式"教学重要的特征就是自主学习和创新素养培养。"以白悟败"的数学课堂，即教师精心设计"留白"，"揭示"学生数学活动中的问题、困惑与认知冲突，生成可激发学习动机的"有效失败"的教学资源，让学生在"补白"的过程中顺势而为，真实表达，经历自我反思、自我调节、自我强化的认知活动，通过悟"败"，自由思考，创获知识，为"失败"插上"创新"的翅膀。

（二）为何"留白"

根据皮亚杰的认知发展理论，当学生在意识到自己现有图式不足以处理新信息时，通过克服"败境"恢复认知平衡，认知图式结构就被转为更高层次的认知图式。在探索"以白悟败"的教学实施路径时，我不仅关注学生知识领域如何生长，也试着打开学生学习方式和思维方式养成的"黑箱"，宁可在一定的条件下，"舍"数学课堂的时间与空间，让学生"得"思维的放飞，亦"得"创新意识的萌芽。

构建"有效失败"培养创新素养的"以白悟败"数学课堂教学应有如下特征：

1. 教学目标：具有一定的高观点，明确数学知识体系和结构，符合学生的认知需求，指向创新素养的培养。

2. 教学过程：再现数学知识的产生、认知过程（包括认知冲突），产生"有效失败"的即时教学资源，为学生的"再创造"学习创设情境；以富有挑战性的问题串为学习工具，助力问题暴露，为学生知"错"、纠"错"、解"错"提供呈现、展示、互动的机会。

3. 教学成效：经历判断、猜想、质疑、矫正等数学化活动，通过独立思考、互动讨论、充分表达、实践体验，发展高阶思维，培养创新意识，体现数学学科的学科育人价值。

（三）何以悟"败"

数学所具有的抽象性、逻辑严谨性和特有的符号语言系统，所具有的模式化的数学思考方法，在培养学生的理性思维、创造能力以及促进学生知、情、意全面发展上具有不可替代的作用。《义务教育数学课程标准（2022 年版）》指出，数学课程要培养学生核心素养，引导学生主动参与数学活动，发展创新意识。

因此，教师应创设恰当的问题情境，"揭示"有价值的"误"，即创设有效"败"境，通过设计恰当的留白任务，激发学生学习动机，发挥学生的自觉性、主动性和创造性，充分运用"有效失败"的课堂资源，引导学生深入理解数学知识，有序解决数学问题，生成、发展数学思维，为创新素养的孕育提供机会，其中数学知识的"新理解"是数学学科核心素养生成的本源，数学问题的"新解决"指向数学素养及能力的提升，数学思维的"新发展"体现了数学学科核心素养由外显到内化的进阶转化。此外，教师只是学生"悟败"的促进者、"补白"的合作者，学生才是一切数学学习活动的主人。

三、"留白三问"，加速"有效失败"转化的"金钥匙"

在上课之前，教师还应思考如下三个问题，即"留白三问"。

（一）留什么"白"——寻找"有效失败"的构建起点

矛盾是事物发展变化的根本原因和主要动力。在教学设计与实施时，教师应充分了解学生认知起点，寻找"有效失败"的起点，即为留白点，可以是学生的认知起点有误，即存在的潜在误解，可以是学生已有数学学习经验的误用，也可以是学生陷入的思维陷阱，如迁移失败产生认知冲突等。例如：一元二次方程的定义、函数的概念、分数的除法法则的验证等，下定义失败、概念辨析有误、验证不严谨等并非误在一无所知，那些错误的定义、辨析理由、验证方法将学生错误思维可视化，为二次创造学习活动提供了宝贵的机会。

（二）怎么留"白"——梳理以"白"悟"败"的实施路径

基于"留白创造式"教学模式的"以白悟败"教学设计要素，主要包括创设"败境"、团队协作、有效会话、意义建构，其中教学设计的主要原则为：最佳动机原则、主动学习原则、阶段序进原则和目标导向原则。基于实践试归纳"以白悟败"的教学设计实施路径如下：

1."一引"。基于"阶段序进"的原则，由直观问题情境引入，通过问题情境，预留"陈述之白"。如让学生表达对某个概念等数学知识的理解，或用数学语言进行表达等，旨在寻找学生的认知起点，确定本堂课"有效失败"的起点等。

2. "二困"。基于最佳动机原则，通过设置一些违反直觉的、令人困惑、刺激、具有挑战性的问题情境，预留"发现之白"，即通过生生互动，发现问题、反思错误，激发学生学习动机，从而推动学生主动思考，主动探究，主动经历知识的再创造，完成"有效失败"的构建。

3. "三创"。基于主动学习原则，学生是课堂的主人，也是新知创获的主体。在经历了"一引""二困"之后，教师应给予学生充分时间进行第三步——基于"失败"资源的再创造。这个阶段，可以预留"方法之白"，如发散思维的一题多解；也可以预留"论证之白"，如对某个大胆猜想进行理性求证；又或者可以留"问题之白"，即在已有数学活动的基础上，从情境、方法、路径等维度出发，提出新的数学问题。此环节的悟"败"再"创"都应指向创新意识的创获。

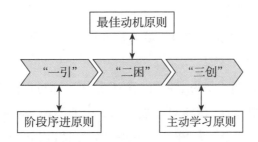

基于"留白创造式"教学模式的"以白悟败"教学设计实施路径

图2

（三）怎么补"白"——设计指向"创新"的"悟败"活动

"补白"的主体既可以是学生，也可以是教师。根据学生在留白过程中的反应，教师可为学生提供恰当的思维支架、工具、模式的支持，例如：学习单、问题链、小组合作模式等。在数学课堂上，学生同样可以是补白人，"补白"的目标指向将"有效失败"化为"创新之基"，不能让"留白"成为"白留"。

此外，教师还可以在恰当时机，融入"超越之白"，即引导学生体会数学思想方法，鼓励学生独立思考，敢于质疑，培育理性精神与创新意识，增大"有效失败"的"边际效能"。

为了能在"失败"中开出"创新"之花，教师应建构恰当的"败境"，设计有效的留白活动，通过渐进的留白问题串，引导学生在认知冲突的"愤"与"悱"中，经历"再创造""再发现"的数学学习活动，在环环相扣、层层递进的问题"启"与"发"中，提出新问题，促进新理解，获得新成果，利用精心设计的"失败"资源，酝酿思维迭代之新、从无到有之新和实践创造之新。

四、以"白"悟"败"，让创新之花在数学课堂上绽放

（一）理解进阶，发展"思维迭代"之新

回到文章的开头，当学生陈述"为什么长方形的面积 S 一定时，长方形的长 a 是宽 b 的函数"的原因"失败"之后，我通过三个问题为学生之后的悟"败"搭设思维支架。

师：回到函数的概念来看，存在几个变量？是否存在确定的依赖关系？如何表达确定的依赖关系？

生：两个变量，存在确定的依赖关系。用数学式子表达两个变量之间的依赖关系，这题用了解析法。

本例的"一引"部分，为学生留"陈述之白"，通过创设"败境"了解学生对函数概念的认知起点，暴露对函数概念认识的不足，通过回顾函数概念中的核心要素，"两个变量"及"确定的依赖关系"，铺设"悟败"的思维支架。

顺势而为，明确学生对函数概念中"确定的依赖关系"之"困"，且看学生如何入"困"：

师：某店水笔销售记录如图所示，那么 y（元）是售出水笔数 x（支）的函数。认为这句话正确的同学请把手举得高一点，并说一说判断理由。

售出水笔数 x（支）	2	5	4	3	10	15	…
营业额 y（元）	6	15	12	9	30	45	…

生1：正确，因为有两个变量，并且它们之间存在 $y=3x$ 的确定关系。

生2：正确，还可以通过画出图像来看。

师：本题中的图像大致是什么样的？

生2：一条直线，哦，好像不是，x 的取值范围是正整数。

师：你想要修改答案吗？（生2面露犹豫）以小组为单位，讨论一下。

在小组讨论的支持下，同样入"困"的学生初步体验了互助"补白"，经历了判断、反驳、论证的思维过程，对函数的概念完成了第一次理解迭代。

随后通过层层递进的变式"补白"，从"顺序变换"到"多对一"再到"一对多"，阶段序进，层层深入，引导学生对函数概念更新迭代，理解进阶。此为创新之一。

那么如何深挖"败境"资源，让"败境"成为孕育"创新"的沃土呢？请看下列"以白悟败"片段。

师：请大家思考，如果表格中第一列和第三列的数据互换位置，营业额 y（元）仍是售出水笔数 x（支）的函数吗？

生：是的，因为仍然存在 $y=3x$ 的确定的依赖关系。

师：如果某店水笔销售记录如图所示，营业额 y（元）仍是售出水笔数 x（支）的函数吗？

售出水笔数 x（支）	2	5	4	3	10	15	…
营业额 y（元）	6	15	9	9	30	45	…

有的学生说：只有一部分符合 $y=3x$ 的数量关系，改变数据后的部分不符合。

也有学生提出了反对意见：不是一定要 $y=3x$，我认为应该仍是函数关系，因为根据函数的概念，因变量随着自变量的变化而变化，售出的水笔数量一定，营业额就一定，y 就是 x 的函数。

师：如果遇上"双十一"，这家店 4 支笔只要 9 元，这家店的水笔销售记录如图所示，营业额 y（元）仍是售出水笔数 x（支）的函数吗？

售出水笔数 x（支）	2	5	4	4	10	15	…
营业额 y（元）	6	15	12	9	30	45	…

在这里，学生们产生了较大的分歧，于是再次展开了小组讨论。

有学生这样说道："我第一次举手了，第二次没举，我被说服了。因为当售出水笔数一定时，营业额 y 有两个不同的值，就不确定了，不符合函数的定义，所以此时 y 就不是 x 的函数。"

话音落下，掌声雷动，学生们纷纷自发鼓掌。

（二）新知形成，发展"从无到有"之新

在新授课的数学课堂上生成的"有效失败"同样精彩。

在《一元二次方程》的新授课上，在复习一元一次方程的定义、一般形式及相关概念后，我给学生布置了以下留白任务：第一，类比已学过的方程，根据所含未知数的特征，这些方程可以怎样命名？第二，类比一元一次方程，试写出此类方程的定义；第三，试写出此类方程的一般形式，并指出各项的名称及其系数。其中一个小组进行了代表发言，展示过程如下：

生：可以命名为一元二次方程。（掌声通过）

生：只含有一个未知数，且未知数次数为 2 的方程是一元二次方程。

有学生举手反对：应该是未知数的最高次数为 2。

于是，代表补充道：只含有一个未知数，且未知数最高次数为 2 的方程是一元二次方程。

师：为什么需要加上'最高'二字？（学生支吾了）黑板上有现成的例子吗？

生：第 2 个 $x(x+15)=2700$。

生：（恍然大悟状）那么问题 3 我们原来写的一般式是 $ax^2=b$，好像不太对。$x(x+15)=2700$，展开整理后，就是 $x^2+15x-2700=0$。（自我改正）一般式应该改成 $ax^2+bx+c=0$。

其他组学生补充：要加上 $a \neq 0$。

其他组学生补充：这个一般式是关于 x 的一元二次方程的一般式，还要加上 a、b、c 都是常数。

本例为学生预留了一元二次方程的定义及相关概念的"发现之白"。为了突破"一元二次方程概念形成"这一教学重难点，我融合了小组合作、师生问答、生生互评等形式，尝试构建更加灵活的"无边界"留白学习模式，即在数学学习活动中，学生与教师人人都是"留白者"，又是相互的"补白人"。在一"留"一"补"之间，产生"失败"，接受"失败"，攻克"失败"，课堂上每一次"失败"都是为下一次的"创获"引路，新知理解的火花在这场"以白悟败"的脑力风暴间逐渐闪耀。

在小结阶段，为学生再留"陈述之白"，此时的"陈述之白"是学生体验了"一元二次方程概念"的知识生成与发展，体会了类比的数学方法，经历了知识的"再创造"后的抽象与归纳，是体现新知创获达成度的重要表征。从无到有，从"误"中悟，引导学生对新知理解由浅入深。此为创新之二。

（三）问题解决，发展"实践创造"之新

数学源于生活，用于生活。新课标指出，初中阶段综合与实践课程以问题解决为导向，整合数学与其他学科的知识和思想方法，让学生从数学的角度观察与分析、思考与表达，积累数学活动经验，提高发现与提出问题、分析与解决问题的能力，发展应用意识、创新意识和实践能力。那么在综合与实践时，是否也可以沿用"以白悟败"的教学基本路径，基于"留白创造式"的教学模式，培养发现问题、解决问题的能力，激活学生创新意识？答案是肯定的。

在近期的一次数学节活动"制 π 中的数学问题"中，我尝试将"一引"与"二困"部分前置，学生在课前通过小组合作一同完成"制 π"任务，收集实践中遇到的问题、困惑及解决方法，并利用探究课时间进行"三创"，即创意成果分享。

在讨论、实践的过程中，学生各个小组都遭遇了各式各样的"失败"，但令人惊喜的是，在遇到失败时，学生能用积极的心态面对"失败"，因为他们已经在课堂上深刻体会了"失败为成功之母"的道理，并且在克服"败境"的过程中，发挥了主观能动性，想到了应对失败的创意妙招。例如，有一组学生在初次尝试"制 π"失败的情况下，为了节约时间，他们改进了缺少原材料的"制 π"配方，优化了"制 π"的流程，最终如期完成了自己设定的目标，创新之花在实践中徐徐绽放。

像这样以综合任务驱动思考，以问题解决为导向，引导学生在实际情境中攻坚克"败"，实践创造，乃为创新之三。

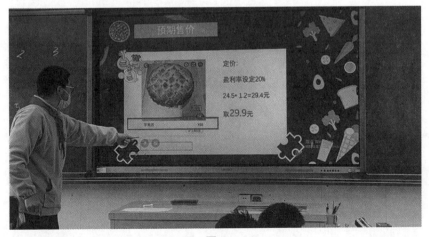

图3

　　"有效失败"成功转化为"创新之基"的标志是什么？是否可以通过流程重构，更加充分地利用好综合与实践中的"有效失败"？什么类型的内容更适合"以白悟败"的教学课堂？……在探索"以白悟败"路上，我也遇到诸多"困"，这些问题甚至是暂时的"失败"，同样也为我后继的探索预留了"白"。

　　"虚室生白，吉祥止止"一语出自《庄子》，即"生止于满，而源于虚"。学生如同一颗颗种子，存在着无限的可能。在日常教学中，教师不妨鼓起"留白"的勇气，创设允许"失败"的宽松环境，尝试以"白"悟"败"的数学课堂，为学生创获知识、孕育创新意识预留机会。当然教师本人也应做好面对"白留"之"败"的可能，或许一次的"白留"之"败"，会成为师生的创新之花双双盛开的伊始。

参考文献

　　［1］中华人民共和国教育部.义务教育数学课程标准（2022年版）［S］.北京：北京师范大学出版社，2022.

　　［2］王华，汪晓勤.中小学数学"留白创造式"教学——理论、实践与案例［M］.上海：华东师范大学出版社，2023.

　　［3］格兰特·威金斯，杰伊·麦克泰格.追求理解的教学设计［M］.闫寒冰，宋雪莲，赖平，译.上海：华东师范大学出版社，2017.

"困境"点亮思维

——经历失败磨砺，4P 模式培育初中生创新能力

上海市嘉定区南苑中学　王莘蕲

思维的缘由往往是遇到了某种困惑或怀疑。当学习者遭遇失败，感受到结果和期望之间的落差，这既是困境也是挑战。失败提供反思的契机，促使新的思路、方法生成，培育了学生创新思维。"不经一番寒彻骨，怎得梅花扑鼻香。"创新精神中意志力和坚韧性的培育，也需要经历失败的磨砺。

一、过于完美的实验

（一）无效成功

物理是一门实验科学，实验是培养创新人才的重要途径。初中物理课实验的任务要求是让学生在给定的材料和器材下，完成一个简单的物理实验。为了操作的方便和结果的准确性，实验通常是理想化的，实验方案和步骤标准化，过于完美且带有很强的诱导性。

学生在实验步骤、实验要求、注意事项的束缚和指引下，如同牵线木偶，避开了诸多可能发生的失败，能够较好地完成实验，这其中最大的问题，就是没有问题。

思维始于问题，完整的思维过程就是提出问题并解决问题的过程，不断追问、不断明朗。不产生问题、不经历失败、没有对失败的思索和改进、无法促进思维的发展，学生体会到的就是一种虚假的无效的成功。

（二）4P 育创新

由此我们提出了物理课堂的 4P 模式，即 Predicament（困境）、Plan（设计）、Plus（相加）、Praise（赞扬）。

Predicament：允许问题的出现和发生，为初中学生在物理课堂中设计符合认知特点的恰当的失败情景，诱导学生失败，推迟支持，使学生陷入困境。

Plan：保证足够的探索时间，营造安全的探索空间，鼓励学生通过实验自行探索、挣脱困境，经历失败的磨砺，产生有效的设计。

Plus：创设包容的物理课堂，组织小组间的互助和评价，合作优化设计，实现 1+1 > 2。生生间的质疑补充、思维碰撞，是发展学生思维的良好契机。

Praise：学生能接受不完美的结果。通过正面评价，鼓励学生从失败中学习，鼓励学生不惧失败、保持积极态度，勇于尝试、培育创新精神。

在教育领域中，基于 4P 模式，经历有效失败，可以起到点亮思维、促进初中生创新能力发展的作用。

二、让完美的实验里多一点失败

（一）Predicament 困境

"探究杠杆的平衡条件"实验中，要求学生调节杠杆的力和力臂使杠杆平衡，并记录力和力臂，分析数据，探究平衡的条件。实验步骤：实验前调节杠杆两端平衡螺母，使杠杆在水平位置平衡。实验时杠杆两侧挂钩码后，调节钩码的个数或位置，使杠杆在水平位置平衡，可直接在杠杆上读出力臂 L。

为了诱导学生失败，教师不给出明确的实验步骤，仅仅明确了：力臂是支点到力的作用线的垂直距离。杠杆两侧挂钩码施加动力、阻力后，杠杆在任何位置静止，即杠杆平衡。

大部分学生不会关注到"水平位置平衡"，较容易自行设计并实施的实验方案是，杠杆两侧挂钩码，调节钩码个数、移动钩码位置使杠杆静止。在实验操作的过程中，学生从信心满满到犹豫不定，可能会遇到：

杠杆在倾斜位置静止；

倾斜位置时，力臂 L 悬空，无法准确测量，不能在杠杆上直接读出；

将支点到力的作用点,而非作用线的距离记录为力臂,实验数据有误;

试图拨动平衡螺母使杠杆平衡,但不成功;

实验前未调节水平位置平衡,实验时水平平衡,数据有误;

无法分析数据得出杠杆平衡条件,实验失败。

这是一个重要的实验,也是一个简单的实验,没有了实验步骤的束缚,失败情景可以很自由很丰富。教师推迟了干预和引导,既给学生思索的时间,也使学生陷入困境。可以看到学生遇到问题后,操作有停顿、有迟疑,有的学生会停下看着杠杆安静地想一两分钟,有的学生会再次尝试重新完成实验,但重蹈覆辙;有的会充满热情地相互讨论,共同探寻问题所在;有的在悄悄观察其他小组的实验过程。

结果和期望之间的落差,为学生提供了一个反思的契机。为什么实验不成功,问题出在哪里?怎么解决问题以避免失败?

在遇到问题时学生的表现可大致分为三个层次:

最低层:无视问题,或放弃不管;

中间层:第一时间试图向老师或其他同学求助;

最高层:与同学讨论,尝试自己解决。

当有人求助时,教师进行适度干预,提示在实验中数据不理想,通常是由于实验设备或方法的问题导致的,请依托现有设备,反思实验方法的不足,找出问题所在,提出实验设计的改进方案。

(二) Plan 设计

学生经历失败、陷入困境后,约用时 6~7 分钟,6 组中有 4 组找到了首要问题所在——倾斜位置平衡,从困境中挣脱了出来,选择了在水平位置平衡杠杆上读取力臂。由此可见,失败情景虽然多,但符合初中生的认知特点。

失败原因 1:倾斜平衡,力臂测量有误。

实验设计改进方案 1:倾斜位置平衡也是杠杆的平衡状态,但力臂不是支点到力的作用点的距离,实验中不方便准确测量力臂大小。为了操作的方便和结果的准确性,为了便于直接从杠杆上读出力臂,实验中挂钩码后应使杠杆水平位置平衡。

各组分享了失败原因，讨论实验改进方法，信心十足，其乐融融。但其中有一个小组，实验时杠杆水平平衡，力、力臂测量准确，可是数据仍然无法得出杠杆平衡条件。这个意外引发一片哗然。

问题出在哪里呢？力和力臂的测量都没有问题，那为什么还会失败？是不是实验设计需要继续改进？我们遗漏了哪里？对这些问题的思考，使得学生再次沉默下来。

教师适度干预，稍稍提示，请仔细观察现有实验器材，反思实验方法的不足，找出问题所在。

观察杠杆装置，很快有学生提出问题：杠杆两侧为什么要有平衡螺母？并引发了讨论：它的作用是什么？什么时候需要用平衡螺母来调节平衡？

学生从困境中挣扎着爬了出来。有学生提出，类似于天平，托盘天平是实验前调节平衡螺母，使指针指在分度盘中央，天平水平平衡；杠杆可能也需要在实验前通过调节平衡螺母实现水平平衡。

失败原因 2：实验前没有将杠杆调节到水平位置平衡，杠杆自重对数据有影响。

实验设计改进方案 2：实验前和实验时杠杆在相同位置平衡，因此实验前需要调节杠杆两端平衡螺母，使杠杆在水平位置平衡。若杠杆左端高、右端低，说明此时杠杆的重心在支点右边，应调节平衡螺母使杠杆重心左移，使杠杆的重心通过支点，从而排除杠杆自重对实验的影响。

教师为各组提供分度盘、指针、双面胶，请学生类比天平，对实验装置提出改进设计，确保杠杆处于水平位置平衡。

实验设计改进方案 3：把分度盘用双面胶固定在杠杆上。随杠杆转动，指针偏离分度盘中央，如图 1。杠杆水平平衡时，指针指在分度盘中央。

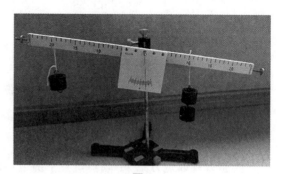

图 1

学生在实验方案设计中经历了失败，深陷于困境，引发了探索和思考，获取了教训，感受到山重水复疑无路，柳暗花明又一村。只要坚持探索，不惧失败，就一定有收获。

（三）Plus 相加

有一组学生提出，杠杆倾斜位置平衡时力臂可以测量，他们小组将另一根带有刻度的杠杆固定在水平位置，如图 2，细线悬挂小螺母制成重垂线，使其与力的作用线重叠，可直接在水平杠杆上读出力臂大小。

图 2

这个想法很特别，让人耳目一新。遭遇了失败后，A 小组生成了新的思路、方法解决问题，设计了全新的实验装置。该装置从原理上看，确实便于读取杠杆倾斜位置平衡时的力臂，是有趣的，也是可行的。

遇到这个意外，教师不急于表达自己的观点，而是组织小组间评价，鼓励各组提出设计并自行改进器材。

小组 B 讨论后提出，这个装置两根杠杆一前一后，不在同一平面，重垂线与力的作用线不能完全重叠，读数可能不准确，操作也不方便。可以直接在杠杆后放一张大的卡纸，纸上画间隔 1 厘米的等间距的竖线和一根标有数值的水平线。他们在黑板上画出了设计草图，如图 3。这样可以在水平横线上直接读力臂，更直观、简单，操作方便。

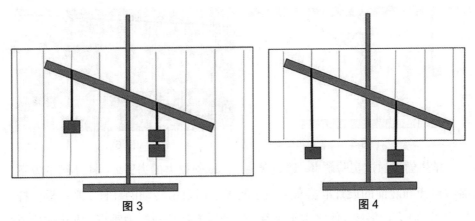

图 3　　　　　　　　　　　图 4

A 小组的同学很不服气，认为钩码有体积，纸上的竖线与力的作用线还是前后错开，不能贴合；尽管这样做避免了移动重垂线对杠杆平衡可能的影响，力臂读数还是不准确。

C 小组一个学生恍然大悟，"我知道了，让钩码不在纸上"。C 小组设计草图，把纸片高度变小，挂钩码细线变长，使钩码垂到纸片的下方，如图 4。这样一来，悬挂钩码的细线与纸张贴近，读数变得方便准确。

D 小组同学认为，这种方法不严谨，虽然读力臂方便，但纸张会形变，纸张与杠杆间紧贴时产生的摩擦阻力也会影响到杠杆平衡，使数据有误，甚至实验失败。

B 小组认可了 C 组的改进和 D 组的批评，在设计中将纸张更换为不容易发生形变的塑料板，然后在杠杆和塑料板之间加上垫圈，让两者稍稍分离，不贴近。

创设包容的物理课堂，拓展实验内容，小组间的质疑补充、思维碰撞，合作优化设计，实现 1+1 > 2，是发展学生创造性思维的良好契机。

（四）Praise 赞扬

经历了失败的磨砺，学生思维较为活跃，对杠杆平衡条件实验充满了信心和兴趣。该实验的进一步探究部分，杠杆水平位置平衡，要求学生改变弹簧测力计拉力的倾斜角度，观察测力计示数 F_1 的变化，如图 5。本实验不要求精确测量力臂 l_1，但需要观察 F_1 变化，并思考变化的原因。

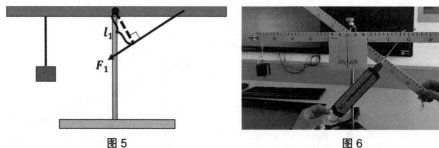

图 5   图 6

学生尝试通过实验解释，改进装置，读取斜拉力的力臂 l_1。A 小组的方案器材选择和之前的设计有类似之处：两根可以自由转动的杠杆，前一根杠杆挂钩码，测力计斜拉，使之水平平衡，转动后方杠杆与拉力垂直，直接在后方杠杆上读取力臂数值,如图 6。观察到随着拉力与杠杆夹角的减小,阻力、阻力臂不变,动力臂 l_1 减小,动力 F_1 增大。

这样的实验设计还存在很多问题,比如后一根杠杆会对前一根杠杆的平衡产生干扰;杠杆与细绳的垂直"凭感觉";拉力方向与水平方向夹角更小时,测力计遮挡杠杆刻度。但教师和学生都要能接受不完美的结果,从中也要看到 A 组学生的创新精神和创新能力。

教师不吝惜表扬,通过正面评价,肯定学生设计的优点,赞赏 A 组学生保持积极态度,打破常规、自由创作,勇于尝试、不惧失败,实验装置的改装和操作都很简单方便,容易理解,能直观地体现出拉力倾角变化时力臂的位置及长度的变化。学生在遭遇了失败后,不断产生新的思路、新的方法、新的创意。成功并非易事,需要不断尝试。

E 组学生画出了同心圆卡纸(相邻同心圆半径相差 1cm),并剪成了圆形,过圆心画轴标出刻度,圆心固定在支点上,可绕支点转动,如图 7。

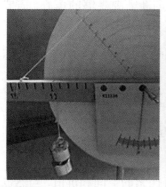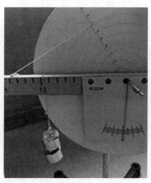

图7

在展示实验装置时,该组同学拉动测力计,使拉力方向与圆相切。转动卡纸,卡纸上标有数值的坐标轴过切点。由于圆的切线与过切点的圆的半径垂直,可确认垂直关系,即圆卡纸过支点的坐标轴与力的作用线垂直。由于支点到力的作用线的垂直距离为力臂,切点处的数值即为力臂大小。

教师诚恳地表达出赞赏。创意是人类智慧中美丽的花朵。对于初中学生,能将数学几何知识实际运用到物理实验中,是非常了不起的。只有知识广泛、勇于实践的人才能在多学科的知识组合中取得新方法的突破。E

组的学生创造出了让老师和同学们意想不到的、赏心悦目的实验装置。该装置是一种良好的新颖的产品设计，灵活运用了数学知识"直线与圆的位置关系"，实现了改变倾角斜拉测力计时杠杆力臂的准确读取，有推广的价值。

三、从失败的泥泞中开出创新的花朵

（一）Predicament 失败的泥泞

笔者在听课中常遇到类似情况：授课教师为了达成良好的授课效果，会在某一个环节欠缺一点详尽指导，给学生提供机会去体验微小的失败或遭遇问题。但教师往往急于展示学生的失败，也急于走出失败，不问自取地默默用手机将学生的问题所在拍下来，投影在教室屏幕上，共同分析一下就结束了。

首先，教师没有关注学生的情感状态，由教师展示学生的失败，对学生自信和自尊造成了打击，不利于创新精神的培育。创新需要足够的信心，需要面对问题、解决问题的一往无前的勇气。

其次，教师寻找失败原因，发现问题，代替了学生反思—改进的过程，不利于创造性思维的培育。

再次，教师急于解决问题会造成学生从泥泞中出来得太快了，最好能让学生在失败的泥泞里多挣扎一番。体验失败、经历困惑、总结经验、获取教训都需要足够的时间。

最后，制造的失败泥泞不能太小，太小了没有探索的空间和价值，当然也不能太大，要恰好适合学生现有的认知水平。

（二）Plan 成功的设计

一个池塘中的睡莲，莲叶每天面积增长一倍，30 天能够铺满整个池塘，那么铺满一半是 29 天。只看表面结果，才铺满池塘的一半，会觉得离莲叶铺满整个池塘还差得远。从失败走向创新也是这样，失败如同池塘中水下的淤泥，让人深陷其中。每从泥泞中挣扎出水一片莲叶，都是增长的信心、勇气与思维。

在实际的尝试中，学生遭遇失败、发现问题、挣脱困境、感受成功，从细微处入手，自行探索实验设计的每一个步骤、每一点具体的注意事项，通过亲身感悟，确定失败的原因，逐步完成方案框架设定，明确应关注的细节。长此以往，既能提升学生已学知识长期迁移效果、减轻认知负荷，也能营造包容、安全的探索氛围，让学生感到放松自由，又聚沙成塔，使学生在微小的成功中积累勇气和自信。

信心需要累积和培育，增长是指数性的。创新思维的培养也是这样，创新一定是起于微末，积少成多，像滚雪球一样变大。在自己或者他人的基础上，经历失败、寻找问题，容忍模糊性和不确定性，探索新的思想和联系。每一次成功的设计、多样化的解决方案，都是从失败的淤泥中挣脱出水的莲叶，代表着学生思维的成长，为未来创新能力的发展奠定基础。

同时学生能创造出的设计与解决方案越多，思维活动越丰富，从失败中受益就越多，越能促进创新思维的发展。

纸面上提出方案是一件很困难的事情，而在实践中探索会产生一些有用的想法。所以开始哪怕只是一些不太成熟的想法，也要放平心态，耐心让学生去尝试，避免急于求成，破坏探索热情。

（三）Plus 组间的互助

活动的过程需要打破常规，遭遇失败，保证探索的空间。而当学生陷入失败的泥泞中无法脱身时，推迟支持，鼓励学生以小组的形式分享失败经验，探讨问题所在，开展组内、组间的评价和讨论。这样可以让学生更加放松和自由地表达自己的观点，不损伤个人自尊，将失败转化成为学习和探究的机会。

"探究杠杆的平衡条件"活动中，学生对共同学习成果的集体讨论、批判、解释，引发了深入学习，出现一定的突破和创新。各小组分享初步设计的思路，评估失败的原因，反思方案的利弊，调整前进的方向。小组间相互借鉴和学习，使学生的探索变为有意义的尝试，而非盲目的试错。

在促进思维发展方面，教师对学生学习成果的共同分享、细致解释以及辩证评价，可能比实验方案的提出或改进优化更为重要。澄清、细化思考过程，可以激发和调动不同知识基础的学习者参与问题解决过程；对问题结果和过程进行精细化解释和反思，也使探究过程更加深入、具体，学生有可能形成更多不同于标准化方案的问题解决方案。

（四）Praise 诚恳的赞美

要让学生喜欢你的赞赏，赞美不能泛泛而谈、空洞乏味，而是要赞美到学生最希望你能赞美的点上。

为了做到诚恳的赞美，组织学生讨论时，教师需要善于观察和发现学生在交流讨论过程中有价值的问题，可重新表述或强调学生的关键解释，聚焦问题。

一个集体中提出独特创意的往往只有极少数人，其他学生能理解成功的背后是失败的积累，克服挫败感，通过尝试发现问题，提出改进意见，并从中汲取经验教训，也是值得赞美的。教师需要关注学生在遇到问题时的表现，关注学生在失败面前展现出的意志力和坚韧性，关注学生形成解决问题方案的过程。要通过关注了解学生是否具备好奇心和勇气，能否主动地去探寻失败原因；面对反复的挫败，是否有耐心和毅力，能否通过各组之间的合作，继续坚持；是否能提出改进意见，寻找方法、器材来解决问题。

科学研究是一个不断验证、不断尝试和不断改进的过程，成功并非唯一目标。重要的是不惧怕失败，有信心和勇气面对失败原因的模糊性和不确定性，多层次、多角度思考，探索新的思想和联系。经历了失败的磨砺，困境中有时会灵光一闪，最终产生新的创意和产品，就到了睡莲挣脱淤泥、铺满池塘、花开溢香的时候了。

参考文献

[1] 万明波. 初中物理实验创新思维的培养策略探究 [J]. 数理化解题研究, 2021,（17）: 54-55.

[2] 潘书朋, 张宏俊. 引导深度学习自然发生——基于学生自主创新实验的"有效失败"项目式学习设计 [J]. 福建教育, 2021（02）: 12-14.

[3] 杨玉芹. 启发性挫败的设计研究——翻转课堂的实施策略 [J]. 中国电化教育,

2014（11）：111-115.

[4] 祝钱.启发性挫败视阈下的科学概念教学设计研究——以"密度"概念的建构为例[J].中学物理教学参考，2021，50（04）：18-22.

[5] 刘徽，杨佳欣，徐玲玲，张朋，王司闫.什么样的失败才是成功之母？——有效失败视角下的 STEM 教学设计研究[J].华东师范大学学报（教育科学版），2020，38（06）：43-69.

传创"非遗"三部曲，"失败"之中谱新篇

上海市嘉定区徐行小学　冯媛媛

著名的未来学家奈斯比特指出："处于伟大的知识经济时代，我们最需要的是创造力和创新精神。"创造力源于想象力，源于好奇心，源于生活，更源于对司空见惯的事物的创新精神。黄草编织（简称"草编"）是国家级非物质文化遗产，有着深厚的文化底蕴，精巧的草编文化更是我校特色，在老一辈人中，家家做草编、人人会草编已成为一种文化。作为一名准备扎根嘉定的青年教师，初遇草编，惊讶于它工艺之精湛，感叹于它对文化之表达，遗憾于它无人去传创。如何将草编传创下去，并在传创的历程中培养学生的创新素养，是我们一线教师急需研究的问题，更是我们义不容辞的责任。传创之三部曲，"失败"中觅光亮，曲曲动人心弦。

一、曲一：曲高和寡，妙技难工

初生牛犊不怕虎，当我坚定了传创草编之心，在没有掌握草编编织技法之时便开始寻找创新突破口。在观看草编艺人编草编的过程中发现在半成品的编织品内部有一块有着固定形状的木头，询问之下才知这叫模具，有了这个模具，黄草才能编织成形。再次细细观察，发现模具已被几代人摩挲得油亮，充满年代感。阿姨看出了我的疑惑，便缓缓道来："现在愿意做这种木质模具的人实在太少了，需要找专门的木工根据我们的要求做出来，但是我们

要的数量少，没有多少木工愿意接活，我们只能拿这种用了很多年的模具循环使用。"是呀！草编需要用模具来定型，无法实现模具自由，草编技艺自然无法创新，顿时我创意灵感涌现。当时，我正在带学校的 3D 打印社团，作为 3D 打印"门外汉"的我觉得万能的 3D 打印技术可以实现模具自由，于是一场轰轰烈烈的"传创之曲"便从传统与现代相融合谱起。

通过与外聘专业团队合作，我们制定了社团的课程方案，计划将草编与 3D 打印结合，从普及时尚、设计、美学着手，通过引导学生了解立体构成艺术，结合个人时尚用品设计，利用多种学习方式带领学生在模具上对黄草编织进行创新，一改草编制品以实用性为主导的"惯性"风格，变装饰性为主导的创意风格，在传承草编技法的同时发挥学生想象力，培养学生创新思维能力以及感受美好、追求梦想和勇于承担的精神，从而传承非遗文化。我们设计了《时尚的生活》模具系列课程，例如：茶壶、杯子、鞋履、手镯、手包、帽子（见图 1）。

图 1　3D 打印模具流程

想法虽妙，方案虽好，但创新的过程却是困难重重，以失败告终，究其原因有三：首先，3D 打印这门技术不是能够在短期内学有所成的，这需要时间的积累，而社团课的时间有限，导致成果输出有限。其次，打印耗材昂贵且只能打印一些小物件的模具，这需要草编技艺熟练的人才能够驾驭，而学生现有的能力仅限于编简单的草编制品。再次，打印出来的模具过于光滑，导致编草编的时候没有着力点，很难编织出成品。固然将传统的黄草编织与现代科技结合是一种创新，但只顾及了"高大上"却忽视了草编编织过程中的基本要求及学生的编织能力，脱离了学生的最近发展区，学生即便是"跳一跳"也无法"够着"。

这次创新之旅虽然失败了，但是我从中找到了自身的问题并尝试改变。首先，没有详细地了解草编这门技艺，于是我对黄草编织进行了深度学习。其次，不了解学生对草编技艺的掌握程度，于是通过深入草编课堂来了解学生的技艺水平。再次，引入的3D打印课程难度高，脱离了学生的最近发展区，于是尝试思考降低难度，使其处于学生的最近发展区内……这次的失败成为我继续传创黄草编织，培养学生创新素养的新起点。

二、曲二：舟行若穷，忽又无际

经历了一次失败后，我在"继续"与"放弃"中不断徘徊。在深入了解草编这项非物质文化遗产之后，我发现自己舍不得"放弃"这么悠久的文化。当时的《义务教育美术课程标准（2011年版）》鼓励教师大胆地开发各种资源，尤其是地方资源，从而拓展美术课程实施的可能性，提高实施效果，使得美术教师的教学变得更加丰富，更加具有成效，还指出学生的美术学习要与实际生活相关联，并且在本民族文化情境中开发美术课程资源，以此来引导学生参与民族文化的传承和交流。为了使草编的创新方向更贴近学生的学习生活，我思考将草编融入基础型课程——美术。

说到黄草编织，大家都会想到草编拖鞋、草编包包、草编帽子等实用的物品，但是对于小学生来说编包包、编草帽难度太大，无法激发他们学习的主动性。我要做的是化难为易，寻找好的方法让学生了解草编文化，对这项非物质文化遗产产生兴趣，进而主动传创黄草编织。而此曲则从一根小小的花茎谱起。

一次在和草编阿姨聊天的过程中，我发现阿姨在整理黄草的时候将黄草的花苞剪下来扔在了一边，花苞就那样孤零零地躺在地上，等待它的就是学校垃圾桶。我灵光一闪，为什么不将黄草以媒材的方式运用到美术作品中呢？这样不仅可以让学生在课堂中就能触碰到黄草，更能潜移默化地让学生了解草编。在这次机缘巧合之下，我再次开始了谱写草编创新之曲的旅程。

无巧不成书，在一次上网闲逛中我看到了一幅麦秆画，惊讶它浑然天成的美。再进一步观察发现麦秆和黄草有异曲同工之妙，于是便着手开始研究黄草拼贴画。通过搜集素材、探索基础工具、设计图纸等努力，创作出了一幅幅漂亮的黄草拼贴画（见图2）！虽然在研究过程中遇到了重重困难，但都被我的专注与坚持不懈一一攻破。例如，要将黄草拼贴成一幅画首先要考虑用于贴画的底板材料是普通白纸还是油画框，经过不断尝试发现贴于纸上容易皱起来，所以选择了油画框；油画框是白色的，不能凸显黄草古色古香的色彩，于是采用不溶于水且颜色鲜亮的丙烯颜料铺底色；对于胶水的探索，我尝试了固体胶、502胶水、热熔胶棒、白胶，发现固体胶黏度不够，502胶水会把手粘到，热融胶棒干了之后会发硬导致拼贴的黄草秆高低不平，最终决定用白胶……解决了一系列的操作性问题之后，就尝试将黄草以媒材的方式融入美术课堂。

图2　黄草贴画

例如：《草编圆盘的畅想》这节课主要是让学生通过有主题的借形想象，发现和想象新奇有趣的形象，培养学生的想象力。在这节课上运用的黄草资源有：黄草秆、花苞、草编盆托等。学生用这些材料有选择性地贴一贴、画一画来制作精美的装饰画，整堂课学生的积极性非常高。通过鼓励学生的发散性思维和创意表现，最终在课堂上呈现出了很多精美的作品（见图3）。

仅仅是画画贴贴，学生容易厌烦，所以我带领学生探索更多不同的表现方式来提高学生的学习兴趣，培养他们的创新思维，让小学生通过美术课堂接触"黄草"、触摸"黄草"，潜移默化地培养他们对草编的兴趣。于是我又从"结艺"技法中寻找到脱离模具进行编织的方法。由于黄草特殊的质地——湿软、色淡、易染色，用它来进行编织再好不过了，通过将黄草揉搓、编绳、编织一系列的步骤，编织出各种漂亮的小饰品，例如：发卡、手链、耳坠、挂件等（见图 4）。

图 3 《草编圆盘的畅想》作品

图 4 草编小饰品

又因黄草本色古朴，有不同的肌理，所以我又继续研究在草编制品上设计适合其形状、颜色、花纹的图案进行彩绘，美化草编制品，为草编制品锦上添花。例如，在《彩绘"时钟"》这课中，学生绘制了适合草编盆托形状以及其固有花纹的图案来装饰盆托,最终设计出漂亮的"时钟"来凸显黄草的魅力(见图5)。

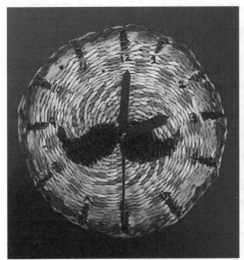

图5 黄草彩绘作品

这次的尝试虽未失败,但也不应就此止步。随着2022年新课标的颁布,我发现仅仅通过美术课堂进行知识与技能的教学已不够。社会在进步,时代在发展,课程改革的目标指向核心素养的培育。素养是一种可以渗透在所有学科及跨学科学习中的通用品质和能力。我发现在素养培育的进程中,尤其是创新素养的培养上,我们离成功还有很长的一段路要走。

三、曲三:锲而不舍,金石可镂

中共中央、国务院印发的《关于全面加强和改进新时代学校美育工作的意见》强调把美育纳入各级各类学校人才培养全过程,加强美育与德育、智育、体育、劳动教育相融合。苏霍姆林斯基在其教育理论中指出:美育与劳动教育是实施"德智体"的有效途径。黄草编织是徐行劳动人民智慧的结晶,它的发展离不开劳动人民勤劳的双手,而它也是学校实施劳动教育得天独厚的资源,曲三便从一场精彩的讲座谱起。

2019年学校科研室邀请专家来为全体教职工做了一场主题为"素养视角

下学习方式的转变——项目化学习"的讲座。鉴于我国分科教学的特性及学科核心素养的提出，使得学科项目化学习更容易使学生、老师及学校所接受，它的实施成为发展学生素养的一种载体，而这次讲座则成为学校培养学生创新素养的一个突破口，以劳动教育为主题的项目化学习也被纳入徐行小学的日常教学活动。

我站在"美劳融合"的创新视域，以项目化学习为实施路径，在前"两曲"研究成果的基础上组建团队，带领学生在模具、图案、色彩搭配、表现方式等方面寻找主题，实施项目，对黄草编织进行创新，将美育与劳动教育融合，以美育人、以美化人、以美培元，使学生在"美"的教育的熏陶下摆脱对劳动教育"苦"与"累"的固有认知，不断探索能营造快乐、美好，有吸引力、有挑战性的"美劳融合"的实施策略，使知识不再具有"惰性"，进而发展学生的创新素养。

团队通过探寻草编的历史，黄草不同的表现内容、表现方式等，巧妙融入美术学科基础知识与技能，以举办一场"草编博览会"为项目实施主线，形成完整的项目实施方案。项目团队以四年级为实验年级，开展为期一学期的"草编博览会"项目化学习实践。此次项目化学习实践主要是通过草编社团的学生向全校同学发出邀请，希望可以与他们一起想想创意金点子，制作有创意的草编作品，亲自策划一场非同寻常的"草编博览会"，以让草编制品更时尚、更漂亮、更能让大众接受这样一个真实的情境来引入驱动性问题：作为参与"草编博览会"的工作人员，你能为"草编博览会"做出哪些贡献？根据驱动性问题，学生各抒己见形成子问题链：你能用文字、绘画或者其他你喜欢的方式创作一则草编故事吗？有什么方法让草编艺术品更吸引人？怎样让自己的展品在博览会上大放异彩？怎样让团队展示的创意产品吸引更多观展人？

根据子问题将项目拆分成递进式子项目，分别为："草编故事会""创意艺术家""草编代言人""草编小使者"。通过入项"破冰之旅"有仪式感地宣布项目的开始；合作探究完成知识与能力建构；复盘成果并进行调整、优化，形成预期"产品"；出项展示谈经验、说体会等实施流程，将黄草编织以美学创意的方式在基础型课堂中进行渗透，发展学生创新素养，进而培养传承中华优秀传统文化的意识（见图 6）。

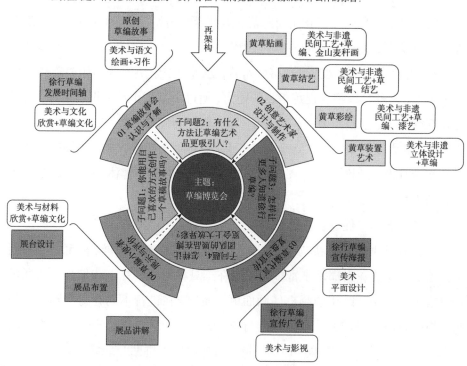

图 6 "草编博览会"PBL 主题式课程图谱

通过一学期的项目实践,师生合力,传创草编,共同成长。

（一）项目实践,助推学生素养提升

1. 创意设计,助力美术学科素养

在项目实践过程中学生通过探索草编的历史、了解黄草的特性等任务来设计图文结合的故事,增强对草编文化的理解；根据设计的图案思考用不同材料与黄草进行搭配,最终拼贴成画,体会创意设计的乐趣,培养艺术表现能力；将黄草与另一种传统技艺"结艺"碰撞,探索"线"与"黄草"、"珠子"与"黄草"等材料搭配的方式,培养运用综合材料进行创作的意识,进而发展创意实践能力；探索适合黄草制品形状、色彩、花纹的图案，用美丽的色彩进行彩绘，培养审美感知能力……通过探索各种材料与黄草搭配的方式让普通的黄草变成一件艺术品，来培养美术学科素养，发展创新素养，激发对草编的热爱之情。

2. 合作探究，提升学习基础素养

项目化学习是以基于真实问题情境展开探究为始，以产出真实"产品"为终的一段学习经历。此项目在实践过程中通过以美术学科为主、其他学科为辅，将"惰性知识"转化为可迁移的素养；通过寻找解决问题的相关资料进行自主学习，培养搜集整合提炼信息的能力；通过小组合作及汇报展示等，培养合作探究能力、创新能力；通过头脑风暴、鱼缸会议等形式，培养逻辑思维能力、语言能力及决策能力；最终美劳携手，通过创意实践，在劳动教育基础上深化美育体验，助推劳动教育在小学真实落地，培养德智体美劳全面发展的时代新人！

3. 多彩成果，促进创新思维发展

在带领学生创作出项"产品"时，无论是工具材料的选择、表现方式的创新，还是主题的探索都是丰富多彩的。在工具材料的选择上我们摒弃普通的纸质作画的形式，改用油画框使画面更有质感；在进行不同题材的贴画创作时，根据画面需要增加黄草以外的材料，如羽毛、线、贝壳、纽扣等；在作品的表现方式上我们不是单一地画一画，而是增加了拼贴、编织、写生、彩绘、装置艺术等。通过这些探索，不仅培养了学生的观察能力、思维能力以及想象力，还让学生对课程充满好奇，从而开启创意之门。复盘项目成果时，学生感受到"劳动创造美"带来的成功喜悦，增强了"美劳融合"的育人成效。在项目展示汇报时，学生利用多媒体技术、信息技术与项目成果相结合并显性地表达出来，更是对创新思维的一种培养。

（二）师生协同，促进师生共同发展

要培养全面发展的人才，教师不再是针对"单一学科的教的专家"，而是要转变为"设计和引领'五育融合'式学习的'专家'"。这对学生与教师的知识及技能储备提出了更高的要求。为了激发学生的内驱力，要设计贴近校园生活、有趣且创新的项目。在设计和实践该项目时师生巧用黄草资源，立足美育视角，师生互助，共同进步，例如：在设计出项产品及学生工具时，运用精美的图案或制作有趣的教具激发学习兴趣；在实践项目时，与学生参观各种与项目相关的校内外乡土场馆，寻找创意灵感；在出项展示时，师生共同制作展示团队特色的精美视频、动画，等等。通过师生合力不断发现新知识、新观点，更好地推动师生共同前进。

　　基于我校特色利用黄草资源来开发和挖掘新颖的创意表现方式，通过项目化学习使非遗文化真正进入学校，来到学生身边，增进学生对本土文化的了解，激发他们的想象力，培养他们的创新思维。再回首，从经历失败到看似成功，再到不断突破、取得成果这"三部曲"，每一曲都是在前一曲"失败"的基础上自我反思、勇于实践后谱写的。但是，发展创新素养，传创非遗文化的道路漫漫，在看似成功的这首动人的乐曲之上，还需不断改进，不断创新……

参考文献

　　[1]吴丽芳.以劳育美　弘扬中华优秀传统文化[J].福建教育，2021（38）：6-9.

　　[2]人民出版社.中共中央国务院关于全面加强新时代大中小学劳动教育的意见[M].北京：人民出版社，2020.

　　[3]中华人民共和国教育部.义务教育美术课程标准（2011年版）[S].北京：北京师范大学出版社，2012.

　　[4]教育部基础教育课程教材专家工作委员会组织编写.义务教育美术课程标准解读：2011年版[M].北京：北京师范大学出版社，2012.

水墨画教学"有效失败"法的微设计

——以《水墨盐趣》一课为例

上海市嘉定区练川实验学校　邓佳丽

"有效失败"是心理学家马努·卡普尔提出的一个概念,指的是让孩子得到经验教训的失败,而不是白白失败、没有得到任何启示和收获。

在美术学习活动中,"有效失败"法的课堂设计既要有视觉性、操作性、表现性和主观性等美术学科特征,还要拓宽学生的审美视野,引导学生发展个性,丰富和发展形象思维,发展创新意识和创造能力。

一、设问——水墨画教学的新思考

水墨画是中国传统的以墨色或以墨色为主略加其他颜色绘制的中国画。水和墨自然晕染形成的韵味美感是水墨画独特的表现形式。

在水墨画课堂中常常听到这样的话——"老师,我画失败了,能重新换张纸画吗?"很多学生在创作中无法控制水墨的晕化程度,没有达到预期的画面效果,就认定自己的作品是失败的。然而,学生普遍认为的"失败",其实只是审美局限的问题。他们过于注重完成特定的画面形象和运用笔墨技法,没有看到水墨自然晕化的韵味美感。如何拓宽学生的审美视野?教师可以给予学生哪些有效引导和指导?会产生哪些新的有意义、有新意的作品?水墨画教学是否也可以"试错"呢?

笔者尝试引导学生在貌似"失败"、不可控的画面中寻找美的元素,培育学生的审美感知,助力学生发现美,感知美,创造美,丰富审美体验,提升创意能力。同时,培育学生在面对水墨画"不可控"的因素时不畏难、不怕失败、胆大心细的品质,提升他们发现问题、解决问题的能力。

二、实践——在"容错"中向美而教

教师应以乐观的心态包容学生的"失败",帮助学生发现美、感知美,落实核心素养,坚持以美育人。

(一)从"心"出发　包容畏难情绪

开展水墨画"有效失败"法的尝试与设计要基于学情。三年级的学生刚刚接触国画,属于启蒙教育。在问卷调查后,笔者发现学生对国画有很大的兴趣和爱好(见图1),但仍有40%的学生害怕画出一幅不满意或失败的作品(见图2),学生对学习国画存在畏难情绪。为了正面引导学生勇于面对失败,让学生知道"失败"诚可贵,创新价更高,笔者根据儿童天真烂漫、喜欢尝试新鲜事物的天性,设计了《水墨盐趣》一课,以探究水墨肌理小实验为情境,让学生趣玩水墨肌理变化,完成水墨创作。

第2题:你是否愿意学习中国画?(单选) [单选题]

选项	小计	比例
非常愿意	16	94.12%
感兴趣	1	5.88%
不愿意	0	0%
本题有效填写人次	17	

图1

第5题:在国画创作学习中你害怕遭遇失败吗? [单选题]

选项	小计	比例
害怕	6	40%
一般	4	26.67%
不害怕	5	33.33%
本题有效填写人次	15	

图2

(二)落实素养　打造创新课堂

《水墨盐趣》创新课堂的设计坚持素养导向,指向审美感知、审美理解,强化创意实践、尊重儿童身心的客观规律,玩转水墨肌理效果,感受水墨韵味美感,激发想象力,践行艺术表现,以促进以美育人为目标。

1. 指向"审美感知"

拓宽学生的审美视野，引导学生赏析美术作品，了解水墨画的肌理技法。针对"只关注具体物象"的学生，要引导他们深入观察画面中具有美感的水墨晕染效果，感受水墨晕化的韵味美感，不再局限于具体的形象审美。

2. 自主"创意实践"

设计"有效失败"法的教学活动，比如"营造开放的学习情境"水墨肌理小实验，以盐、胶矾水为媒材探究"盐化墨""矾斥墨"水墨肌理实验，玩出各不相同的水墨肌理变化，提升审美能力，在探究、反思、总结的路径中缓解学生的畏难情绪并创意完成作品。

3. 践行"艺术表现"

艺术表现是在艺术活动中创造艺术形象、表达思想情感、展现艺术美感的实践能力。教学中通过'教—学—评'一致的评价机制，激发学生想象的内驱力，以整体到局部、"随形想象"等方法，赋予水墨画作品创新的表现形式。

4. 感悟"文化理解"

对于中国画的传承与创新，要将儿童置身于广泛的文化情境中，才能获得深入的情感体验，在核心素养的背景下扎实以美育人的课堂，发扬创新优秀的传统文化，坚定文化自信。

三、聚焦——"有效失败"法向美而设

（一）"有效失败"法的问题生成期

卡普尔指出，"有效失败"能否成为一个关键的过程，取决于三个条件。一是选择"具有挑战性，但不会令人绝望"的问题；二是让学习者有机会阐释和阐述他们的探索过程；三是让学习者有机会比较和权衡解决方案（此阶段应围绕学生活动优化教学设计）。

1. 指向审美感知　提出核心问题

为提升学生的审美能力，激发水墨"情趣"，先让学生通过观察、对比自行发现绘画中的新问题，再由教师引导学生在多个问题中总结出核心问题。

《水墨盐趣》一课尝试引导型教学策略，指向"审美感知"。先引导学生欣赏并发现周思聪大师在作品中运用胶矾水和盐等材料形成的"朦胧""雪花"般不同美感的肌理效果，然后提问："① 仔细观察她早年和晚年作品中除了水墨浓淡变化以外的细节，特别是晚年的这幅作品，带给你怎样的感受？ ② 局部放大荷叶，你看到哪些细小的变化？"③"如何运用新材料玩出水墨肌理效果？"学生分析、对比，总结出"如何用新材料玩出不同美感的水墨肌理效果"是核心问题。

2. 激活旧知记忆 促进知识迁移

"有效失败"的学习活动开始于解决问题的阶段。教师通过创设问题情境，设置有挑战性的实践问题，激发学生在实验过程中利用旧知解决新问题，通过《墨点的趣味》《墨线的变化》《水墨的游戏》的学习，让学生回忆"浓墨破淡墨""彩破墨"等画法形成的过程。利用旧知进行水墨肌理的新尝试，失败恰好能促进学生更好地激活前序知识与经验。学生只有遇到了难以解决的问题，才会不断尝试，从多个角度解释、阐述、评估问题。有了努力寻找解释、解决问题的过程，学生才能生成比过去（直接教学）更多的感悟或解决方案，甚至暴露出各种空白与错误，教师也才能在后续教学中帮助学生填补知识空白，纠正错误认知，区分先前知识与经验与目标概念的差别。可以说，失败为学生提供了激活知识的机会。

3. 自主创意实践 探究解决方案

学生经过尝试发现旧知识无法解决新问题。因此如何引导学生乐于探索、享受探索的过程，趣玩水墨变化，突破畏难情绪成为本节课的教学目标。为了"让学习者有机会阐释和阐述他们的探索过程"，教师设计了水墨肌理实验的环节。

师：你们小组用到了哪些实验材料？你们的实验过程是怎么样的？实验现象又是怎么样的？

A组生：我把矾滴落在纸上，再把盐撒在上面，它们像花一样盛开，好美呀！有盐的地方会有很多小缝隙，向四面八方散开来。为什么先加矾然后再撒盐会形成花纹？（见图3）

师：你的实验太有趣了。你是怎么撒上去的呢？

B组生：我用力地撒在上面。另一个同学是轻轻落在上面的。还有的同学是将盐像下雨一样各种角度地落下去的。我的盐放多了，开出的墨色花好大呀！

师：你们的比喻好有趣呀！我们一起来总结一下实验结果。撒盐的力度、方向，以及多和少都会产生微妙的变化。产生的这些花纹我们统称为肌理。

C组生：老师，我的实验失败了，没有玩出他们所说的花纹，但是我发现一个有趣的现象，先画胶矾水再画上墨，水和墨会分离开来。（见图4）

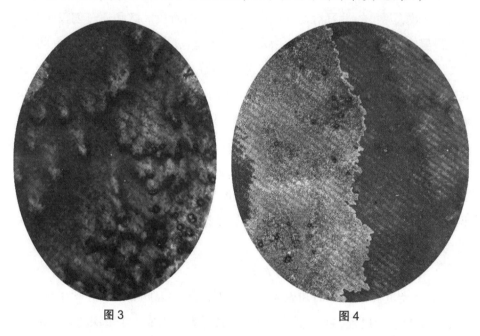

图3　　　　　　　　　　　　　　　　图4

学生以小组自主探究和问题化学习相结合的方式进行水墨肌理小实验，实验中会遇到失败的情况，例如胶矾和墨没有明显分离出来，盐化墨变化不够明显。

学生回忆实验过程，发现使用撒盐法要结合胶矾水共同完成，胶矾水可以阻隔生宣纸对水分的吸收，增加盐粒在水墨中的融化，形成雪花一样的肌理效果。一部分学生虽然没有做成功"盐化墨"，但发现了胶矾水与墨产生的有趣现象——先画胶矾水再画墨，会形成层叠的、积雪的效果，还会形成"留白"的肌理效果。小组成员再次实验，通过交流和经验总结会提出解决的方

案。(详见表 1)

表 1　水墨肌理实验学生方案生成表

实验中遇到的失败	胶矾和墨没有明显分离出来	盐化墨变化不明显
学生提出解决方案	先在纸上面刷出胶矾的痕迹，晾干后再在上面覆盖墨色，会出现明显的分离效果	注意墨不要太浓，用淡一些的墨，先点落胶矾液再撒盐。撒盐的力度、方向、多少会产生微妙的效果

学生在实验过程中得出的表述或解决方案与教师的示范再进行比对，梳理和总结他们的实验结果，解决本节课的核心问题——矾斥墨、盐化墨的水墨肌理效果呈现出不同的美感。

(二)"有效失败"法的驱动指导

"有效失败"对学生自主探索的要求较高，教学环节上需要精心设计指导方法。探究性的教学课堂就像放风筝，放手让学生自主探索会有挑战性，但是课堂要有序进行、"收放自如"。因此，教师要在学生的探究活动基础上进行指导，设计教学支架。

教师的指导以"水墨小实验""表现性任务评价表"两组任务构成的美术导学单为支架，指导学生的操作步骤。在整体框架下利用任务驱动学生自主探究，学生以小组的形式通过玩一玩水墨肌理小实验，在"勇敢小达人"环节，选择实验材料、观察实验过程、发现实验现象、记录实验结果和所遇到的困难。能够从失败或成功中找到解决问题的路径、方法，总结出经验教训，这就是"有效失败"。"表现性任务评价表"包括自我评价、同伴评价、教师评价，贯穿课堂始终，实现"教—学—评"的一致性。及时的评价能给予学生肯定，提高学生解决问题的兴趣，提升学生探索的动力。

表2 《水墨盐趣》美术导学单

《水墨盐趣》美术导学单

班级：　　　　　　　　导学小达人：　　　　　　　　日期：

一、勇敢小达人

水墨小实验

实验材料	实验过程	实验现象
☐ 盐 ☐ 胶矾 ☐ 水墨	先加矾再加水墨，水墨是否分离？	☐ 是　　☐ 否
	先加水墨再加矾，水墨产生怎样的变化？	
	盐量多的时候开出的墨色的花	☐ 大　　☐ 小
	撒盐的力度、方向不同，则结果	☐ 相同　☐ 不同

所遇困难	⇨	

表现性任务评价表

评价内容：小实验感受		
自我评价	1. 我们小组花了多少时间做实验	☐ 少于2分钟　☐ 多于2分钟
	2. 实验过程是否有过失败	☐ 是　　　　☐ 否
	3. 我知道实验的秘诀	☐ 盐化墨　　☐ 矾斥墨
	4. 小组实验的感受：＿＿＿＿＿＿＿＿＿＿	
同伴评价	他（她）作画习惯良好吗？	☺ ☹ ☹
	他（她）的作品是否大胆创新？	☺ ☹ ☹
	个性化语言激励：＿＿＿＿＿＿＿＿＿＿	
教师评价	总体表现 ☐ 很棒　☐ 棒　☐ 加油	对自己小组作品评价 （打＿＿★）

四、创新——在"有效失败"中向美而生

毕加索曾说过:"所有的孩子天生就是艺术家。"我们应该学会欣赏、学会包容、学会引导。在貌似"失败"的作品中找到美的元素,给学生自由的想象力。对于缺乏自信的孩子给予更多的鼓励,激发他们的创作热情,让作品向美而生。

（一）趣玩肌理　联想巧绘造型

看似没有任何造型的肌理画面通过学生"随形联想",添加几笔就变成了可爱的小刺猬和游动的小鱼。（见图5、图6）

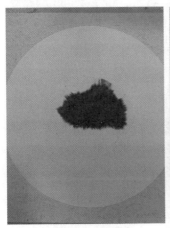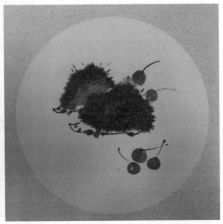

图5

图6

　　大大小小墨色的"花"在学生的笔下变成了随风飞舞的蒲公英和沙漠中不惧风吹雨打的仙人掌。（见图7、图8）普通的盐和胶矾融合碰撞，变出"柔软"的绒毛或"刺刺"的肌理质感，让学生对水墨技法有了新的认知和体验。

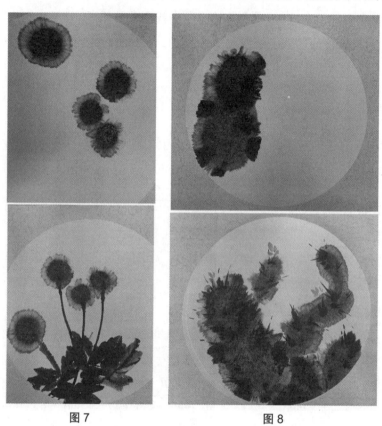

图7　　　　　　　　　　　　　　　　图8

　　学生在"失败"的水墨肌理实验中发现"矾斥墨"的原理，留白的效果让学生联想到了银装素裹的雪村和即将喷发的火山。（见图9）

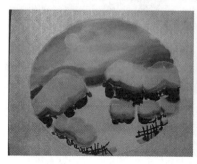

图9

（二）慧眼识美　坚定创作信心

"原来水墨还可以这样玩，不害怕画出失败的作品了！""我收获到了学习国画的快乐！"学生突破了畏难情绪，以更包容的心态从"失败"中发掘价值。教师给予适当的肯定和引导，培育儿童的审美感知，保护好童真的想象，引导出童趣的笔墨。

"有效失败"的作品变成创新性的视觉艺术，坚定了孩子们的创作信心。希望我们的课堂能让笔墨有承，让创新自在，童心飞扬！

参考文献

［1］尹少淳.新版课程标准解析与教学指导　美术　2022年版［M］.北京：北京师范大学出版社，2022.

［2］奚传绩.美术教育词典［M］.北京：人民教育出版社，2009.

［3］曹鹭．有效失败与知识迁移：理论、机制与原则［J］.开放教育研究，2021，27（03）：4-14.

［4］约翰·哈蒂，南希·弗雷，道格拉斯·费舍.可见的学习与深度学习：最大化学生的技能、意志力和兴奋感［M］.杨洋，译.北京：中国青年出版社，2020.

［5］刘新阳.教师教学设计能力研究：理论、方法与案例［M］.北京：中国社会科学出版社，2021.

［6］彼得·霍林斯.费曼超级学习法：理解更快、保留更高，27个高级学习模型［M］.彭相珍，译.北京：中国青年出版社，2022.

教学过程篇 //////////

经历失败体验　创新微型实验

——以氢氧化亚铁制备实验的微型化改进为例

上海市嘉定区封浜高级中学　褚中运

"化学是以实验为基础的学科"。化学实验的本质是一种具有育人价值的实践技术，而学生实验中的真实情境体验是其认识化学、形成化学核心素养最直接的方式。然而，没有一定"成功"的化学实验，更没有"完美"的化学实验。化学实验的目的就是要引导学生在变化中认识化学，在失败中改进实验，在合作中创新方案。创造性开展化学实验的过程也是开拓性的思维训练，这正是化学实验的最终目标：锻炼学生应用实验发现问题、分析问题、解决问题的能力。由于当前高中生普遍欠缺这种能力，所以对化学实验的"再生成"能培养高中生科学探究精神和创新意识，有其现实价值。

一、"失败"的实验

（一）对比："理想"的实验 VS "失败"的实验

金属元素是高中化学元素学习的重要组成部分，其中铁元素是我们日常生活中接触最多的金属元素之一。对于元素体系的研究学习具有鲜明的模型作用，具体体现在铁元素价态与氧化还原的逻辑关系研究及实验探究。

学习完铁盐与亚铁盐后，同学们认识了它们的不同颜色，并认识了白色的氢氧化亚铁沉淀和红褐色的氢氧化铁沉淀的性质以及两者之间的转化，却并未真正接触到这两种沉淀。实验学习法使得铁元素的学习更加生动深刻，其中氢氧化亚铁的制备实验在铁元素学习历程中深受学生欢迎，此实验具有操作简单、现象明显等优点。为了增强同学们的直观认识，教师为不同的学习小组分别设置了氢氧化物制备的探究性学习课题。

实验中，小组通过亚铁盐、铁盐与碱性物质混合分别制备氢氧化亚铁和氢氧化铁。各小组制备氢氧化铁的实验均较为成功，可以观察到预想的红褐色沉淀。但是，制备的氢氧化亚铁颜色却各不相同，或为灰绿色，或为红褐色，均较难观察到稳定的白色，这与最初预想的实验现象截然不同。

（二）归因：氢氧化亚铁为什么快速变色？

制备的氢氧化亚铁为什么快速变色？实验过程中的哪些不严谨操作导致了氢氧化亚铁制备实验的失败呢？带着这些疑惑，同学们再次进行对照实验，对变色原因进行可行性分析。同时，结合氢氧化亚铁转化为氢氧化铁的原理，以及小组之间的经验交流和原因分析，最终同学们得出了较为一致的结论：实验过程中可能混入了空气，进而导致白色沉淀快速变为红褐色。

虽然各组同学制备氢氧化亚铁实验的现象不那么完美，但恰恰为后续的原因分析和创新改进提供了良好的发展基础。这种"失败式"教学是学生认识问题、深化问题、解决问题的一种有效方式，教师可通过反面实践的形式将矛盾暴露在学习过程中，对学生进行逆向刺激。教师在实验教学实践中通过流程再造、创新教学顺序等形式使学生感受失败，并通过正向引导使失败实践发展为"有效失败"，引导、帮助学生认真反思实验失败的原因，在失败中站起来。

二、"半成功"的实验

（一）分析：氢氧化亚铁为什么依旧缓慢变色？

1. 多角度推敲细节，为创新奠基

为制备较长时间内稳定存在的白色氢氧化亚铁，需要对原制备方案或实验装置进行改进和创新。

各小组同学通过查阅资料总结出不同的方法驱除可能混入的空气，如隔绝空气、煮沸蒸馏水等，并对每一处可能的细节认真推敲。在原因分析的基础上，通过简易化装置制备稳定性较强的白色氢氧化亚铁沉淀是实验设计的重点和难点，也是本实验的重要创新。

2. 对比多样化方案，明确实验重点

全国现行各版本高中化学教材均设计了氢氧化亚铁制备实验，其中苏科版教材进一步设计了对照实验制备白色氢氧化亚铁，并明确提出"蒸馏水煮沸""滴管末端伸入液面以下"等技术细节，进而突出实验过程中"无氧"条件的重要性。人教、沪、鲁教材中的制备方案，更明显地呈现了白色氢氧化亚铁沉淀被快速氧化变成灰绿色，并最终生成红褐色氢氧化铁沉淀的过程，使学生能够切身理解氢氧化亚铁的不稳定性。

（二）初创新：第一轮制备实验的改进

各小组结合以上分析提出了具有一定创新性的改进方案：

A 小组："我们根据铁与稀硫酸反应制备氢气，并利用其还原性进行气体保护。具体操作是：将铁与稀硫酸混合产生氢气，使装置内压强增大，将硫酸亚铁溶液泵入氢氧化钠溶液，立刻观察到白色沉淀。"（方案一）

师："A 小组通过氢气保护法制备的白色沉淀的现象非常明显，但是沉淀在较短的时间内就迅速变色，这显然不利于我们对实验现象的观察。而且，本装置设计相对复杂，使用的仪器清洗不方便。在实验不足的基础上，小组成员难以在短时间内进行多次对照操作。"

B 小组："我们组认为，要避免氢氧化亚铁被氧化，应从源头上解决氧气的存在问题，可从环境和试剂两个角度进行氧气隔绝。具体措施有：煮沸蒸馏水、试剂现配现用、将滴管尖嘴插入液面以下，最终明显观察到白色沉淀。"（方案二）

师："将 B 小组制备所得白色沉淀与 A 小组的白色沉淀进行观察对比，虽然白色沉淀已经可以在一定时间内保持相对稳定的白色，但几分钟后，逐渐变为灰绿色，这与我们所期待的较长时间内保持稳定的白色还有一定差距，需要在 B 小组实验方案基础上继续进行创新。"

C 小组："为实现简便操作，同时结合绿色化学的思想，利用植物油密度小于水的性质，对溶液进行液封，避免氧气混入反应体系。"（方案三）

师："C 小组的方案与 B 小组的方案都充分体现了隔绝氧气的设计思路，而且能够较好地体现绿色化学理念，但是与 B 小组制备所得白色沉淀相比，在稳定性方面并无明显差异。"

表 1　各小组"初创新"实验方案对比

方案	改进之处	实验结果	不足之处
方案一	引入还原性气体——H_2，形成气体保护氛围	白色沉淀迅速变色	装置复杂，操作不便，沉淀并不稳定
方案二	从环境和试剂两方面隔绝氧气	短暂观察到白色沉淀，逐渐变为灰绿色	白色沉淀不能较长时间稳定存在
方案三	符合绿色化学理念，对溶液进行液封以隔绝空气	短暂观察到白色沉淀，缓慢变为灰绿色	白色沉淀不能较长时间稳定存在

以上各小组通过改进实践所得的氢氧化亚铁沉淀，均会在较短时间内变色，如果片面地从实验现象来看，结果显然是失败的。然而正是得益于这样的失败体验，学生的实验技能和动手能力得以提高，学生在教师的引导下更加深入地理解和分析每一处细节，对后续的装置微型化改进具有十分重要的启发性意义。从这一角度而言，实验的失败又是成功的"有效失败"，也可将此称为"半成功"。

在教学实施过程中，由零起点到初创新，将失败逐步转化为有效失败的教学设计，使学生螺旋式上升、渐进式创新，帮助学生更好地理解实验原理，剖析原因，寻找创新生长点，成为后续深度改进的重要依据。在教学过程中，结合学生的实践操作、失败分析以及教师的拓展引导，对实验装置进一步微型化改进以制备稳定的氢氧化亚铁沉淀。

三、"成功"的体验

（一）再创新：制备实验"微型化"改进

C 小组："对比实验方案，在查阅资料、讨论方案后，对教材中氯气性质探究实验的方案和特点进行进一步分析,决定尝试新的实验工具——注射器。它具有易于组装、密封良好、材料广泛等优点。我们将此实验方法命名为'微型混合法'。"(方案四)

D 小组:"由各小组的实践过程可知,实验成功与否的关键是气体保护和从根源上隔绝氧气,但以往的方法都存在各种不足。拓展课同学提出了"相互促进水解"的原理制备氢氧化亚铁,在注射器的基础上嫁接新的实验工具———一次性吸管,它最突出的优点是密封性良好。我们组的改进方法是利用水解过程中产生的二氧化碳进行气体保护。"(方案五)

师:"从实验结果来看,D 小组的操作过程非常简单,而且非常稳定。立足于初创新的不足,再创新实验巧妙地利用了微型化的注射器,使制得的白色沉淀相对稳定,特别是方案五中的白色沉淀可在很长的时间内稳定存在。相较于方案一的联合制备装置,一次性吸管的微体积使微型化的优势更加突显,便于小组同学在较短时间内进行设置对照、广泛参与、多次验证。"

表 2　各小组"再创新"实验方案对比

方案	改进之处	实验结果	创新成效
方案四	加液胶头滴管换用注射器	白色沉淀在一定时间内稳定存在	装置透明,现象可视;操作简便,适于定量加液
方案五	注射器结合一次性吸管	白色沉淀在较长时间内稳定存在	装置透明,现象可视;原理简单,二氧化碳气体保护;装置微型化,可多次操作;白色沉淀长时间稳定

以下对方案四和方案五的过程进行简要阐述,并从环境友好性、目标可及性、创新性、操作性等方面进行多维度师生共评。

1. 实验准备

实验器材:一次性吸管、注射器;

实验试剂:氯化亚铁溶液、碳酸氢钠溶液、稀盐酸、氢氧化钠溶液;以上试剂均用煮沸的蒸馏水现配现用。

2. 改进后的实验过程

方案四：微型混合法制备氢氧化亚铁

第 1 步：向注射器 A 和 B 中分别吸入一定量氯化亚铁溶液和氢氧化钠溶液；

第 2 步：将 B 中的氢氧化钠溶液缓慢推入 A 中；静置，观察颜色。

方案五：吸管 + 注射器组合制备氢氧化亚铁

第 1 步：挤出吸管中空气，吸取约 3 毫升碳酸氢钠溶液，将吸管尖嘴朝上；

第 2 步：向吸管注射少量稀盐酸，产生二氧化碳，利用其密度排出空气；

第 3 步：向吸管注射少量氯化亚铁溶液；静置，观察颜色。

3. "成功" 的实验结果

方案四注射器中的反应物快速反应，产生白色沉淀，静置后缓慢变为灰绿色，1 小时后，最终变为红褐色。

方案五向吸管中注射稀盐酸后，快速产生大量气泡，缓慢注射氯化亚铁溶液，迅速产生白色絮状沉淀（见图 1 左侧），在较长的时间内稳定存在（见图 1 右侧）。

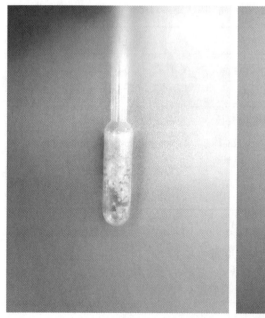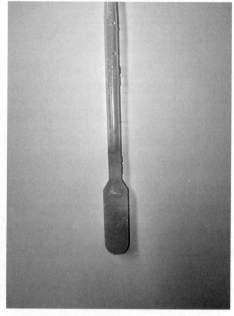

图 1　方案五初始（左）与静置 1h（右）对比

（二）体验 "成功"：微型化实验装置的客观评价

C 和 D 两组同学分析了数次实验的操作过程和实验结果，明确了实验不理想的主要原因，使其发展为"有效失败"。小组同学密切合作，自主进行方案设计，并汲取教材实验装置的优点进行迁移应用，学生的实践反思能力和动手合作能力不断提高。下面结合对照实验现象，对微型化实验装置进行客观评价。

主要优点：

（1）两组实验采用了体积小巧的注射器和一次性吸管，具有设备简单易得、便于组装、微型化等优点；

（2）两组实验中的注射器和一次性吸管均是透明的，便于学生观察和记录实验现象，记录实验过程中的细节变化；

（3）方案四中的注射器属于半封闭密闭体系，具有较好的密封性且易于定量添加试剂，但不足之处是添加试剂过程中容易混入空气，导致白色沉淀在一定时间内变色；方案五的实验装置更接近于封闭体系，且柔软塑料材质的吸管，便于使用细小的注射器添加试剂；

（4）方案五引入二氧化碳进行气体保护，利用其密度大于空气的物理性质，避免了空气混入氧化氢氧化亚铁；

（5）从沉淀的稳定性来看，方案五制备的氢氧化亚铁沉淀能够在较长的时间内保持稳定，这得益于一次性吸管的全封闭体系；

（6）基于两方案中装置的微型化优势，学生能够在短时间内便捷地进行多次实验，不断实践、探究实验条件进而制备更加稳定的氢氧化亚铁沉淀。

如同失败与成功的关系，任何创新型设计的出现都具有一定的改进空间，实验实施过程中学生对注射器的使用稍显陌生，尤其是注射器针头的使用，应当在实验前进行必要的指导、练习和基本防护。

两组实验方案均在前期失败实践和总结经验的基础上进行了优化，具备了优化和创新的特点，学生能够更加深刻地理解实践出真知，对学生合作学习能力、实验探究能力和创新思维意识的提升具有非常强的实践意义和价值。

教学目标是促进学生创新意识的不断增强。课程组织和实施者在失败的基础上引导学生观察、对比现象，分析和解决问题，实现初创新、再创新直至成功。循序渐进式的教学设计，能够使不同能力的学生均达到最优的思维创新高度，最大程度地实现教学目标。

四、反思与启示

（一）无惧实验失败，力争优化创新

在学生实验中，经常会出现不理想或者失败的实验经历，于学生和教师而言，失败并不可怕。失败后，教师可通过启发或者探究式教学调动小组成员勇敢地进行广泛合作，设计更加可行的实验方案，使学生成为课堂主人翁。

实验优化过程中，教师应当引导学生不断反思、总结经验、优化装置，充分验证目标达成度，使实验装置微型化、操作简单化、实验操作大众化。这既是学生实验方案思维的创新，也是教师致力于发展学生学科思维的教学方式创新，为学生的长期学习、终身学习筑牢基础。

（二）重视"有效失败"，发展创新思维

学生的每次失败经历更是一次生动的学习体验，教师在实验教学中通过多样化的组织形式，使学生沉浸式经历完整的实验探究过程，强化教师与学生共同"失败"实践与合作创新，培育学生的科学精神。

教师从学生的失败出发，为创新而行，可选取意义深远的化学实验，促进学生在合作中进行"头脑风暴"，突出探究过程中遭遇的实验困境与障碍分析。引导学生在每一次的失败中获取新的发现和收获，使其成为"有效失败"，提高学生的认知水平，发展学生的高阶思维能力，这才是较为理想的"有效失败"转化。如此，更能激发思维，活跃课堂主体的主观能动性，去设计绿色、创新的微型实验，进而为学生的自主创新、长期学习打下坚实基础。

（三）利用失败经验，驱动创新设计，落实核心素养

利用失败的经验，促进学生自主创新设计微型实验，进一步体现了化学实验对化学学科核心素养培育与发展的重要应用价值。在失败的基础上提升创新是引导学生认识化学本质和规律的重要方式，不但能够激发学生的学习兴趣，更能够发展学生学科思维。

同时，课堂之中出现的意外失败，也是教学设计创新改进的重要素材。教师在关注学生的失败与创新转换的同时，更应及时分析原因，并在后续教

学过程中进行优化调整,实现教学设计的创新,使学生实验更加具有教育意义,使课堂更贴近化学学科核心素养。

新课标鼓励化学实验向微型、创新的可持续发展方向不断发展,倡导教师引导学生在实验实践过程中不断培养自主创新能力。但创新从不是一蹴而就,更不是轻而易举的。它的起点、过程和成果均需要扎实的知识积累、成熟的进阶思维和大量的劳动付出,更需要在不断实践中经历失败,在失败中磨炼成就坚韧的意志。

参考文献

[1]中华人民共和国教育部.普通高中化学课程标准(2017年版2020年修订)[S].北京:人民教育出版社,2020.

[2]徐敏,柳傲雪,曾永明.微型化学实验及其在中学教学中的应用[J].安徽化工,2021,47(05):175-177.

[3]李静.微型化学实验在高中化学教学中的实践分析[J].才智,2020(15):139.

[4]湛志华,薛茗月,杨鸣婵,等.浅谈高中化学学科核心素养的培养[J].科学咨询(教育科研),2021(06):8-9.

失败的实验带来的教学创新

上海市嘉定区南苑中学　管　轶

当前，我国教师在教学过程中面临的紧迫任务是培养学生的核心素养，引导学生形成并发展必备品格和关键能力。因此，教师需要在学科教学中更多地体现出学科育人功能，强化学生对学科知识的理解和认识，以及对学科思想和方法的把握。

在物理教学中，实验教学是一种非常有效的教学方式，既可以调动学生的学习兴趣，又可以让他们在课堂上积极地参与，同时还可以提高他们的观察能力、思维能力和实验能力。学生可以从感性走向理性，从微观走向宏观。但在实验教学中，有时由于主客观的原因，实验效果达不到预期，这就需要教师再尝试其他方法。但是，能否在更合理的教学设计中发掘和发挥"失败的试验"的教育价值呢？

一、由"无效成功"转变为"有效失败"

在物理实验中，学生遭遇失败并不是坏事。教师千万不要"糊弄"学生，因为这时学生可能比平时更专注地观察教师，在这种情况下，教师可以把失败转换为合适的教学情境，让学生在学习过程中获得感悟。

例如覆杯实验——在教学过程中，该实验是完全可以让学生独立进行的。但是在实验的过程中，当学生将纸片盖好，将杯子翻过来的时候，往往会在杯的底部出现一个气泡，松手之后，纸片就掉了下来。此时，教师可鼓励学生观察与思考为什么会出现这样的现象，有什么办法可以避免此类现象发生。学生之间相互讨论分析,有学生提出用玻璃饮料瓶与纸巾做实验,通过在玻璃瓶内装满水后再向瓶口滴水,让水滴在瓶口凸出,以达到消除气泡的效果,然后用纸巾把多余的水分吸出来,起到密封的作用。这样就能极大地增加实验的成功率。

学生在实验过程中,有可能会遇到实验结果跟他们的预期不一致的情况。此时,教师可以引导学生对失败的原因进行分析,找出问题所在,并对方案进行改进,让学生在失败中得到新的发现与新的收获,这就是一种很好的"有效失败"。这样的实验不仅可以培养学生积极探索、勇于创新的精神,还能使学生学到很多知识,有利于学生养成良好的实验习惯。

二、从失败中培养学生观察与提出问题的能力

新课标中提到学生应能发现问题、形成猜想与假设,具有初步的观察能力和提出问题的能力。教师不仅要善于呈现出好的问题,还要学会利用情境来激发学生的思考和探索,让他们去发现和解决问题,从而把提出挑战性问题的机会让给学生,让他们不断地去积累经验,培养他们自主建构问题的意识与习惯。

新课标主张从生活走向物理,从物理走向社会,倡导教学方式多样化,注重科学探究。失败的实验,往往是学生发现问题的良好情境,也是激发他们思考问题的良好契机。对于实验失败,我们可以引导学生思考以下问题:

① 造成实验失败的原因有哪些?

② 可以从哪些角度改进实验以使其更符合预期?

③ 虽然实验结果不符合预期,但是我们可以通过对实验过程进行阶段性分析,以及对实验过程中所发生的变化进行总结,从而揭示一些物理规律。

例如在大气压强的教学时,笔者提前一天发出挑战"任务",将饮料瓶打开固定在讲台上,粉笔头放在瓶口让学生将粉笔头吹入瓶子,并强调学生们自己可以在台下尝试,但每个学生只有一次机会上台演示。当即就有学生举手,他用力一吹,随即粉笔头就被吹出弹到地上,台下学生们产生了疑惑又提起了斗志,跃跃欲试。这时先不着急告诉学生们原因,让学生们自己动手试

试觉得可以成功再上台。笔者观察到再次尝试实验时，学生们自发有序组成小组，有瓶子出瓶子，有的向教师申请粉笔头，还有的当起"军师"出谋划策，相互演示各自的想法，自主合作进行探究。

经过一段时间的交流尝试后，有几位学生在自己的实验中取得了"成功"，上台展示却又以失败告终。此时笔者让他们把自己台下成功的案例展示给全班，然后教师开始分析他们台下"成功与失败"的原因。例如有的学生选择的瓶子瓶口较大，或在不用力且较长时间吹气的情况下可以将粉笔头吹入。之后根据班级具体情况布置第二项任务——探究是否瓶口越大吹入粉笔头的概率就越高或吹入粉笔头的概率与吹气速率的关系等，延续学生的探究动力。新问题的提出打开了学生们的思路，让他们有了新的研究方向，在确认教师提出的实验条件后投入新的尝试。

在新授课时将同样的实验器材二次处理后，再次进行实验。同一个饮料瓶，这次在瓶底扎了几个小洞，教师用力一吹，粉笔头进入瓶中。有了上一次实验的对比，学生们充满了疑惑，纷纷求教吹进的原因。此时教师又卖了一个关子，找一个学生上台尝试，待成功之后引导他仔细地检查瓶子，找不同。并告知台下同学根据昨天的预习，自己尝试对实验器材进行微调，是否能和老师一样做出同样吹进瓶子的实验结果。在部分学生取得成功后，结合预习与实验尝试自己分析，总结其中的原理。

好的主题能高效地激发学生的学习兴趣，又能在不偏离学习目标的基础上让学生放手去干。在实验中，学生不再是单纯地接受教师的讲解，而是获得了直观的经验。虽然实验经过多次"失败"，但是学生对于实验有着极大的自主权，拥有许多的创新空间，可以在轻松愉悦的氛围下完成探索，将被动的学习变成主动的解惑。不用教师布置预习，学生也会自发查阅学习资料，在解决"失败"的疑惑过程中也为第二天的新授课打好了基础。

三、迁移应用，设计方案，完善实验

新课程标准提出，要注重培养学生在实验中的设计和收集证据的能力，要求学生在实验中设计出实验方案，并结合实际情况收集和整理证据，以此来达到更加准确的实验结果。同时，要重视对每一名学生的创新潜能进行充分的挖掘，鼓励学生设计出各种类型的实验方案，并自行制作出相应的实验器材、改进实验装置及操作方法，为学生提供自主探究的时间和空间。

在"有效失败"和知识构建后，指导学生对与期望结果相反的信息进行观测、收集并进行问题分析，找出实验的必要条件，并在失败中进行多次尝试与创新。例如在完成"用天平、量筒测量小石块的密度"实验后，教师可以让学生测量身边物体的密度，再和书上的密度表对比。有学生提议，要检验一下他们在体育课上使用的"铅球"是否由铅制成。一开始，学生们试图使用天平和大烧杯来进行测量，但是他们发现，这两个仪器都无法测量出对应的物理量（超出了量程）。在这个时候，教师可以引导学生去考虑，是否可以使用其他在生活中经常使用的工具。最后，学生设计了用体重秤或电子秤替代天平来测量质量，采用排水法测体积，从而得出铅球的密度，并证明了铅球不是由铅制成的。

在设计的过程中有学生还想到模仿语文课本中曹冲称象的方法设计实验：先将一个烧杯放入到水盆中，然后在烧杯里放上铅球固定，等稳定后在烧杯壁与水面的交界处标记一个记号，然后拿走铅球，缓慢地向烧杯中加水，直到水面达到标记处。测量倒入烧杯中水的体积 V_1，并记录。因为倒入烧杯中的水和铅球的质量相等，就可以通过水的密度和体积求出铅球的质量，再利用排水法得到铅球的体积，就可以计算出铅球的密度了。除此之外，还有的学生尝试漂浮法、比较法等实验方法，运用实验器材通过密度公式进行铅球密度的测量，并取得了良好的实验效果。通过这样的探究性实验，不仅可以让学生更好地掌握物理的基本原理，还可以使他们更加深入地思考科学探究的方法，更好地掌握科学探究的过程，从而更好地开展科学探究。

让学生自主参与实验设计和实施过程，能够激活学生真实的想法，将自己对密度的理解付诸实验，并通过实验验证想法的正确与否，在实验过程中更深入地理解物理知识，提高学生的创新意识，培养学生的探究能力和创新能力。

四、以培养核心素养为目标的教学反思

（一）以培养核心素养为基础的教学目标

没有明确的教学目标，教学就容易成为无目的灌输或孤立的活动，使得教学与学生头脑中的智目标割裂，而基于素养发展的教学将最终目标指向使学生在真实世界能得心应手地生活。因此，教学目标的确立必须以课程标准为基础，根据学生的特点、学习内容和学习水平，结合课程要求，以结果为导向，将过程和结果相结合，从而形成一个多维的、立体的、有生命力的教学目标体系，这样才能有效地培养学生的可迁移、可持续发展的能力。学生能够尽力完成具有挑战性的实验，是基于核心素养的必然要求，不仅使学生在学习中能不断深入理解学习内容，也可以帮助学生有效地解决"失败的实验"所带来的问题和困惑。因此，在教学过程中，教师应该鼓励学生积极思考、交流和设计实证方案，以便能够有效地解决实际问题。

（二）以培养核心素养为目标的教学评估

教师必须认识到，学习活动最重要的，并不是学生完成指定的任务，而是在完成任务的过程中，学生不仅要对知识进行深入思考、分析、综合，还要进行思维判断和反省，更要在反省或讨论中重新认识和总结任务。此外，还要注意让学生能够在完成任务的同时，培养良好的思维能力与创新能力，形成良好的学习习惯。

以核心素养为基础的评价观，要求教师建立一个贴近学生生活与培养学生能力的真实情境，即让学生在学习过程中获得真实的经验，要让学生能够发现问题并提出问题，在提出问题和解决问题的过程中，培养学生的能力和素养。教师在教学设计中，不仅要充分考虑学生的学习情况，而且还要能够像评估者一样思考，以评估学生在学习过程中的表现，从而制订出有效的评价方案。教学评价不仅关系到学生对知识和技能的掌握程度，更重要的是，它还将影响学生能否运用所学的知识和技巧来解决新问题，这是教学评价的核心任务。只有这样，教师才不会把"失败的实验"这种看似不能直接引导学生快速、准确地获得知识的教学方法排除在教学之外，而会充分利用这种方

法，给学生带来知识上的冲击，让学生更深刻地理解所学的知识和技巧，鼓励他们去解决那些充满挑战的真正任务。通过对问题的思考，学生们互相评价、纠错、改进，逐步让实验设计达到较理想的效果。

（三）以培养核心素养为中心的学习观念

在实验探究中，一旦教师发现实际成果与预期目标大相径庭，便会担忧学生偏离正轨，甚至放弃学习。这种担忧无疑会对学生的积极性和主动性产生严重打击。在教学中，教师往往设法使学生听得明白，看得清楚，保证学生在课堂上和课堂结束之后，不会有任何疑问，不会有任何困惑，但这样做，只是给学生营造了一个看似顺畅的学习过程，却不能真正触及学生的内心深处，所以学习并不能真正开始。在教学过程中，不仅是教授知识，更是让学生自己动手去做，这样才能更好地掌握知识，并且通过主动地去做，更好地加强学生的非智力因素的培养。

认知冲突与困惑是学习的出发点，当学习者认识到现有的知识系统不能解决目前所面临的问题时，他们就会积极地突破原来的观念，从一个认知层面提升到另一个认知层面，去寻找更好的答案。要想对学生的核心素养进行有效的培养，教师就必须提供更为丰富的教学形式，例如：提出有意义的问题，组织讨论，引导学生参与活动，激发学生的想象力等，以此来引导学生进行充分的思考，在新旧知识之间建立起有意义的联系，让学生可以独立地构建知识体系和方法，并运用核心素养来发展自己的能力。

总之，新课标旨在培养学生的核心素养，实现素质教育目标和培养创新精神，而不仅仅是单纯传授物理知识。教师应当注重培养学生的实践能力，提高学生对物理概念的理解水平，以及对物理实验的操作技能。此外，教师还应当加强对学生思维能力和创新意识的培养，鼓励学生们去尝试新的学习方法，掌握更多的科学研究技能。在物理教学过程中，教师首先要正确对待失败，因为失败乃成功之母。只有从失败中汲取教训，才能不断进步。其次，教师应引导学生正视失败，帮助他们从中吸取经验，促使他们在学习和实践中茁壮成长。教师在物理教学过程中，除了传授知识，还应该注重培养学生的创造力和思维品质。这是因为创造力和思维品质是学生终身发展的重要能力，对于他们未来的学习和工作都具有重要的影响。

参考文献

［1］中华人民共和国教育部.义务教育物理课程标准（2022年版）［S］北京：北京师范大学出版社，2022.

［2］谢世军.初中物理"精设情境、引学启思"的实践探究［J］.数理化解题研究，2022（05）.

［3］曹俊.优化初中物理实验，发展学生核心素养［J］.中学课程资源，2020（04）：55–56.

［4］格兰特·威金斯，杰伊·麦克泰格.追求理解的教学设计［M］.闫寒冰，宋雪莲，赖平，译.上海：华东师范大学出版社，2017.

从"失败"中创生成功的可能

——以大班项目化活动"陈皮诞生记"为例

上海市嘉定区叶城幼儿园　龚　彦

项目化活动是基于幼儿的兴趣、热点话题、真实问题等方面展开的户外项目研究。在项目化活动中,幼儿通过发现问题、实验操作、调整优化、互动评价等探究步骤,能萌发出探究的欲望,提高科学探究能力。在亲历探究的过程中,幼儿的创造性思维得到培养,"知其所以然"的探究精神得到充分展现。

大班项目化活动"陈皮诞生记"是一个关于幼儿园里橘子树上的橘子如何变成陈皮的故事。教师充分利用幼儿园的自然资源,从幼儿的兴趣和真实问题出发,在活动中培养幼儿持续探究和深度学习的能力。依据幼儿探究"晒陈皮"活动过程的需要,教师尝试确立了"观察猜测""实验操作""信息收集""调整优化""对比实验"以及"互动评价"这几个步骤(见图1),培养幼儿"不怕失败,激流勇进"的探究精神。

图1　探究六步骤示意图

一、案例背景

秋天到了,幼儿园里的橘子树上结满了果子,每次散步的时候,孩子们总喜欢在橘子树前逗留，他们谈论着关于橘子的话题。基于幼儿的兴趣，我们组织了"摘橘子"和"品尝橘子"的活动，当幼儿们兴高采烈地吃完橘子，面对桌上的一大堆橘子皮，我问："都说橘子浑身都是宝，那么橘子皮有什么用呢？"幼儿对于橘子皮的探究兴趣被激发。

孩子们回家对橘子皮做了一次调查，在"儿童议会"中，他们将自己的调查结果和同伴们一起分享：有的说"橘子皮放在冰箱里能去除异味"，有的说"橘子皮做成的精油可以美白"，还有的说"橘子皮晒干了就是一种中药叫陈皮"。听到中药，孩子们就想起来"百草园"的小药房里就有陈皮这个材料，于是他们就提出要自己做陈皮。

二、案例过程

（一）问题 1：只要把橘子皮放在竹匾上就能变成陈皮了吗？

1. 观察猜测：橘子皮真的可以变成陈皮吗？

百草园外的橘子树上硕果累累，孩子们每天都在观察和讨论树上橘子的变化，他们说："等橘子成熟了，我们就可以晒陈皮啦！"

有孩子提出疑问："只要把橘子皮放在竹匾上晒干就能变成陈皮了吗？陈皮是黑黑的，硬硬的，但是我们的橘子皮是橘黄色的，还这么软，一点也不像陈皮呀！"

孩子们进行了大胆的猜测："可能晒干了就会变硬呀。""也有可能风干了会变色，我们之前做干花的时候就发现花变色了！"

于是，孩子们决定进行一次"晒陈皮"行动！

2. 实验操作：收集橘子皮进行晾晒

孩子们去摘了几个橘子，然后找来晒草药的竹匾，将自己剥下来的橘子皮一股脑儿地都倒在了竹匾上。

在哪里晒橘皮比较好呢？孩子们有不同的想法，他们分成两组，一组把竹匾放在了室外，一组把竹匾放在了小木屋里，他们达成一致，决定三天后再来看看橘子皮的变化。三天后，两组孩子来到百草园，他们发现放在室内和室外的橘子皮都有了一点变化，橘子皮的颜色都变深了一点，而且变得有点皱了，但摸上去还比较软。经过讨论，他们决定继续晒两天，等下周一再来看。

周末下了一场大雨。周一，孩子们来到百草园，发现放在室外的橘子皮都烂掉了（见图2），而放在室内的橘子皮上都长出了绿毛（见图3）。实验失败了，我们马上召开了儿童议会，有的孩子说："橘子皮放在室内肯定不行，晒不到太阳所以发霉了，就像我们晒衣服一样，一定要在太阳底下晒。"有的孩子说："我也觉得放在室外比较好，这次是因为下雨橘子皮才会烂掉，如果不下雨肯定成功了。"大家都赞同这个说法，于是孩子们又去摘了几个橘子，将剥下来的橘子皮又一股脑地都倒在了竹匾上，然后找到了阳光充足的地点，将竹匾放在了室外的地上。孩子们和我共同查阅了一周的天气，发现这周都是晴天，于是我们就放心地开始了第二次实验。

图2　　　　　　　　　　　　　　图3

3. 分享发现：观察橘子皮的形态，分析失败原因

经过五天阳光充足的晾晒，孩子们迫不及待想要知道自己成功了没有，于是我问道："怎么样判断橘子皮有没有变成陈皮呢？"孩子们想了想，有的说"橘子皮变硬了就说明晒干了"，有的说"看橘子皮的颜色，变成土黄色就对了"，还有的说"我们把小药房里的陈皮拿出来比一比不就知道了吗"，孩子们一致觉得这个办法最好。

来到百草园，孩子看着竹匾上的橘子皮发出了"唉"的叹息，我一看，果然橘子皮上又长出了绿毛。很遗憾，这次实验又失败了。"橘子皮为什么又发霉了呢？"孩子们纷纷发出疑问，于是我们又召开了"儿童议会"（见表1）。

表 1 "儿童议会" 记录表

儿童议会		
孩子们的发现	讨论情况	解决办法
橘子皮烂掉了	雨下得太大了,橘子皮淋了两天的雨肯定要烂掉的。	查阅天气预报,选择不下雨的时候晒橘皮。
橘子皮发霉了	我觉得橘子皮没晒到太阳才会发霉的,就像我们晒衣服一样,肯定要晒在太阳下面。	把橘子皮拿到室外,并放在晒得到太阳的地方。
	我看到压在下面的橘子皮都发霉了,上面的还好。	我们可以把橘子皮放得分开一点,不要挤在一起。
	有些小的橘子皮有点变干了,大的橘子皮都发霉了。	我们可以把橘子皮弄得小一点。
竹匾上湿湿的	我发现晒橘皮的竹匾上都是湿湿的,这两天没有下雨怎么会湿了呢?	咨询老师,了解到晚上会有露水,每天放学前要把橘子皮收进百草园的小木屋里,第二天上学再拿到室外。

幼儿的收获:

从发现"幼儿园的橘子树结果子了"到"计划自己做陈皮",孩子们的兴趣在推动着整个探究的进行。围绕着"橘子皮真的可以变成陈皮吗?"的猜测,他们在不同的地点和不同的天气情况下晒起了橘子皮,说明他们能用简单的方法来验证自己的猜测。

两次晒陈皮的实验都失败了,孩子们虽然感到泄气、遗憾,但是他们没有放弃对晒陈皮的探索,在老师的引导下,他们开始反思实验失败的原因。从儿童议会我们可以看到,孩子们主要围绕"橘子皮为什么会发霉"这一问题展开了思考与讨论,他们总结出了三个影响晒陈皮结果的因素:(1)橘子皮太大了;(2)橘子皮放得太挤了;(3)晚上的露水把橘子皮打湿了。这个思考和总结过程体现了大班幼儿发现问题和反思的能力。

(二)问题2：用什么方法晒橘皮最好？

1. 收集信息：收集将食物晒干的方法

"回忆一下，你们家里有没有晒过什么东西？是怎么晒的？"通过回忆生活经验和询问家里人，孩子们罗列出了晒萝卜干、晒腊肠、晒咸肉这几种食物。"到底用哪种方法来晒陈皮最好呢？"孩子们发出了疑问，他们自发分成了两个小组，即"平铺组"和"悬挂组"，共同讨论，开始了他们晒陈皮的计划（见表2）。

表2　晒陈皮计划表

晒陈皮计划				
	小组人数	材料选择	实验方法	计划书
平铺组	2	陶瓷刀、砧板、竹匾、现成的架子	将橘皮切成小块，分散平铺在竹匾上。	
悬挂组	3	竹竿、麻绳、夹子	将橘皮剥下来，夹在麻绳上，悬挂晾晒。	

2. 调整优化：改变晾晒方式，成功晒橘皮

平铺组：

孩子们通过观察小药房里的陈皮后，用陶瓷刀将橘子皮切成一小块一小

块，分散放在竹匾里（见图4、图5），每天放学前将橘子皮收进小木屋，早上来园后再把橘子皮拿到室外。

图4　切橘皮

图5　晒橘皮

悬挂组：

（1）制作竹架子

怎么将橘子皮挂起来晾晒呢？孩子们在小农庄里找到了几根竹竿，因为我们自然角里有晒柿饼的架子，孩子们也想做一个晒橘皮的架子，他们先用两根竹竿作为支撑点，发现很难保持平衡，然后增加到三根竹竿，发现三根竹架子能比较牢固地站在地上了（见图6、图7）。

图6　固定架子

图7　架子成品

（2）挂橘皮

橘皮要怎么挂到绳子上呢？孩子们根据生活经验，想把橘子皮串到绳子上，他们发现橘子皮上很难戳洞，而且橘子皮还会从绳子上滑下来，于是他们改用夹子夹住每一块橘皮（见图8、图9）。

图 8　绑麻绳

图 9　挂橘皮

经过充足的光照，五天后两个小组都去验收实验成果，发现橘子皮都变得硬硬的，而且颜色都变成了土黄色，样子看起来和小药房的陈皮无异。第二次实验成功了（见图 10、图 11）！

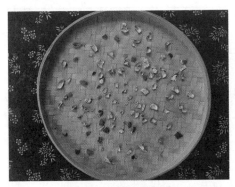

图 10　平铺组成果

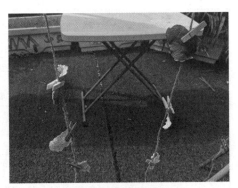

图 11　悬挂组成果

幼儿的收获：

《上海市幼儿园办园质量评价指南》中指出，幼儿在帮助下，能制订简单的调查计划，并按计划收集信息。在第一次晒陈皮的行动失败后，孩子们发现不能用晒草药和晒秋的方法晒陈皮了，于是他们回家向家长寻求帮助，并结合生活经验，找到了新的晒陈皮的方法。在这个过程中，幼儿收集信息的能力得到了提高。

在两组幼儿进行平铺和悬挂晒陈皮的过程中，幼儿的探究能力得到了提高。因为在第一次行动中孩子们总结出了晒陈皮没有成功是因为橘子皮都切得太大了，并且放得太挤了，于是平铺组的孩子调整了橘子皮的大小和摆放的方法，并且优化了晒陈皮的时间，避免了橘子皮被露水打湿，这体现了孩子们解决问题的能力。而悬挂组的孩子们尝试用自己搭竹架子并挂橘皮的方法，他们一起合作，共同协商，不断尝试，最终收获了成功。

（三）问题3：平铺还是悬挂？

1. 对比实验：比较平铺和悬挂晒橘皮的快慢

平铺组和悬挂组都成功将橘子皮晒成了陈皮，为了让孩子们的探究延续下去，我说："你们两组都很棒，实验都成功了。但平铺和悬挂到底哪种方法晒陈皮又快又好呢？"面对老师的问题，两组孩子对问题探究的积极性又被调动了起来，他们想比一比。于是，我们决定做一个对比实验，那怎么样让这个实验公平公正呢？孩子们展开了第二次的"儿童议会"（见表3）。

表3　第二次"儿童议会"记录表

第二次儿童议会			
孩子们的问题	讨论情况	得出结论	
怎么做实验才算公平？	我觉得公平就是要一样，就像我和弟弟分糖吃，我们都吃两颗糖就是公平。	橘子皮的数量要一样。	
	还有切蛋糕的时候也是，大家分到的蛋糕一样大就是公平。	橘子皮的大小要一样。	
	我们要把橘皮都放在同一个地方，如果有的晒到太阳，有的晒不到太阳，就不公平了。	晒太阳的时间要相同。	
用几天做实验最合适？	上次我们晒了五天，两种方法都成功了，所以实验的时间一定要比五天少。	投票表决	
		4 天	3 天
		12（37.5%）	20（62.5%）

2. 互动评价：通过感官来体验成果

为期三天的晒橘皮活动结束了。除了两个小组的成员，班中其他的孩子都是这场对比实验的裁判。他们通过以下三种方式来进行评判：

摸一摸：裁判们发现，平铺在竹匾上的橘皮已经变得硬硬的了，边缘已经有点卷起来了，而悬挂的橘皮被夹子夹住的部位摸上去还有点湿、有点软。

看一看：裁判们通过观察橘皮的颜色变化来判定，他们发现平铺的橘皮都已经变成土黄色了，而悬挂的橘皮有些地方还是新鲜橘皮的颜色。

闻一闻：裁判们通过对比味道来判定，他们发现小药房里陈皮的味道和我们晒出来的陈皮味道不一样，无论是平铺还是悬挂晒出来的陈皮味道都很淡，没有小药房里的陈皮味道香。

结论：在相同的条件下，平铺的橘子皮能更快地晒干（见图12、图13），而如果要让陈皮的药效更好、味道更香，则需要在密闭的容器里储存更久的时间。

图12 平铺组结果　　　　　图13 悬挂组结果

平铺小组的孩子将晒干的橘皮都装进了玻璃罐中储藏，这些今后都将成为我们百草园小药房里珍贵的药材呢！

幼儿的收获：

第三次晒陈皮的活动是一个对比实验，通过"儿童议会"，幼儿能比较严格地遵守实验的条件，说明他们乐于在动手动脑中寻找问题的答案，并对探索中的发现感到高兴和满足。在评价环节中，孩子们能通过不同的感官去观察、比较陈皮的不同形态，从而得出结果，这说明幼儿的评价能力有所提升，他们已经学会从不同的维度进行评价。

三、教师的思考

（一）失败不是终结——帮助幼儿调整心态

在现实生活中，我们不可避免地会遭遇一些挫折与失败，而幼儿园的孩子由于身心发展的局限，成人眼里一个很小的失误，在孩子看来就可能是一个不小的挫折。当遇到挫折或失败时，孩子往往会感到沮丧，会害怕再一次失败而退缩，从而失去自信。

这个时候，作为教师应该怎么做呢？首先，教师要培养他们正确面对失败的态度，并帮助他们调整心态。孩子很容易受到成人情绪的影响，所以当孩子们遇到失败时，教师自己先要放平心态，不着急，并能心平气和地安慰和鼓励他们。就像第一次晒陈皮失败了，孩子们虽然也有遗憾和泄气的情绪，但是在教师的引导下，负面情绪很快转换成继续探究的动力。其次，教师要引导孩子分析、寻找失败的原因，让孩子们明白第一次晒陈皮失败是因为条件不足、方法不对，要保护他们的童心，树立他们的自信心，让他们拥有直面失败的积极情绪。

（二）失败铸就成功——帮助幼儿发现问题

第一次晒陈皮失败后，孩子们该如何开展深度探究呢？作为教师就要帮助他们去发现实验中的问题。通过引导，孩子们形成"发现问题—实践解决—反思过程—调整优化—解决问题"的实践模式，不断加深幼儿科学探究的深度与广度。如案例中，幼儿在尝试晒橘皮时，聚焦"只要把橘子皮放在竹匾上就能变成陈皮了吗""用什么方法晒橘皮最好""平铺还是悬挂"这三个问题。幼儿在这个过程中不断地进行猜测质疑、实验操作、信息调查、互动讨论、对比观察等自主探索，呈现出多样化的探究方式，探究的程度在逐渐加深。

（三）成功不是终点——引发幼儿持续探究

第三次晒陈皮的实验成功了，项目就此结束了吗？一次的成功并不是终点，我们要思考的是怎么将这个项目持续推进下去。在晒陈皮的活动中，教师从幼儿的兴趣点出发，选择幼儿感兴趣的"橘子树"展开活动，以"橘子皮有什么用"作为驱动，激发孩子的探究欲望。在探究活动中，以幼儿为主体推进整个活动。面对幼儿的猜测，教师以引导为主，鼓励幼儿大胆探索；面对实验的失败，教师引导幼儿通过开"儿童议会"、信息收集、实验操作等多种方法解决问题；面对实验的初步成功，教师又抛出问题"平铺的方法好还是悬挂的方法好"来助推孩子的持续探究。在整个活动中，教师适时引导，把握大方向，让幼儿的探究活动可以有目的、有计划、有深度且能持续进行，在亲自然的科学探究活动中，不断丰富幼儿的学习路径，让幼儿获得更多的探究经验。

四、后续思考

（一）教师课程资源观的形成

作为教师，我们逐渐开始关注资源与课程的关系，将资源与幼儿园课程实施紧密联系，并将其转化为能够促进幼儿发展的课程内容。在此次活动中，我们尝试运用幼儿园"橘子树"这一自然资源，结合"百草园"区域特色，充分挖掘和运用自然资源背后的价值和教育意义，将它作为幼儿多种经验获取的学习资源和契机。从以往让孩子们单纯地观察橘子、采摘橘子，到展开晒陈皮实验的深入探索，这不光是孩子们的探索旅行，也是作为教师发现资源、形成资源课程化的意识蜕变。后续我们将继续关注资源的选择，细致分析幼儿经验和资源的联系。

（二）"儿童发展优先"理念的深化

《上海市幼儿园办园质量评价指南》中指出，幼儿科学学习的核心是激发探究兴趣，成人要善于发现和保护幼儿的好奇心，充分利用自然和实际生活机会帮助幼儿积累经验。在开展户外项目化活动中，孩子们对许多事物都会产生好奇，但如何将"好奇点"转换成可探究的学习内容，推进幼儿可持续发展，这是值得我们思考的问题。在"陈皮诞生记"这个项目中，教师站在儿童视角，通过引导、鼓励幼儿尝试不同的晾晒方法，拓宽了幼儿的学习空间。由兴趣产生的问题通过资源利用得到了有效解决。

幼儿的经验大多来源于他们的生活和他们的所见所闻，户外项目化活动涉及的内容非常丰富，我们将努力践行"儿童发展优先"的理念，将资源与幼儿的实际生活紧密结合，通过项目化活动的形式，激发幼儿的探究兴趣，丰富幼儿的探究经验，满足幼儿的发展需求。

让学生在错误中成长

——在科学教学中利用失败实验实现创新发展的实践探索

上海市嘉定区普通小学白银路分校　何喜珍

科学是以实验为基础的学科。科学实验有成功，也会有失败。这里的失败既包含学生实验的失败，也包含教师演示实验的失败。笔者工作的第一年，曾遭遇过一次失败的课堂演示实验，这次实验给我留下了深刻的印象，也促成了我之后的改变。

一、缘起：意外翻车，创生课堂转观念

那次实验，我需要演示的是氨水的挥发实验。该实验装置简单（见图 1），操作也不复杂，是验证粒子在不停地做无规则运动的典型实验。课前，我进行了精心的准备：提前练习三遍操作，再三确认药品无误；预实验进行得非常成功，实验现象也很明显。然而就是这样一次精心准备的实验，却在课堂演示时失败了……

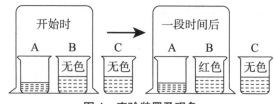

图 1　实验装置及现象

记得上这堂课时，正值下午的第一节课，时至九月，虽已入秋，但上海的天气依然炎热。上课之初，我看到有一部分学生已经昏昏欲睡了，为了激

发同学们的兴趣，我临时改变了自己做演示实验的计划，邀请一位同学上来代替老师做本次的演示实验。学生们见可以自己动手做实验顿时来了兴致。我挑选了一名平时实验操作还不错的同学上来做演示实验。该学生按照我的指示，顺利完成了实验操作，还得意地预测了实验现象。接下来，我和同学们一同等待实验结果。当我看到 B 烧杯中的液体渐渐显露红色时，心中暗喜：不错，实验马上成功了。正当我准备找一位同学来描述这一"成功"的实验现象时，却看到旁边的 C 烧杯中的液体也开始变红了。这一异常的现象瞬间吸引了我的注意力。我紧紧盯着 C 烧杯，是的，C 中液体的红色对比 B 中略显粉色，最初从烧杯中间泛起，逐渐蔓延至烧杯边缘，没过多久，整个液体都变成浅浅的粉色了。这和"正确"的实验现象截然不同！完了，实验"翻车"了！

汗珠从我的额头上渗了出来，此时班上已经有眼尖且"好事"的同学也发现了这一异常现象并吼了出来："老师！两个烧杯全变成红色了！"

一石激起千层浪！其他同学也跟着喊了起来。我强作镇定，凭借着仅有的一点经验，故作夸张地说："对哦，C 烧杯中的液体怎么也变红了呢？同学们能猜一猜原因吗？"

经我这么一问，大家个个来了兴致。有人说可能是大烧杯的密封性不好，导致 A 烧杯中的氨水从烧杯嘴的缝隙处挥发出来了；有人说可能是做实验的同学在倾倒氨水的时候，有一部分氨气挥发到了空气中，导致 C 中的液体变红；还有人说应该用密封的透明罩子，并在通风且远离 C 烧杯的一侧倾倒氨水……

学生们你一言、我一语地讨论开了，场面甚至比之前任意一次我所演示的那些成功实验还要激烈得多、热情得多、有创见得多。在学生们积极踊跃交流的过程中，我已经完全镇定下来，我引导他们去对不同的猜想进行分析归类，并再次进行了演示实验，后面的实验很顺利。

我相信，多年以后，学生们一定还能记住这次翻车的演示实验，虽然那是一次失败的实验，但我们都有了意外的收获。作为教师，我第一次明白原来"失败"的实验也可以转变为教学上的"成功"。虽然这一次的转身谈不上华丽，但转变观念的种子已经在我心中埋下，那样的美好虽未能至，心向往之。

二、重构：溯本寻源，"有效失败"探新路

约翰·杜威曾举例说明"试误"的重要性：一只小鸡孵出后几小时就能准确地啄食，但之后就只停留在啄食的水平上；而婴儿则要花上六个月的时间经过反复的尝试才能基本准确地抓握所看到的东西，但之后就能发展出各种各样的动作联合，原因在于婴儿在大量的试误中累积了应对不同情况的经验，学会了怎样学习。新加坡的马努·卡普尔教授也通过对比实验研究发现，"先做后学"优于"先学后做"，即让学生先试着自己解决复杂劣构的新问题，经历过失败之后，再由教师介入并展开教学，相比教师先传授知识、结构性地指导学生如何处理问题，然后布置练习让学生尝试解决问题，前者能使学生获得更丰富的概念框架，"有效失败"能有效促进知识迁移。

那么，如何让学生经历"有效失败"，哪些实验适合设计成"有效失败"实验呢？我首先想到了"红磷燃烧测定空气的组成"实验。结合之前的教学经验，该实验装置复杂（图2），实验操作难度大，需要注意的细节较多，实验不易成功。但是，该实验是学生学习化学课程的第一个定量实验，又是由科学史上的经典实验——"拉瓦锡的钟罩实验"改进而来。开展该实验的实验验证，一方面可以帮助学生进一步理解钟罩实验，了解科学史，增强学生学习科学的兴趣；另一方面，对学生后续学习氧气、氮气等气体的性质以及理解压强差也有着促进作用。

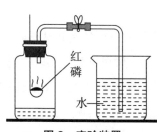

红磷

水

图2　实验装置

以往，教师在开展本节课时通常采取实验课的形式，同时通过小组合作，借助同伴互助来降低实验的操作难度。此外，为了提高学生实验的成功率，教师往往会先进行一次演示实验，一边演示一边解说实验注意事项，引导学生进行实验误差分析。实践证明，小组合作确实提高了实验效率，"先学后做"，提前进行误差讲解也有效降低了实验的失败率，但整堂课教师用于演示和讲授的时间过多，学生只能紧跟教师的步伐，被动接受，真正用来进行动手实验和思考总结的时间较少，课堂生成性差，课后练习遇到该实验的误差分析题目，很多学生还是一头雾水，教学效果不佳。

依据"有效失败"理论，如果教师适度放手，让学生自己经历一次实验的失败，之后教师再做引导，效果会不会好一些呢？我决定尝试一下。

三、初试：先做后学，发散思维启创新

新的实验课上，我只是向学生强调了实验步骤，并简单说了实验的注意事项，接下来就放手让学生做起来了。学生们一脸兴奋，很快就动起手来。几分钟后，大部分小组已经"完成了"实验操作，但环视了一圈之后我发现，真正得到"进入集气瓶内水的体积约为原体积五分之一"实验结果的小组寥寥无几：有些小组打开弹簧夹后，发现烧杯中的水并没有进入集气瓶；还有些小组发现进入集气瓶中的水的体积很小，明显小于正确的结果——五分之一。

了解了学生们的整体实验情况后，我先是做了一个夸张的哭脸表情，并向全班同学宣布：咱们班这次的小组实验几乎"全军覆没"了！学生们全是一脸不敢相信的表情：不会吧！怎么可能！

可事实确实如此！我让大家在心中全面复盘自己小组实验操作的全过程，一边复盘一边思考可能是什么原因造成了这样的实验结果，可以从实验药品、试剂用量、装置搭建、操作步骤等不同的角度分析思考。学生们基于自己的操作，七嘴八舌地议论起来：

生1：可能是装置漏气，因为我发现我们组的橡皮塞没有塞紧。

生2：我们组的弹簧夹没有夹紧，也漏气了。

生3：我们组的导管内还有一部分水没有全部进入到集气瓶中。

生4：可能是集气瓶没有完全冷却就打开了弹簧夹。

生5：可能是用的红磷的量太少了，没有完全消耗掉氧气；或者红磷熄灭，集气瓶内还有氧气，但不能支持红磷继续燃烧了。

……

教学难点就在学生们的自由讨论中突破了，相对于之前教师苦口婆心地讲解很多学生还似懂非懂的尴尬场面，经历了失败之后的他们似乎变得"聪明"了很多，甚至还有学生思考得更加深入，给这堂课注入了新的活力：

生6：老师，我看到红磷在燃烧的过程中产生了大量的白烟，您之前也讲

过这种白烟是有毒的且对环境有害，那么从环保的角度讲，红磷并不适合在集气瓶外面点燃，有没有办法在集气瓶内部点燃呢？

他的发言也引发了其他学生对该实验装置的思考。

生7：有没有一种不会对环境产生污染的药品可以替代红磷呢？

思维一旦打开，创意灵感顿现。我特别夸赞了这两位学生的想象力和创造力，指出他们的想法特别棒，思考得也很深入，并提供了更多的信息引导他们进一步完善想法。学生们很快想到了可以利用凸透镜聚光原理改进装置，将红磷换成白磷，并设计了新的实验装置（图3a）。

此时又有学生对新装置提出了疑问：

生8：新装置还是生成了有毒的物质，之前我们学过铁在空气中会生锈是和氧气相互作用的缘故，那么能否用铁片做这个实验呢？

生9：可是让铁片生锈要用很久的时间，一节课的时间也做不完呀？

两位学生的争论也引起了其他学生的兴趣，我夸赞学生有这种创新的想法特别可贵，并补充信息，我们可以把铁片变成铁粉，这样就可以解决时间长的问题了。受到他的感染，更多的学生也开启了头脑风暴，设计出各种各样的改进实验，我鼓励他们试着画出自己的实验装置图。

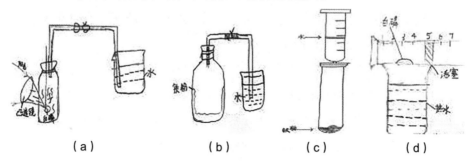

（a） （b） （c） （d）

图3 学生们设计的一部分实验装置

如果事情到此结束，那么这节课最多就是让学生们动手做了做实验，并在纸上画了画，设计了一些新的实验装置，可是这些装置到底管不管用，还需要经过实践的检验。如果不让学生们深入实践去检验自己设计的成果，这样的科学课堂也仅仅是纸上谈兵。为了不影响整体的课程进度，我决定利用社团课的时间，让感兴趣的学生可以在社团课上搭建自己设计的实验装置，继续探究空气中氧气的体积分数。

当然，并不是所有的学生在经历了实验的失败之后都能够激发出思维的智慧，迸发出创意的火花。看着有些学生在失败面前表现出的无助，作为教师，我也常常在想，自己除了在学生实验失败之后做一些必要的引导之外，还可以做些什么呢？

四、再探：综合评价，涵养品格助成长

新课标倡导构建素养导向的综合评价体系，这样的评价体系该如何构建，怎样利用综合评价单帮助学生树立正确的价值观，引导他们以积极的态度面对失败，化失败为动力呢？笔者以"摩擦力"一课为例尝试设计了一份包括困难、失败等因素在内的教学综合评价表，并进行了教学实践。

表1　素养导向下"摩擦力"课时的教学综合评价表

教学基本要求	摩擦力及改变其大小的方法。 （1）探究影响摩擦力大小的因素；（2）知道摩擦力以及增大或减小摩擦力的方法；（3）能用摩擦力的知识解释生活有关现象，辩证分析摩擦力在日常生活中的利与弊。	
核心素养目标	科学观念	（1）知道摩擦力是生活中常见的力；（2）理解摩擦力的概念。
	科学思维	（1）结合生活有关现象，建立事实和观点之间的联系，针对影响摩擦力大小的因素作出假设；（2）利用控制变量的思想，设计实验方案。
	探究实践	（1）根据制订的实验计划，进行实验，获得数据；（2）根据实验数据建构解释并得出结论。
	态度责任	（1）结合生活实例理解摩擦力的概念，感悟科学与生活之间的关系；（2）辩证看待摩擦力的利与弊；（3）乐于与小组成员合作交流；（4）以积极的态度面对实验中遇到的困难与失败。
评价标准	理论和概念知识	（1）能够判断物体是否受到摩擦力；（2）能够表述摩擦力大小与影响因素之间的关系。

（续表）

评价 标准	实践和科 学技能	（1）能够按照实验步骤操作并完成实验；（2）能够及时记录数据；（3）能够妥善处理实验过程中的失败并正确归因，及时做出改进。
	思维和通 用技能	（1）能够从生活实例出发，针对摩擦力的影响因素作出假设，设计实验方案；（2）能够与伙伴交流合作；（3）能够积极面对实验中遇到的困难或失败并思考解决问题的办法。

教学综合评价表从教学基本要求出发制订核心素养目标，从知识、技能、思维能力三个层面确定课时评价标准，将学生实验过程中可能遇到的困难、失败考虑其中，教师也在实践过程中引导学生对失败的实验进行正确归因，帮助学生及时做出改进，活动完成之后教师组织学生进行自评和组内互评、反思。以下是一位学生代表的发言：

我们组选择的探究因素是摩擦力大小与接触面粗糙程度之间的关系，实验得到的结果和之前作出的假设不一致。我们及时向老师报告了实验情况，在老师的指导下，我们发现原来是在更换活动长板之后没有保持水平拉动木块。之后我们一起合作再次实验，最终得到了正确的数据。这次实验给我的启示是一方面要认真操作，注意细节；另一方面是遇到困难不要怕，要以积极的态度想办法解决，比如说可以求助老师还有同学，自己也要多想一想……

在对失败实验的反思中，大部分学生都提到了自己在实验失败之后的应对策略。从学生们的分享中教师可以感受到综合评价表确实起到了导向激励作用，学生能够从教师展示的素养目标以及评价标准中获得启示，妥善处理实验过程中遇到的困难或失败，这样的评价表对学生的成长具有积极的促进作用。

五、反思：以生为本，转败为胜求创新

创新是一种突破常规，发现或产生某种新颖、独特的有价值的新事物与新思想的活动。义务教育科学课程立足学生核心素养的发展，注重培养学生的学习能力和创新能力。科学实验在科学课程中占有重要的地位，是培育学

生创新素养的重要抓手。但在真实的课堂中，绝大多数的科学实验者都有过实验失败的经历。那么，失败的实验在课堂教学中是否一无是处、毫无价值呢？美国哲学家、教育家杜威曾说过，失败是一种教育，知道什么叫"思考"的人，不管他是成功或失败，都能学到很多东西。儿童心理学家皮亚杰也说过，孩子是在犯错误中成长起来的。由此看来，失败的实验也具有一定的教育价值，关键在于教师如何利用。

（一）激活创新情感，诱发内在动力

成功的实验大体都相似，失败的实验却各有各的不同。相较于成功的实验，失败的实验反而更容易引发学生的好奇心和求知欲，从而激发其内在的学习动力。因此，面对失败的实验，教师不必惊慌失措或有意遮掩，更没有必要"拨乱反正"伪造数据，而是要将其视作一个良好的教育契机，通过一定的教学艺术去激活学生内在的创新情感。

（二）坚持问题导向，引领思维发展

实验失败之后，教师要多引导学生思考总结，破立结合。一方面，要多问几个"为什么"，引导学生从不同的角度寻找实验失败的原因，因为只有知道了为什么失败，才能明白怎么做离成功更近。另一方面，还要及时总结经验，对问题原因进行归类。例如：哪些是由于外界客观环境因素的变化引起的，哪些是由于实验操作错误引起的，哪些是由于数据分析、计算失误引起的，等等，通过分类归因，及时总结经验教训，避免在下一次实验时犯同样的错误。

所有的失败都是为了最终的成功，所有失败实验的"破"也是为了最终实验成功从而获得准确结论的"立"而进行的。条件允许的情况下教师可以让学生再尝试一次甚至几次，通过对比成功实验和失败实验的不同，促进学生思维的发展以及优良学习品质的形成。

（三）拓展认知维度，促进问题解决

教师要将失败的实验视作难得的课堂生成资源，将失败作为创新素养培育的磨刀石，提升创新意识，磨砺创新品格。创新意识很难靠教师讲授获得，而是靠课堂教学中潜移默化的熏陶得来。一方面，教师要努力引导学生主动发现问题，积极探究解决问题的思路和方法，多鼓励学生突破思维定式，发表不同的意见和想法，营造民主、开放、和谐的课堂氛围。另一方面，教师也要提供支架拓宽学生的视野，提供更多新的认知素材，增大信息的吸纳量来拓展学生已有的认知维度，不断促进问题解决。

（四）改进评价方式，注重过程评价

传统评价方式注重终结性评价，容易导致学生片面追求实验结果，不利于创新素养的培养。在新课标理念的指引下，教师要积极探索综合性的评价方式，可以采取评价主体的多元化，如以自评、互评、师评的方式进行，也要注重过程性评价方式的确立，例如学生在实验过程中是否有对探究问题的深度思考、实验方案的创意设计、实验现象的准确描述、实验数据的科学分析等，在实验过程中遭遇困难或失败时是积极面对、解决问题还是畏首畏尾、轻言放弃，这些都可以设计成对应的评价量表，以此来评价学生的学习过程。

参考文献

［1］刘徽，杨佳欣，徐玲玲，张朋，王司闫.什么样的失败才是成功之母？——有效失败视角下的 STEM 教学设计研究［J］.华东师范大学学报（教育科学版），2020，38（06）：43-69.

［2］曹鹭.有效失败与知识迁移：理论、机制与原则［J］.开放教育研究，2021，27（03）：4-14.

［3］邓军文，李柱南.构建创新教育课堂教学目标体系的基本原则与框架［J］.当代教育论坛，2003（04）：55.

［4］王玲玲.创新教育背景下的中小学实验教学改革［J］.山东教育科研，2002（12）：20.

失败的体验，创新的动力

——以"浮船"游戏为例

上海市嘉定新城崇教幼儿园　徐　瑜

当今社会，创新已经成为时代的追求。创新的含义就是更新、创造新的东西或改变旧的东西。儿童心理研究和大量实际观察表明，儿童拥有无限的创新潜能，儿童的创新几乎表现在他所有活动之中。幼儿创新能力是指幼儿能够灵活运用已有知识和生活经验，通过观察、操作、想象和思维，发现其他幼儿没有发现的新事物，提出不同于其他幼儿的新问题，做出和其他幼儿不一样的新作品。

失败与创新两个词语看似是对立的双方，其实实践表明儿童在遇到困难、面临失败时最容易产生创新意识，失败是激发幼儿创新的原动力，幼儿往往在面对一系列的失败情境时最能激发其创新思维、创新能力以及创新方法。

本文以幼儿在"浮船"游戏中一系列连续性的探索与实践为例，谈一点教师引导幼儿在真实问题情境中体验失败，在失败中不断激发创造力，不断解决问题，从而培育其创新素养的过程与感悟。

一、用什么来造船——失败激发主动创新的意识

阳阳从材料柜拿出了一块大号泡沫板，放在水里用手压一压，紧接着他开始尝试坐上泡沫板。正当阳阳坐下去时，泡沫板却顺势往后一漂。于是，阳阳开始改变坐上泡沫板的方法，他双手扶住泡沫板的两端，身体慢慢向前靠，准备趴在泡沫垫板上面（见图1）。这一次，阳阳整个人都跌进了水里。

我连忙扶起阳阳，询问道："阳阳，你这是准备做什么呢？"阳阳回答："我在造船呀，泡沫板可以浮起来，站上去我就能出海啦。"哇，这真是一个非常棒的想法！

说干就干，分享交流时，阳阳与同伴分享了"造船出海"的想法。同伴听了阳阳的"造船"计划都表示想要加入，就这样我们的"造船"工程队成立了。

阳阳提出："一块泡沫板不行，需要换其他材料。"

康康："用轮胎，我漂流的时候就是坐在轮胎上面的。"

溜溜："我觉得把泡沫板连接起来就可以。"

诗谊："用木板，船就是用木板造成的。"

大家你一言我一语，提出了"造船"需要的各种材料。对于孩子们提出的"好办法"我选择了"沉默"。和孩子们约定，第二天游戏的时候再来试一试。

第二天，康康选择用轮胎"造船"，只听到"咚"的一声，轮胎沉到池底（见图2）。康康说："轮胎太重了，看来不行。"紧接着，诗谊把木板放入水池，木板浮了起来，但当诗谊坐上木板时，木板却沉了下去（见图3）。诗谊说："这个木板自己能够浮起来，但是坐上人就不行。"就这样轮胎和木板被淘汰了。

溜溜和阳阳选择了四块泡沫板拼接起来组合"造船"，两人合力将拼接的泡沫板"浮船"推进小池塘，刚要站上去，泡沫板就裂开了。这时溜溜大喊"我们用胶带绑起来，这样就不会散架了"……

就这样，在幼儿的尝试与探索中，虽然用轮胎和木板"造船"的想法失败了，但孩子们又被溜溜的新想法"将垫板绑起来"激发了新一轮的造船兴趣。

图1

图2

图3

【教师的思考与行动】

1. 这是一个有创意的想法！——赋予普通材料创新的想法

从阳阳突发奇想地坐、趴到泡沫垫板上开始，他就将普通的材料变得更加生动起来，这不仅仅是一块泡沫垫板，更是承载着孩子"出海"的创新想法。阳阳选择了泡沫垫板当作"船"，是由于他发现了泡沫垫板能浮在水面上的现象，说明他对于"沉"与"浮"有初步的认知。在过程中阳阳尝试了两次"上船"的方法（坐上去、趴着），虽然都失败了，但阳阳对"造船"的兴趣却丝毫没有消退。

2. 谁是探索的主体？——失败的体验比直接获得成功更珍贵

其实，当孩子们提出各种各样的"造船"材料时，我真为他们捏把汗，有的材料并不可以浮起来的。比如轮胎、木板，这两种材料自身的重量较重，无法在我们的小池塘作为"船只"出海。部分孩子的探索势必会面临失败的局面，这样会打击他们的自信心吗？要放手让他们去尝试吗？

但看着孩子们高涨的探索热情，我迟疑了，谁才是活动的主体，教师还是幼儿？探索只是为了沉与浮的结果吗？虽然他们说的办法不一定能够成功，但思考的过程以及失败的体验比直接知道正确答案更加珍贵。幼儿正是在探索过程中建立新旧经验的联系，提升解决问题的能力。于是，我选择耐心等待，用观察替代干预。

果然，孩子们在真实情境中体验，在验证自己的猜想中不断修正、更新自己的想法。最终孩子总结了前期探索的经验，带着新的猜测选择泡沫垫板展开了新一轮的探索。

二、怎样能让人坐上船——失败促进创新思维的迸发

有了上次游戏的经验，康康、溜溜、阳阳、诗谊四人知道仅一层泡沫垫板无法让人站在上面。因此在用四块垫板造完第一层垫板船之后，阳阳对着溜溜说："我们把它加厚一点，增加浮力。"他们又拿了四块泡沫垫。接着他们把组合起来的泡沫板叠放起来并用胶带做固定，做了一艘两层的"小船"。"小船"下水后，阳阳用双手按了按泡沫板说："现在不容易压下去了。"他小心翼翼地爬上"小船"，在"小船"上站立了5秒（见图4）。我和孩子们都忍不住欢呼起来："可以出海啦，可以出海啦！"

但是5秒后，"小船"开始摇摇晃晃，最终泡沫板还是断开，阳阳掉下了水。

这时，阳阳指着泡沫板拼接处说："总是这个连接的地方会断开。"诗谊到材料柜拿出了一卷透明胶带对着众人说："我们用这个把接口加固一下吧。"但是由于泡沫板进了水，诗谊、康康试了很多次都无法用胶带固定住垫板，诗谊将透明胶带放在一旁说："这个进水了，没用。"

我刚想介入引导几人可以选择干的垫板进行尝试固定，只见康康对几人说："没关系，两层我们可以站上去了，再多加一层垫板，肯定可以牢固。"溜溜立马去材料库把剩下的垫板拿了出来，但里面只剩下最后一块垫板，现有的材料无法再造一层。

诗谊思考了一会儿对他们说："我们把泡沫板拆掉，一层铺三块，这样三层就是九块，垫子就是正好的。"大家同意了诗谊的想法，造出了一艘三层泡沫垫的"浮船"（见图5）。康康迫不及待地跳上了船，诗谊、溜溜则推着垫板"浮船"向前行驶，阳阳在一旁欢呼："我们成功了，真的可以坐人！"

图 4　两层垫板"浮船"　　　　图 5　三层垫板"浮船"

【教师的思考与行动】

1. 这是一个好方法！——在多次失败体验中获得解决问题的新方法

在造泡沫板"浮船"的过程中，阳阳四人遇到多个问题，如四块泡沫板拼接的"浮船"当人踩上去时就会裂开下沉；垫板进水之后无法用胶带固定。其实此时，我刚开始打算尝试介入幼儿的游戏，提醒幼儿可以选择干的垫板，但幼儿的奇思妙想阻止了我，也幸好阻止了我，才有后面精彩的改变"船只"造型从而解决问题。

在活动中，诗谊大胆提出不同于同伴的新发现，这正是幼儿创新能力的最佳体现。通过改变垫板"浮船"的造型，使之从两层八块的垫板"浮船"变为三层九块的垫板"浮船"，幼儿在活动中能够从另一个角度思考问题，从另一个角度动手操作，在短时间内解决了垫板不够的问题，很好地提升了"造船出海"的效率，这不仅体现出幼儿的动手创新性，也表现出幼儿的思考创新性，能够采用常规方法之外的思路解决问题。

表 1　幼儿在不同游戏阶段遇到的问题、解决方法及结果

游戏阶段	遇到的问题	幼儿猜想	解决方案	结果
一层四块垫板"浮船"	泡沫板断开	加厚垫板，增加浮力	增加四块垫板，并用胶带将接口处连接起来，制作一艘两层的"浮船"	失败

（续表）

游戏阶段	遇到的问题	幼儿猜想	解决方案	结果
两层八块垫板"浮船"	仅可以站立5秒，"浮船"下沉	垫板连接口加固	继续用胶带加固，但由于垫板进水，无法用胶带固定	失败
三层九块垫板"浮船"	想要继续加厚垫板，但垫板数量不够	继续加厚垫板，增加浮力	改变"船只"造型	成功

2. 孩子们的下一次游戏还需要哪些材料？——材料共建，期待下一次创新

从本次游戏现场，我们可以发现幼儿在经历失败、反复尝试的过程中发现"浮船"的断裂点一直是在两块泡沫板的连接处。阳阳通过寻找更多的垫板进行组合，加厚"浮船"的厚度，增加"浮船"的承重力，显然他已经掌握了材料厚度与浮力关系的经验。

我很好奇幼儿下一次的游戏会发生什么有趣的事情，会结束"造船"工程队的任务，开始其他的游戏情节吗？我默默地新增了泡沫垫板以及各种型号的矿泉水瓶、泡沫棍、清水积木、KT板这些幼儿可能需要的材料投放在材料柜。不知道新增的材料会不会引发他们下一次的创新呢？

三、怎样让更多人坐上"小船"——教师创设失败情境，培育幼儿创新素养

在顺利造出垫板"小船"后，阳阳、诗谊、溜溜争先恐后地爬上"船"，大家都想坐上去。可是没一会儿，诗谊大喊："不好啦，漏水啦，小船要支持不住啦。"我问："怎样才能让更多的人坐上小船？"阳阳："我们要找材料给它垫在下面，把水挡住。"我问："什么材料合适呢？"孩子们陷入了沉思。于是，我鼓励孩子进行材料大调查，并在班级投放了有关沉浮实验的百科书籍。于是，材料框里的材料开始变多了，如大小不一的矿泉水瓶、纸板、KT板等。

这一天，诗谊和阳阳从材料框里搬出了新材料：大大小小的矿泉水瓶，将所有的矿泉水瓶摆放在垫板上，并用胶带进行固定。完成后他们俩迫不及待地将"小船"推进池塘，诗谊："这下终于不漏水了。"

但是没过一会儿"小船"开始晃动起来，并且往一边倾斜。阳阳大叫："小船一直在晃，一点都不稳。"诗谊蹲下来观察着矿泉水瓶说："你们看呀，这里的矿泉水瓶怎么都没有瓶盖，都进水了，所以沉下去了。"听了诗谊的话，几人将"浮船"拉上岸，先将矿泉水瓶里面的水倒了出来，诗谊对三人说："我们要去找一下瓶盖，没有瓶盖的矿泉水瓶没有用。"

这时，我偷偷走到一旁，将材料框里面的瓶盖藏起来，没有瓶盖的矿泉水瓶真的没用了吗？当幼儿面对缺少可用材料时，还会有什么新创意呢？

阳阳和诗谊到处寻找瓶盖，但都失望而归。

阳阳对康康说："看来今天没有办法造船了，明天我们一起收集瓶盖吧。"

此时康康一边用手将矿泉水瓶瓶口堵住一边说："我们只要找东西，将瓶口堵住，不让水进去就可以了。"

阳阳："那可以用透明胶带，给它堵住。"

最终在几人的努力下，所有的水瓶瓶口都被堵起来了。

在大家的努力下，一艘水瓶和泡沫垫组合的"小船"完成了，四个孩子都稳稳当当地坐上了小船。孩子们激动极了，给"小船"取名为"南海一号"。

【教师的思考与行动】

1. 没有瓶盖的水瓶真的不行吗？——创设失败情境，打破幼儿思维定式

幼儿的每一次尝试都是对已有经验的挑战，也是构建新的认知经验的过程。诗谊在一次次尝试的过程中发现每一次"浮船"倾斜都是往没有瓶盖的矿泉水瓶的方向倒去，获得了"没有瓶盖的矿泉水瓶没用"的经验。但没有瓶盖的水瓶真的不行吗？为了打破幼儿的思维定式，教师通过教学干预，为幼儿的探索设定一定的失败情境——藏起剩余的瓶盖。当幼儿面对没有瓶盖的水瓶时，还会有怎样的创新行为呢？也正是教师创设的失败情境，鼓励幼儿用其他的方法创造性地解决问题，从而培育幼儿的创新素养。

2. 召开一场成果发布会——让更多人看到创新玩法

活动到今天，阳阳和同伴们在一次次探索过程中不仅造出了"浮船"，还

在过程中一步一步完善"浮船"，从刚开始的无法坐人到能够站立 5 秒，最终造出一艘能够承载多人的"南海一号"，这真是一个了不起的成果！何不趁热打铁，让更多人看到孩子们的创新玩法？于是我热情地邀请康康、阳阳等孩子与全班孩子分享成果。正是因为孩子们真实地经历了整个探索的过程，康康绘声绘色地向同伴讲述几人是如何解决水瓶没有瓶盖的问题的。孩子们听得认真极了，对几人创新的材料使用竖起了大拇指。还有孩子提出在下一次的游戏中还能造一个"船桨"，并对造"船桨"所需要的材料也进行了新一轮的讨论，这也是新的课程衍生的契机。

【教师的感悟】

1. 从"无效成功"走向"有效失败"

孩子们的"造船"之旅经历了多次的失败，而正是这一次次的失败促使孩子们开展一轮轮的新探究，从而寻找解决问题的方案。虽然探究的过程很坎坷，探究的时间线也非常长，但在他们共同努力的过程中，幼儿逐渐体悟与"沉浮"相关的科学原理。我不禁思考，若教师在最初采用直接"灌输"的方式，告诉幼儿如何"造船"，哪些材料更合适，也许会减少幼儿在"造船"过程中的困难与问题，避免幼儿经历多次失败。但也正是这多次的失败触发了幼儿在探秘"浮船"中的细致观察、大胆猜测，提高了他们发现问题、解决问题、自信表达以及同伴之间互相商量、相互合作的能力，培育了创新能力。在这一系列的探索过程中我切实地感受到了儿童的力量。

2. 多元的支持促进幼儿的创新素养

"有效失败"强调在活动前期不提供结构化的支持，但不等于不提供支架。对于提供支持，教师要把握适时适度原则，要符合幼儿的最近发展区、学习方式与特点，最大限度地让幼儿在亲身体验、实际操作、直接感知的过程中体验活动的过程，正确面对失败，探索失败发生的原因，从而培育幼儿的创新素养。

（1）提供宽松的环境，允许幼儿失败

幼儿萌生造"浮船"的想法时我是他们的支持者和鼓励者，我毫不吝啬地给予语言的赞美与肯定；当幼儿选取一些看似无法成功的材料制作"浮船"时，我给予幼儿出错的权利，尊重他们的选择，允许他们在失败的体验中建构新经验，并把这些失败的体验作为自己了解他们思维线索的机会和背景，同时努力通过观察、倾听、询问等途径发现和确定幼儿的真实想法和认知水平。

（2）创设失败情境，培育创新素养

孩子们在遇到困难时最容易产生创新意识，幼儿在失败的情境中也最容易培育其创新素养。"浮船"之旅是一个连续性的动态过程，在过程中教师有意识地创设失败的问题情境，适度进行教学干预，制造一定的障碍与困难，让幼儿经历真正的探究，打破幼儿的思维定式，培育幼儿的创新素养。

（3）材料共建，支持幼儿下一步创新

游戏材料的动态调整，为幼儿深入的探究提供了物质保障。在"浮船"游戏中教师通过交流分享与幼儿共同收集游戏材料，有幼儿提到的"轮胎、泡沫板、木板"，也有教师主动提供的牛皮纸板、各种型号矿泉水瓶、清水积木、泡沫棍以及一些工具类的材料如胶带、剪刀等，为幼儿的下一步探索和尝试提供了更多的可能性，有助于鼓励幼儿积极动手动脑，提高幼儿的创新意识和创新精神。

通过大班"浮船"游戏中一系列连续性的探索与实践，孩子们在一个个真实的问题情境中面对失败、体验失败。对于幼儿来说，失败是促使他们创新的原动力，在一次次失败中幼儿不断积累相关的经验，发现他人没有发现的新事物，用创新的思维去提出不同于其他幼儿的新问题，用创新的方法去做出和他人不一样的新作品。

教师作为幼儿活动的支持者、合作者以及引导者，不仅要尊重幼儿的探索过程，允许幼儿失败、试错，还要敏锐地捕捉有效失败的问题情境，鼓励幼儿通过独立思考、自主探究及实践解决问题，引导幼儿树立创新意识，促进其问题解决能力的发展，从而形成创造性思维。

怎样让蔬菜的保鲜时间更长？

——一次"云上"赋能项目化的探索

上海市嘉定区双丁路幼儿园 张嘉靖 赵 戴

现如今，我们一直和幼儿强调"成功"，淡化"失败"。其实，失败并不是终点，而是一个新的起点。失败是成功的过程，是创新的一部分。我们告诉幼儿，在任何活动中我们都会遇见失败，就算失败也没关系，在失败中我们只有勇于尝试，突破创新，才能获得成功。在开展线上项目化活动"怎样让蔬菜的保鲜时间更长"中，幼儿经历了失败，但面对失败幼儿没有退缩，而是通过想办法、再尝试，最终获得成功。

一、缘起——蔬菜烂了

疫情期间，我们每天和孩子们进行线上互动陪伴，在互动中每天孩子们都会提出新的问题，新的发现……这天孩子们就聊到，大人经常"团购"瓜果蔬菜，但是一下子团的蔬菜太多却来不及吃，没两天就会发芽、烂叶子、烂根，大人总是皱着眉头心疼地将烂了的蔬菜扔进垃圾桶。那么蔬菜到底怎么保鲜呢？怎样才能让蔬菜保鲜时间更长呢？面对一次次的团购最终带来的是一次又一次的浪费，这让懂得爱惜粮食的孩子们再次陷入愁雾中。

这一话题的提出，引发了孩子们的共鸣及积极的讨论。

乐乐说："我们家的大白菜烂了。"

涵涵说："我看到莴笋的底下面黑黑的，妈妈告诉我这样的莴笋不能吃了。"

琳琳说："我妈妈怕我不够吃，团了好多好多的菜，没几天好多菜都烂了。"

我思考：在防控期间，家家户户都出现了资源紧张的情况，绿色蔬菜尤为宝贵，因此我们站在孩子的立场去思考他们讨论这件事情的出发点，难道仅仅是表达他们发现了蔬菜烂了这个现象吗？

于是我们问道："蔬菜囤了烂，烂了扔，你们不觉得可惜吗？"

孩子们都说很可惜的。

"那怎么办呀？"

"我们可以让它们不烂了。"

"怎么不让它烂？"

"保鲜呀！"

"对对对，保鲜！"

于是围绕"怎样让蔬菜保鲜时间更长"的话题，我们尝试赋能于幼儿。让幼儿从自身的经验出发，经历好奇、发问、设想、组队、调查、实验、探索、讨论、反思、评价的过程，为自己重新构建经验。该项目的学习旨在以解决幼儿真实问题为目标，用真实的任务激发幼儿的探索欲，让幼儿在真实的问题情境中将行为和抽象思维进行碰撞和联系。

二、初探——尝试保鲜，遇见失败

趁着孩子们对话题的热度不断上涨，接下去的三天里，我们围绕着"怎样让蔬菜保鲜的时间更长"进行了一对一、一对多的线上互动。

表1 教师与幼儿互动记录表

第一天	第二天	第三天
这天，我问乐乐："乐乐，你是怎么让蔬菜保鲜时间更长的呀？" 乐乐说："我看我妈妈把东西放冰箱里就可以保鲜了。"	我又和乐乐进行了互动，我又问乐乐："乐乐，你试了吗？" 乐乐说："没有。" 我又问了其他孩子。	和孩子们继续聊。孩子们的话越来越少了。 涵涵说："我发现我保鲜的土豆有一个小芽芽。但是妈妈说这个本来就有的。"

（续表）

第一天	第二天	第三天
我问："放在冰箱里，你试了吗？" 乐乐说："没有。我就看到了。" 我说："乐乐，你可以去试试哦。"	小倪说："我把大白菜放在塑料袋里，可是我扎不紧。大白菜的底有点枯了。" 萱萱说："我放在水里，然后烂了。就是那个绿色的。"	"那还有其他的发现吗？"孩子们开始沉默了。

我的思考：

经过三天与孩子们的互动，我们对收集到的信息进行梳理整合。分析后发现如果一直以一对一线上互动的方式开展活动，孩子们逐渐地兴趣开始减弱，深度学习的效率在降低，综合能力发展的机会也在减少。以此我们判断或许最终这个项目会走向失败。

因此我们结合幼儿发展优先的理念，对失败的原因进行了分析。

1. 幼儿需求显零散

通过这三天的互动，我们发现孩子们对于"怎样让蔬菜保鲜时间更长"的探索兴趣逐渐减低，到了第三天孩子们已经没有之前的热情。幼儿在互动过程中，每一个幼儿的需求也都是不一样的，观察到的内容也是有不同的。各说各的互动方式也无法起到辐射作用。

2. 幼儿发展有差异

每个孩子在互动过程中的发展都是不一样的。有的孩子语言表达能力强，但是执行力弱；有的孩子观察不细致；有的孩子动手操作能力弱。从而导致这个活动一直停留在初始，不利于幼儿的可持续发展。

3. 云上互动欠策略

教师在和孩子互动的过程中欠缺了语言表述的策略，活动组织的策略，师幼互动的策略。线上互动与线下互动的模式是不一样的，教师没有对两种方式进行思考调整策略，而是将线下互动的策略按部就班地实施在线上互动。

故此，导致无法推进幼儿的深度学习，不能有效地进行下次互动。

4. 家长支持缺方法

本次活动过程中，家长不是退在互动之后，就是包办，冲在太前面。主要表现在视频通话开始后，家长会离开幼儿，或是直接告知答案，不给予幼儿尝试的机会。家长存在理念的偏差，认为互动只需要教师和幼儿。家长对于本次活动的价值没有了解，认为只是需要参与即可，没有意识到本次活动会带给孩子的发展。

由于疫情的特殊状态，我们这次的项目开展地点是家中，互动形式是线上，因此这是一次家园联动背景下的科学亲子活动的项目化学习。在活动中，家长与幼儿共同参与其中，尊重幼儿的需求、遵循幼儿的发展规律，显得格外重要。幼儿园与家长的强强联合相信更能够促进幼儿核心素养的快速提升。

接着我们就开始思考开展"怎样让蔬菜保鲜时间更久"这一项目化探索活动对幼儿的核心素养有何发展和意义，可以开展哪些活动，通过哪些措施、资源来支持推进幼儿的项目探究。

三、保鲜准备时——总结经验，再次尝试

1. 共享项目内涵，获得家长支持

我们围绕项目驱动问题——"怎样让蔬菜保鲜时间更长"，与孩子开展了一系列讨论，从而生发出多个子问题，为了让家长和孩子共同参与这个项目活动，我们通过线上全体家长会的形式帮助家长们了解本次项目的核心目标以及开展本次项目化活动对于幼儿可持续发展的意义。

表2　本项目的项目目标

项目目标	
认知情感目标	1. 通过观察、比较、分析，了解蔬菜局部特征及保鲜前后的变化。 2. 通过假设、探究、实验，获得蔬菜保鲜的几种方法。 3. 知道蔬菜是人身体不可或缺的营养来源，进一步萌发对食物的爱惜之情。

（续表）

项目目标	
学习素养目标	1. 创造性实践：仔细观察、多维度地探究蔬菜生长的特点，尝试用绘画、符号等多种形式记录自己的发现。知道蔬菜保鲜的步骤及其成功关键。 2. 探究性实践：运用不同的科学知识和技术，尝试计划和开展蔬菜保鲜的研究。 3. 社会性实践：小组合作，调查蔬菜保鲜的方法；愿意大方表达观点，友好地和同伴交流协作。能用较为完整、清晰、流畅的语言向他人介绍、分享实施的经验。

表3　本项目幼儿发展领域和关键经验

发展领域	关键经验
科学领域	1. 能在成人的帮助下制订计划书并按计划执行。 2. 能通过观察、比较与分析，发现并描述不同种类物品的特征或某个食物前后的变化。 3. 能用一定方法验证自己的猜测。 4. 在探究中与他人合作与交流。 5. 能察觉到动植物的外形特征、习性与生存环境的适应性关系。 6. 能用数字、图画、图标或其他符号记录。
语言领域	1. 愿意与他人讨论问题，敢在众人面前说话。 2. 能有序、连贯、清楚地讲述一件事情。 3. 听不懂或有疑问的时候能主动提问。 4. 愿意用图画和符号表现事物。
社会领域	1. 有问题愿意向别人请教。 2. 活动时能与同伴分工、合作，遇到困难能一起克服。 3. 能主动发起活动或在活动中出主意、想办法。 4.能主动承担任务，遇到困恼能够坚持而不轻易求助。 5. 爱护身边环境，注意节约资源。

2. 倾听幼儿需求,绘制思维导图

在倾听幼儿想法、参与幼儿互动、解读幼儿设计的项目计划书之后,我们对项目实施的脉络进行了梳理。

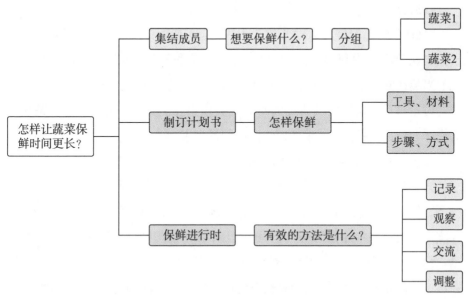

图1 本项目主题思维导图

3. 调整组织策略,推进深度学习

(1)继续倾听,深入探讨

在与幼儿的对话中,我们倾听到……

互动场景1:

"我保鲜的土豆有点发小芽芽了。"

"我的生菜放在塑料袋里了,它有点变黑了。"

互动场景2:

"我的土豆放在盒子里了。"

"我把青菜放到了水里了。妈妈说青菜叶子有点干瘪了。"

于是,我们赶紧把这四个孩子联系到了一起。抛出了这样一个问题:"刚才有两个小朋友都保鲜了土豆,你们都不知道对方用了什么方法。我们在幼儿园里一下子就能发现和别人不一样的地方。那现在我们在家里了,有什么办法可以让我们知道别人的实验情况呢?"

107

"我们可以抱团。"

我说："可以呀！你可以去问问他们愿意和你抱团吗？"

于是，"抱团"开始了……

我的思考：

"抱团"概念的提出为幼儿的"云上"实验创设了有利的条件。可以让孩子们在实验小组内获得更完善的经验，并且取长补短，发挥自身的优势。幼儿的兴趣在同一个点，也会激发孩子们参与项目的积极性。

讨论过后，我们发现研究的对象主要集中在土豆和绿叶菜中，于是孩子们抱团合作，开始制订属于他们小团队的计划书。

（2）多种通信运用，保证互动频率

为了计划书的顺利完成，满足每一个孩子的表达需求和想法，在家长的支持下，有的小组建立了微信交流群，有的建立了钉钉小组群，有的通过腾讯会议交流。通过多种途径的线上小程序交流，孩子们与同伴、教师进行了有效互动。我们了解到，有的团队约定了每次互动的时间，有的一天一次，有的两天一次。每次线上互动，我们的家长也坐在了孩子的身边，和孩子一起参加。

经过分工协商，三组幼儿认真制订了自己的计划书。从计划书中能够看出，幼儿对项目的积极性非常高，并且能够在成人的帮助下实施调查，与同伴讨论协商并且制订计划，对探索有着积极的兴趣和兴奋的情绪。在这一过程中，幼儿的书面表达能力得到锻炼，他们能够将想象表达出来，并且努力让成人和同伴去理解，积极地和同伴用语言交流与互动。

为了让比较更直观，我帮助幼儿梳理了他们的实验计划：

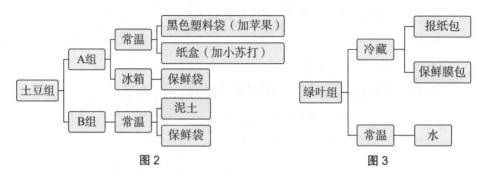

图2   图3

四、保鲜进行时——在持久观察中探索与发现

我们经历了三次讨论。分别是项目开始后的第三天、第五天、第七天。三天过后，土豆组进行第一次讨论。

土豆 A 组，幼儿拿着记录纸、照片，分享观察到的现象。

"我们组把土豆放在了黑色塑料袋里，塑料袋里放了一个苹果。第三天土豆有的地方开始变皱了。用保鲜袋放在冰箱里的没有变化。"

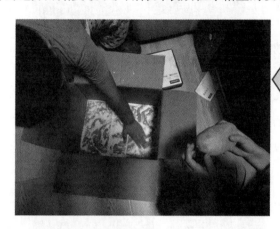

> 放进纸盒的时候我们加了小苏打，所以土豆没有发芽。

土豆 B 组，讨论现象。

点点说："放在保鲜袋里的土豆没有变化。种在土里也没有变化。"

经过五天，我们又进行了一次讨论。

土豆 A 组：黑色塑料袋里的土豆发生变化，土豆表皮颜色变得稍微有点暗。土豆放在保鲜袋里没有任何变化。和小苏打一起放在纸盒里的土豆有点长芽，还有一点小黑点。

土豆 B 组：阴凉处放在保鲜袋里的土豆长芽了，皮肤变干了。泥土里的土豆没有变化。

第七天，小组交流讨论现象。

土豆 A 组：黑色塑料袋里面的土豆发芽了！在冰箱里放在保鲜袋里的土豆有点皱。和小苏打一起放在纸盒里的土豆芽芽长长了，黑点也变大了。

土豆 B 组：放在阴凉处保鲜袋里的土豆长了好多芽。泥土里的土豆也发芽了。

结论：通过 7 天的观察，幼儿发现土豆通过冰箱和保鲜袋的双重保鲜，能够使保鲜时间变长；土豆除了发芽以外，还会有长斑点、发黑、变干等明显的变化。

同样的，绿叶菜组也进行了三次讨论，以下是讨论内容：

第三天

用报纸包住冷藏：蔬菜的根上长小芽了，叶子有点变软了。

用保鲜膜包住冷藏：蔬菜的叶子有点干。

常温下放水里：蔬菜的叶子颜色变暗了。

第五天

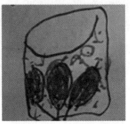

用报纸包住冷藏：蔬菜根上小芽变多变长了，蔬菜的根变得更红了。

用保鲜膜包住冷藏：蔬菜根上长出了绿色的小芽芽。

常温下放水里：蔬菜的叶子变黄了。

第七天

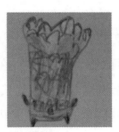

用报纸包住冷藏：蔬菜根上的小芽芽越来越长了，一半叶子变黄、变棕

色，失去水分。

用保鲜膜包住冷藏：蔬菜根上的小芽芽长长了，根有点变黄色了，叶子也变得干枯和发黄。

常温下放水里：蔬菜叶子越来越黄了，叶子皱在一起了。

经过七天的观察，幼儿发现绿叶菜的保鲜时间比土豆明显短很多，有的绿叶菜第三天就会发生变化，黄了、软了、干瘪了。

在实验过程中，孩子们发现他们食物保鲜的实验都是以食物快速干瘪、烂了结束的，好像并没有特别大的保鲜成效。孩子们的积极性一下子没了。

我的思考：

面对这样的"失败"，我们的项目就到此结束了吗？一次实验没有达到预期的效果就代表着实验的失败吗？如果就这样放弃，我们的孩子会不会以后一面对失败就立即放弃了呢？这样，这次的项目学习给孩子带来的都是反效果，对于孩子的成长起到了反作用。那么我们真的失败了吗？

过了两天，我们和孩子又在线上相约，这时有幼儿提出新的问题。

于是，我们围绕新的问题又开展了一次讨论。这次，我们邀请了浩浩的爸爸，一位农产品研发的科研人员。浩浩爸爸听了孩子们之前实验的结果后，不断地提出问题进行启发。"绿叶菜是湿湿的放进冰箱的吗？冰箱里的环境给你什么样的感觉？"璇璇说："冰箱也是冰冰冷冷，湿湿的。""对呀！那你们想人一直在一个潮湿的环境会怎么样？""涵涵说："会不舒服的。"浩浩说："那植物呢？""也会不舒服的，所以要让它干干的。"

一连串的你问我答后，孩子们又一次燃起了想要去再实验的想法。趁热打铁，我和孩子们说："我们再来一次。"

经过浩浩爸爸前期的点拨，孩子们又一次进行了实验。

将餐巾纸和绿叶菜放入保鲜袋中，再放入冰箱。

用餐巾纸包住绿叶菜，再放到常温处。

很快，实验有了结果，孩子们发现绿叶菜可以通过保鲜膜、密封袋、餐巾纸等放在冰箱里面保鲜，但是必须将叶子上、根部的水擦干净，否则容易烂根、烂叶子。绿叶菜的保鲜时间比较短。用纸巾＋密封袋＋冰箱的方式保鲜时间最长。

除了实验结果带给幼儿的直接获得以外，我看到了孩子们面对失败，接受失败，重新挑战的过程。其间幼儿的核心素养得到综合发展。我们项目的初心是解决某一问题，但是在计划、探索、实验、交流中发现幼儿获得的经验是综合的，从选择保鲜的蔬菜，到小组的形成，到品种的选择，到实验方法的收集，到小组分享实验结果等。多元经验的逐步积累为幼儿开展实验奠定了基础。

后续，我们针对此项目还开展了"成果发布会"和"幼儿自我评价"及"成人对项目评价"。

五、成效与感悟

1. 教师赋权儿童，接纳"失败"

我们要相信儿童是有能力的学习者、沟通者。当孩子被尊重、被相信，被赋予一定程度的自主权时，面对一项任务，他们就会像临危受命的勇士一样，雄赳赳气昂昂地参与其中。就像案例中的幼儿，他们在项目中被赋予了话语权、行动权和评价权，就体现出了主体能动性。当失败出现时，教师接纳幼儿的失败，化"失败"为契机，理性分析失败的原因，给予孩子更多的成长的空间,助推孩子的深入学习。

2. 儿童侧重探究过程,获得"有效失败"

探究活动参与的有效性不仅表现在结果的成功与否上,更表现为幼儿思维的主动性上,有效的探究是一种深入的学习。本次项目学习中幼儿经历了发现问题、查阅信息、搜索方法、提出假设、实验对比、观察反思的过程,不但激发了创造性思维,更培育了探究精神。这正是幼儿学习品质提升、学习能力提高的表现。

回顾整个项目活动,不论是教师的组织还是幼儿的实践,都不是一帆风顺的。而恰恰是和失败的碰触,激发出了项目的创新。是教师组织的创新,也是幼儿实践的创新。活动中,教师根据幼儿的需求提供支持性的环境,帮助幼儿深度学习、有效失败,让幼儿收获到的不仅仅是一个实验的结果,还知道了成功和失败从不对立,失败就是创新的一部分。

幼儿园户外生态式小社会活动区中幼儿的失败与创新

——以"农家乐"活动区中幼儿自主经营及转型为例

上海市嘉定区方泰幼儿园　许　多

案例概述:

户外生态式小社会活动,是指生态式教育理念下,幼儿园在园内户外场景中整合创建一个微型的真实的幼儿熟悉的社会场景。通过幼儿园、家庭、社区等多种资源的保障,师生共同创设相互关联、相互补充的活动区,有动物园、农家乐、生活馆、游戏场、体验区等。活动区有指定教师负责,由大班幼儿以混班形式,自主选择活动区、活动内容、活动伙伴的方式参与活动,活动频率为每周2~3次。

"农家乐"活动区是户外小社会活动区之一,该区域由指定教师负责,由幼儿自主选择"上岗",来此"工作",经营该区域,并随机与流动的"小顾客"开展交往互动,从而形成一个社会性的"农家乐"游戏区域。

户外生态式小社会活动开展的目的,是让幼儿在具体的、感性的"小社会"中,通过模仿和游戏的方式习得相关经验,发展人际交往、社会适应和解决问题等多种可持续发展的能力。

幼儿园的户外生态式小社会活动对于幼儿来说是一种游戏,更是一种学习,幼儿与活动区中的环境、材料、伙伴以及教师相互作用而获得各种经验。在相互作用中,幼儿主动地、生动地进行探索、发现、思考和创新,形成一个完整的学习过程。这一学习过程中,常常会伴随一次次失败,一次次创新和一次次蜕变……

一、初次"下海": "农家乐"惨淡开场

小社会活动"农家乐"第一天开张，孩子们纷纷来到"农家乐"（植物园）寻找工作。经过一番竞聘，最终确定了工作人员。只见他们干劲十足地戴上工作帽、穿上工作服，站在"农家乐"门口等待"顾客"光临，但是他们看着客人来来往往地经过"农家乐"门口，却一个都没进来光顾，只是在门口尴尬地笑笑。十多分钟过去了，来了两位客人在门口徘徊，这时所有小工作人员一拥而上："你们要进去玩吗？来不来呀？"小客人问："里面有些什么活动？"工作人员七嘴八舌回答："可以去参观呀！""还可以浇水，可以锄草呀……"小客人听了："那也没什么好玩的，算了，我还是去动物园那边玩吧。"说完就一溜烟跑走了，留下几个失去"生意"的"农家乐"工作人员。紧接着又有两个小客人径直朝"农家乐"走来："我们可以进去玩吗？"工作人员开心地上前招待："可以啊，你要浇水吗？也可以去拔草。"小客人跟着工作人员指引来到田埂间用水壶浇水，又拿着小铲子去田地里锄草，客人一番体验过后便来寻求小工作人员帮助："我的鞋子都湿了，袖子也湿了，刚才我还踩到烂泥里去了，鞋子上都是。"小客人边拍身上的泥土边嘟囔着："我下次还是不来了，这里不太好玩。"说完扬长而去。"农家乐"第一天开张以接待了两位客人的业绩惨淡收场。

"农家乐"活动后，我与孩子们就当天的开展情况展开了交流分享。

孩子们说："'农家乐'的活动没什么好玩的，除了浇水就是锄草，根本没有人想来玩。"

我顺应孩子的观点抛出驱动性提问："什么样的农家乐活动好玩？怎样才能吸引顾客呢？"孩子们脑中的小马达立刻转动起来，设想并提出了很多农家乐活动改造的提议。

孩子 A 说："我去过的农家乐是可以采摘的，然后真的可以带回家的，我们可不可以也让客人付钱进来摘蔬菜带走呢？"

孩子 B 说："我周末总是去草地上露营，我们'农家乐'那片草地上也可

以野餐啊。"

孩子 C 说："阳光房里的那些标本、放大镜、显微镜可以免费给客人参观，吸引他们来。"

孩子 D 说："刚才客人来玩弄得好脏，我们去玩沙池借点套鞋和反穿衣给客人穿吧。"

孩子 E 说："我们所有工作人员都在门口围着客人，都跟着客人去浇水，没有人招揽其他客人，应该要分工一下。"

我继续抛问："这些新设计的活动很有趣，怎样让客人知道'农家乐'里面有这些活动并且被吸引过来呢？

孩子们立刻有了点子："首先我们需要做个大广告，新活动统统在上面画出来宣传。""除了大广告，还需要有工作人员出去大力宣传。"……

通过孩子们的讨论，我们初步梳理了"农家乐"需要改变的几个方面：① 活动项目内容重新设计；② 提供的体验材料需满足客人需求；③ 增设促销活动吸引客流量；④ 明确工作人员内部分工；⑤ 宣传途径增加，力度加大。

二、另辟蹊径："农家乐"尝试"商业转型"

（一）调查走访，确立新的项目内容

孩子们利用自由活动时间，拿着纸笔在自己班中进行口头采访并记录"准客人"们对"农家乐"区域活动的期望和喜好。他们还自己设计了简单的调查问卷请其他班级的老师协助发放，收集其他班级"准客人"想要在"农家乐"玩什么。最后他们确立了以下几个"农家乐"新项目：免费项目——"农家乐"观光体验；阳光房标本探秘；浇水锄草体验。收费项目——快乐采摘活动（提供采摘工具和袋子，采摘的蔬菜放学可以带回家）；休闲露营（提供野餐垫小椅子和小饼干）；户外写生（提供写生画具套装）。

（二）问题整顿，增设顾客体验材料

鉴于客人来田里弄脏衣裤和鞋子的情况，孩子们向玩沙池负责老师借来了 6 双套鞋和 6 条围裙，另外还在"农家乐"负责老师的帮助下申购了新的袖套。这样一来，客人弄脏衣服鞋子的问题就迎刃而解。

（三）引流造势，开设免费体验活动

孩子们利用"农家乐"原先提供的材料开设了免费体验活动，如蝴蝶、昆虫标本探秘（客人可以自由使用放大镜、显微镜等进行观察），锄草浇水，野花采摘赠送。

（四）内部改革，精细任务分配工作

孩子们商量出了工作人员中谁做大老板（负责收钱和管理安排所有工作人员），谁做免费体验活动区域的工作人员，谁做收费项目中招待客人活动的工作人员，谁去外面招揽客人，谁做替补人员（哪里需要人就去哪里帮忙），成功避免了工作人员扎堆服务少数客人的情况。

（五）自绘海报，宣传招徕顾客

孩子们用形象可爱的图画制作了新增活动项目的宣传海报，明确活动定价和体验方法，让没玩过的客人对新项目一目了然。同时还派出两名工作人员走出农家乐，去各个区域进行活动新内容的宣传，邀请客人到访。

"农家乐"的"商业转型"准备和调整工作，在孩子们一周的自由活动时间、午间活动时间以及其他碎片时间里陆续合力完成，很快迎来了第二次的重新开张。这次小社会活动刚开始，客人们经过"农家乐"时，看上去似乎还是没有要光顾的倾向，工作人员们按捺不住，拿着自制海报走过去大力宣传："快来我们'农家乐'玩呀，我们可以采摘蔬菜带回家，可以露营，还可以写生哦，现在还有开业免费体验，免费！免费！免费！"听到免费几个字，一大批客人涌来。客人们体验了免费的项目之后，马上就被工作人员"忽悠"付费项目。客人们自己穿上套鞋围裙采摘生菜、大蒜和萝卜等，并且把这些果实真的装进袋子里带回家加餐了。看到一个个满载而出的客人，越来越多的客人来到"农家乐"参加活动。当天的活动时间过半，"农家乐"的大老板就嚷嚷着："老师你看，我们赚了好多钱，盒子里放也放不下了，我们今天的生意也太好了吧！"

三、命运多舛："农家乐"遭遇滑铁卢

"农家乐"的生意就这样如火如荼地持续了一段时间，来的顾客也在逐渐增多，小老板们也越来越自信。又一次小社会活动开始了，今天的"农家乐"工作人员如往常一样继续在门口招揽顾客，但刚发出邀请，就见客人摇了摇手说："不来了不来了，你们里面的菜都挖光了啊，又没有新的菜咯！我先走了，拜拜！"工作人员们听了不以为意，继续去招揽其他路过的客人，但收效甚微。好不容易有人进来采摘，发现里面的蔬菜寥寥无几后，就马上离开了。渐渐地，"农家乐"失去了往日的熙攘，赚的钱都不够给工作人员发放"工资"了。面对当前事业的低迷、收入的锐减，"农家乐"的工作人员们显得有些"躺平"，并没有及时发现问题的根源，或试着改变现状。

活动后孩子们在交流分享中产生了争吵。

孩子 A 说："今天生意一点也不好，你们都没有去外面拉客人。"

孩子 B 说："我去拉客人了啊，是客人说我们这里不好玩，没有菜了所以不来！"

孩子 C 说："肯定是你搞活动的价格太贵了！他们买不起！"

"到底是什么原因导致'农家乐'生意不好？"听到孩子们对于生意不好的原因分析有不同的声音，我打断了他们的争吵。

孩子们像分析专员一样开始正视这个问题：

孩子 A 说："老师，刚才那个客人说了我们这里没有菜了，所以他不想来！"孩子 B 赞同道："老师你看田里的菜都挖完了，新种的菜来不及长出来了，光秃秃的。"

孩子 C 说："我去过那边的卡通尼和动物园，他们那边一直在搞优惠买一送一，我们这里太贵了！"

孩子 D 说："老师，爸爸妈妈带我去外面的农家乐玩过，那里的农家乐有很多玩的地方，有游乐的地方，有采摘的地方，我们这里太小了。"

我和孩子们共同梳理了几个主要原因：① 菜地里已有蔬菜资源锐减且不具备再生性；② 区域内活动定价偏高，优惠活动少；③ 活动设计创新形式不足；④ 活动范围较小，与其他区域缺少联动。

为了改善"农家乐"当前的困境,让"农家乐"的生意再度好起来,孩子们围绕"我们可以怎么做才能让生意变好?"开展了调整计划。孩子们主要拓展了以下几个自救途径:① "农家乐"内重新种植一些蔬菜,主要考虑一些生长周期快的蔬菜和可再生的蔬菜,继续开展蔬菜采摘活动;② 蔬菜生长速度跟不上销售速度,向食堂叔叔阿姨求助,利用食堂每日的余菜开展资源再利用;③ 利用环境优势拓展大头贴自拍活动,增设 iPad 给顾客留影并求助老师进行照片彩打;④ 利用园内果园环境资源开展水果采摘活动;⑤ 与其他区域联合开展优惠联票活动。

四、从头再来:"农家乐"走向巅峰

自救方案制订完成后,孩子们联合老师开展了改进行动。

(一)求助园内教职工,落实"农家乐"植物资源储备。孩子们通过亲子网络查询、咨询园丁爷爷等途径,发现有一些植物是"剪不完"的。比如韭菜、大蒜、小葱和空心菜等,它们的生长周期较短,剪切之后留下根须还会较快地再生。于是孩子们向园长妈妈提出请求:"园长妈妈,我们'农家乐'中的蔬菜都挖完了,可不可以申请种一些新的蔬菜,最好是大蒜、空心菜和韭菜之类剪掉以后又会再生的植物。"又找到园丁爷爷:"爷爷,后山小山坡的竹林里冒出来好多小竹笋,我们可不可以挖出来卖给顾客呢?""爷爷,还有好多绿化带里长出来的野花,你可不可以不要铲除掉,我们开'农家乐'的时候去采摘下来做成小花束送给客人们?"……就这样,孩子们的活动资源逐渐丰富了起来。

(二)共享班级区角材料运用到"农家乐"新活动中。孩子们向班级教师借用教室区角里的 iPad 拿到"农家乐"来用于给顾客拍美照,还把自拍支架放在"农家乐"的油菜花田前供客人免费使用。小舞台的蓝牙音响也借来给"农家乐"的活动造势。

(三)勘察园内各类资源,拓展"农家乐"活动的范围。孩子们又来到果园勘察地形,由于果园离"农家乐"非常远,孩子们从"农家乐"出发尝试设定行进路线,规划好适宜的路程,又在果园内寻找适合采摘的果子,很快便将

"联合果园采摘"这一计划落实好了。

（四）联动其他小社会区域，联合举办优惠活动。孩子们还去了动物园、卡通尼乐园和休闲吧等受欢迎的活动区域，和他们的老板商量联合优惠票活动，最后商定的活动是顾客只要在任何一个地方消费就可以得到一张优惠票，凭票可以去其他任何区域参加一次免费活动。

在孩子们和老师们共同的努力改造下，"农家乐"2.0版本开始投入运营。小社会活动一开张，"农家乐"的卖菜摊位就吸引了一大批的顾客前来买菜和采摘，长长的队伍很快就把"农家乐"当日提供的菜一抢而空。其他区域拿着优惠票来的顾客也是络绎不绝。最受欢迎的还是新开发的水果采摘活动，"农家乐"工作人员给顾客提供剪刀和果篮，指引顾客去幼儿园北面的趣果园进行水果的采摘和观赏，采到的果子则送给顾客带回家品尝。还有好多爱美的姑娘和调皮的小伙在农家乐的油菜花前、青草地上各种摆拍。收银员的收银机抽屉里的"钱"很快就装得满满的，工作人员一边擦着汗水一边笑盈盈地奔波着，客人们也收获满满，乐趣十足。

五、反思蜕变："农家乐"经营迭代中的思考感悟

（一）直面"失败"中厘清角色定位

1. 教师在"放手"的基调下积极解读问题及需求

当幼儿在利用户外活动环境和材料开展活动时，刚开始往往会局限于或按照原有的活动形式和内容去开展。此时的教师应当给幼儿一个自由的空间和时间去创造设计新活动，如果幼儿想尝试，则可以自由地改变固有玩法，设定角色、规则以及调整材料等，这会让幼儿把自己作为整个活动的创始人、生产者和解决问题的主要责任人。利用幼儿独有的感受和思考激发他们去挑战当前面对的"失败"，去"创新"当前面对的规则和形式，去摆脱当前的固有活动模式。

2. 教师支持幼儿直击"失败"，牢记发展的根本目的

在生态式户外活动中，幼儿可以根据自己的已有知识和生活经验独立思考和解决活动中面临的问题。在幼儿尝试的过程中，教师要牢记发展的目的、教学的特点，有目的地观察幼儿在过程中的言与行，帮助幼儿在已有发展

基础之上进步。当幼儿在活动内容上有了大胆创新的行为和思考时，教师需要做的就是鼓励他们并且协助他们。幼儿在利用自己的"创新"击败"失败"时，正是在利用现有的知识观念去挑战"失败"，去直面生活，此时教师适时地驱动、设疑都能够让幼儿突破自身现有知识获得新知识。而这直击"失败"的教学尝试意味着一次良好的、积极的低结构教学活动。我们实现的教学效果是让幼儿在生态式户外活动中过上了自己喜欢的生活，挑战了从前的自己。

（二）蜕变"创新"中引发幼儿思考

在一次次和幼儿共同面对失败、解决问题和尝试创新的过程中，我想对孩子们说……

1. 孩子，失败不可怕，我们正视它

孩子，你在活动中的"失败"老师会和你一起去剖析。首先，失败表明你在相关领域内没有支持你活动所需要的知识经验，那么老师一定会和你们一起通过讨论、分析或调查等方式找到你失败的原因，同时共同提出或者预设可能需要的环境支持和改变，帮助你一起去渡过失败阶段。

2. 孩子，失败不过如此，我们利用它

孩子，失败是你创新的动力。在以你为主的活动中，你运用有限的知识、有限的经验和有限的资源去开展活动，失败可以说是不可避免的。可是，活动中的失败又是你尝试探索周围环境的一种表现。老师观察到你在面对暂时失败时的情绪、语言和动作等，发现大多数时候你是乐于面对失败的。这也是我教育中的一个契机，我会用鼓励的语言或是驱动性的发问来调节你的情绪，启发你的思维。你一定会有动力在失败中积极地、持续地参与活动，去研究和解决问题。

3. 孩子，解决失败的小契机需要你去突破

在失败中我们之间的教学互动会放大你的学习力和创造力。在和你一起面对失败寻找解决契机时，很开心能看到你主动去思考和发现自身及周围存在的问题和探索的激情。你通过老师的点拨，利用自己的已有经验去模仿、尝试和突破，这一过程正是你将自主经验去体验、去探究、去创造、去表达和交往的重要过程。在开放式的交流分享中，你们之间会互相产生思维的碰撞，

在愉快的或者激烈的交流分享中找到失败背后的原因并且共同去克服它。

4. 孩子，有多少次失败就有多少次创新

失败与创新共存共立，抓住失败带来的积极意义，你能在失败中得到创新和学习的机会，不仅仅体现为经验的积累，多次失败可能会获得多次成功，而这一成功获得的成就感远胜于轻易成功所带来的体验。失败的积极意义让老师和你都要更加尊重失败，我们要一起不害怕失败，不过分避免失败，而是要创新于失败。

在我园户外生态式小社会活动中，"农家乐"的经营转型变迁过程中，幼儿在小小的田野间经历了一次次的失败，却又一次次地突破自己，在创新中找到了活动的"永动机"。在学龄前各类实践课程中，越来越多的教师尝试去科学地观察、解读和评价幼儿。幼儿和教师一起学习，不畏惧失败、直面失败并且在失败中创新。我们既注重活动结果，更看重幼儿在活动中参与的态度、探索发现的过程、解决问题的方法、善于思考的维度、敢于创新的意识等，不仅关注幼儿的知识技能，更注重发现、发展幼儿学习内驱力、创新意识和实践能力等。

方法探究篇 //////////

试误·醒悟·感悟：创新成长三部曲

——以《两位数与两位数相乘》教学实践为例

上海同济黄渡小学　赵凡娟

泰戈尔说："当你把所有的错都关在门外，真理也就被拒绝了。"当课堂上学生出现错误，说明他们对某一知识没有完全理解和掌握，若能勇敢面对失败，积极探因，则能激发学习内驱力，才不会留下遗憾，追求真理的过程中甚至会有新的思考，体验创新的喜悦。作为一名老师，为了我的学生们能够经历"真理"的演绎历程，我在《两位数与两位数相乘》这一教学实践中精心设计了一场与失败的"邂逅"。

本节课是在学生能够比较熟练地口算两位数与整十数、整百数相乘，并且掌握了用一位数乘两位数、三位数的基础上进行教学的。笔者在进行设计时，注重结合具体情境，强调算法探究，重视对算理的剖析，使学生获得多种算法的体验，并将估算策略作为一个重点加以渗透。

一、试误："山重水复疑无路"的误区

学生趣味运动会结束了，成绩斐然，班主任要给学生发奖品，需要统计奖品的总量，例题如下：

每组学生发 12 个小书签，全班有 18 组同学，老师一共要准备多少个小书签？

孩子们很快列出算式"$12 \times 18=$　"。

（一）师示误，生试误：老师一共要准备多少个小书签？

两位数乘两位数，我们第一次遇到，但是我们可以把两位数拆成我们学过的——（生：整十数和一位数。）

太好了，这道题中我们怎么拆？（生：12可以拆成10和2，18拆成10和8。）

12×18

$= (10+2) \times (10+8)$

好的，是这样吧？接下来怎么办呢？（生：十乘十，个乘个。）你们太棒了，我们一起来口算吧！

12×18

$= (10+2) \times (10+8)$

$= 10 \times 10 + 2 \times 8$

$= 100 + 16$

$= 116 （个）$

我顺着学生的思路，把两个两位数分别分拆后，计算得出116个，整个过程行云流水，一气呵成。但是中间关键一步（10+2）×（10+8）的计算对学生来说是未知的，正是学生的"真问题"所在，教师在此埋下伏笔，等待学生来发现。此时，教室里安静得可怕，似乎每个人都不敢相信这节课就这么结束了。

（二）找疑点，寻证据：你怎么证明这个答案不合理？

教师打破此刻的寂静："同学们，本节课新知学习到此结束！谁还有问题想问吗？"班级里几个"领头羊"好像听出老师的潜台词了，盯着黑板一直看，突然一名学生喊道："不对，不合理！"班级沸腾起来，七嘴八舌开始议论。

师：哪里不对？如果不计算，你怎么证明这个答案不合理？

生：我用估算的方法，把12估成10，10×18=180，我把12都估小了，答案是180也比116大！所以老师准备116个小书签肯定不够的，每组10个都不够！

"如果不计算，你怎么证明这个答案不合理？"显然意在让学生由估算对答

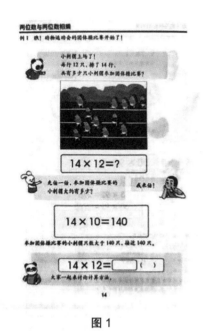

图1

案的正确与否做出判定。估算是在解决问题过程中做出结论或者推断而选择的一种无需准确的计算。估算也是一种计算，这种计算的答案并不准确，但算出的结论或推断一定是合乎逻辑的，是正确的。教材中的安排是把估算放在第一步（见图1），学生列出算式还没有任何学习的经历就要估算，对学生来说，还体会不到估算的必要性，甚至觉得多此一举。笔者将"估算"埋伏在此，旨在化被动为主动，基于迫切的需要，学生自主自发地去调动旧知，运用估算来解决问题，也是培养学生的推理意识这一核心素养，估算的价值也体现在此。

（三）谋方法，求答案：你来算一算正确的结果是多少？

其他同学幡然醒悟，不约而同地点头表示同意，他们脸上写满了钦佩和崇拜。在简单交流另一种估算方法后，此刻教师抛出问题："该你们出马了，用你想用的方法计算出精确值。"

学生纷纷开始尝试，得到以下多种不同的计算方法，为了更精确表达各步骤所表示的含义，教师建议学生在汇报方法的基础上，结合"点子图"辅以说明（见图2）。

方法一：

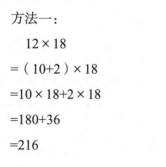

$$12 \times 18$$
$$= (10+2) \times 18$$
$$= 10 \times 18 + 2 \times 18$$
$$= 180 + 36$$
$$= 216$$

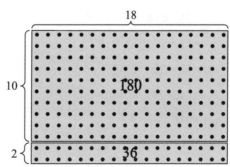

方法二：

12×18

$= 12 \times （10+8）$

$= 12 \times 10 + 12 \times 8$

$= 120 + 96$

$= 216$

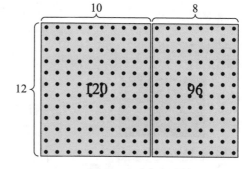

方法三：

12×18

$= （6 \times 2） \times 18$

$= 6 \times 18 \times 2$

$= 108 \times 2$

$= 216$

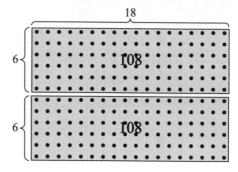

方法四：

12×18

$= （4 \times 3） \times 18$

$= 4 \times 18 \times 3$

$= 72 \times 3$

$= 216$

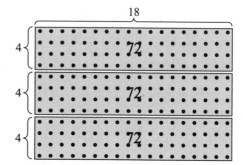

方法五：

12×18

$= 12 \times （20-2）$

$= 12 \times 20 - 12 \times 2$

$= 240 - 24$

$= 216$

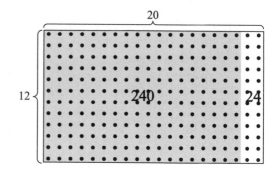

方法六：

12×18

$= (4+8) \times 18$

$=4 \times 18+8 \times 18$

$=72+144$

$=216$

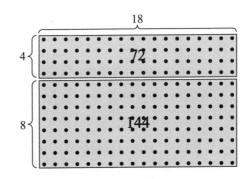

方法七：$12 \times 18=216$

$$
\begin{array}{r}
1\ 2 \\
\times \quad 1\ 8 \\
\hline
9\ 6 \\
1\ 2 \quad\ \\
\hline
2\ 1\ 6
\end{array}
$$

……

图2

经过刚才一番交流，学生在借助点子图进行数形结合的基础上，得出了正确答案是216，这一过程不仅仅是计算算理的掌握，更是在计算的基础上发展几何直观这一核心素养。计算方法的多样化突出了不同的计算思路，但是比多样性更重要的是要突出一致性，变未知为已知，从而获取新知，这是一种非常重要的想法，没有亲身经历，自然不会感悟，亲身经历的东西也未必会有深刻的感悟，所以，亲身经历是必须的，但亲身经历还是不够的，经历以后，引导学生去反思，引导学生去感悟很重要。所以笔者继续提问：

师：虽然这些方法各有不同，但他们的基本思想都是相同的，面对两位数乘两位数这个问题，他们都在做什么呀？

生：其实我们都是在把两位数进行分拆。分拆成我们学过的一位数和两位数相乘或者整十数和两位数相乘。

变未知为已知的推理意识，离开亲身经历的实践活动难以形成，即使实践了，也未必有较深的体悟。引导学生对各种不同方法进行比较，思考共同的想法，意在促进深入思考，体悟"变未知为已知"，而数形结合地说出每一步计算的依据，更是将推理意识落到实处。

二、醒悟："柳暗花明又一村"的喜悦

（一）比异同，探逻辑：哪些方法是通用的？

在数的认识的教学中，主要让学生认识两个地方：数是对数量的抽象；数是对计数单位个数的表达。12 这个数，用计数单位的表达就是 1 个"十"和 2 个"一"，所以 12 自然可以分拆成"10"加"2"。这也是接下来笔者提问的依据。

师：在刚才多种算法中，哪些方法是通用的？

生（充分思考后）：分拆成整十数和一位数。这个方法是通用的。

师：拆成一位数乘一位数呢？这个方法通用吗？举例回答。

生：有的数没法拆成一位数乘一位数，例如 59 等。

师：任何的两位数，都能拆成一位数和整十数，所以，这个方法才是通用的。还有一种方法是竖式计算，它是通用的吗？

生：竖式计算当然是通用的，它和加法分拆一样，18 先乘个位上的 2，再乘十位上的 1，最后加起来。

师：是的，竖式计算的道理就是横式计算的道理，只是书写起来更简单、计算时更方便了。

说出通用的理由，就是在进行推理，既是由特殊到一般的归纳推理，又是在进一步深究具有一般性的过程中进行演绎推理，得到计算通法，感悟一般性。可见，本课教学的目标不仅仅是两位数乘两位数的算法和算理，更是培养学生的推理意识和逻辑思维。

（二）借工具，明算理：刚才错在哪里，少了哪一部分？

呼应课始教师埋下的伏笔，直面学生的"真问题"。

$$12 \times 18$$
$$= (10+2) \times (10+8)$$
$$= 10 \times 10 + 2 \times 8$$
$$= 100 + 16$$
$$= 116（个）$$

这样的计算肯定是错的，到底错在哪儿呢？能不能在点子图中表示出来？

学生在图上圈画，教师引导学生数形结合地观察，思考图中的少算部分。结合回答，进行演示：

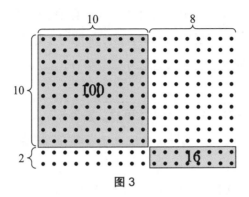

图3

学生在点子图中（见图3），很明显能看出，课前的计算中，只计算了10×10和2×8两块区域，少算了10×2和10×8这两块区域。两位数乘两位数的计算时，如果拆分两个因数，就要有四块区域进行计算。

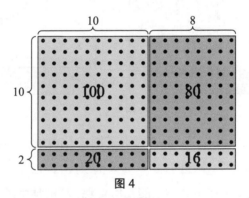

图4

12×18

=（10+2）×（10+8）

=10×10+2×8+10×8+2×10

=100+16+80+20

=216（个）

结合图4，再次回顾竖式计算中4个步骤对应的点子图部分，对比分析竖式计算和横式计算算理的一致性以及竖式计算的简洁方便性，并且理解竖式方便简洁是因为数位已经对齐，只要把计算单位的个数直接相加。

不满足于用通用的方法计算出正确答案，而是让学生深究错误的原因，引导学生数形结合，主动发现缺失的部分，渗透"（$a+b$）（$c+d$）=$ac+ad+bc+bd$"的模型，引领学生思考竖式计算中的道理，建立横式、竖式和图形之间的联系，感悟三者中共同的算理，加深对上述模型的认识，为培养学生的思维品质，让学生持续深入地思考奠定基石。

（三）优思维，提能力：这个图太麻烦，怎么办？

师：点子图确实很好，能够清楚地表示各部分，不会少算或者多算，但是你有没有什么想说的？

生：这么多点，画起来很麻烦，能不能直接省去点，画成面积的图形？

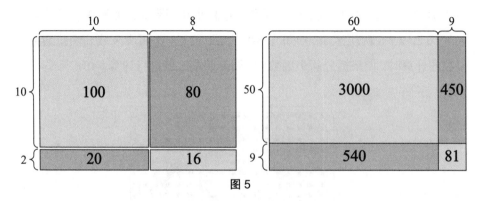

图5

将点子图转化成面积图，旨在对点子图进行抽象，构建更为一般的两位数乘两位数的几何模型，跟进练习中 59×69 则让学生进一步体会该模型的便捷。构建几何模型，重在培养学生的几何直观，帮助学生进行抽象及推理，主动类比，拓展到多位数乘两位数的计算教学，或者延伸到多位数乘多位数的计算学习，甚至为中学多项式乘多项式的计算做铺垫。

三、感悟："沉舟侧畔千帆过，病树前头万木春"的收获

（一）基于问题创新教学流程，学生变被动学习为主动学习

新课程改革强调，教师要树立生活数学的教学观：既要善于捕捉生活中的数学，实现数学学习的生活化，又要注重把数学知识应用到生活中去，实现

生活经验的数学化。为学生创设生活化的教学情境，使学生在"做数学"的过程中学习数学，才能使数学知识、数学思想和数学方法在学生经历具体的、真实的生活情境的过程中逐渐形成。

在传统教学中，教师以讲授为主传授知识，因此在学习新知前，总要为学生"铺垫复习"，似乎这是完成学习目标的"保证"，而我们的教材安排也大多如此。这种教学行为明显忽略了学生的主体性，限制了学生探索空间。因此我们要把这一环节变为具体的情境，让学生产生探究的需求，教师应根据学生思维发展脉络，找出匹配知识点内容教授的最佳方式。例如本课教学实践时，教师创新教材的使用，大胆调整教材安排顺序，将教材中开始就估算挪移到课中判断时去估算，调动学生在学习过程中主动学习、积极探索，激发学生学习兴趣，从学会逐渐过渡到会学。

（二）数形结合创新学习体验，学生会用数学的眼光观察现实世界

"数与形，本是相倚依，焉能分作两边飞；数缺形时少直觉，形少数时难入微。"这是著名数学家华罗庚的名言。数形结合一直贯穿于数学的学习。

《义务教育数学课程标准（2022年版）》提出数学课程要培养的学生核心素养"三会"之一就是会用数学的眼光观察现实世界，其具体含义有："数学眼光"是观察现实世界的一种特殊方式，其目的是透过事物的表面现象和各种物理属性，抽象出数量关系与空间形式，而空间形式的核心素养表现形式便是几何直观。几何的研究对象是图形的形状、大小与位置关系，并且利用图形的特点探究、描述、分析和洞察事物或问题的结构与关系，感悟事物的本质。

因此，用数学眼光观察世界的独特方式是基于数量关系与空间形式的数学抽象和直观想象，"数学眼光"可以激发一个人的好奇心和想象力，而好奇心和想象力是从事探究活动、发展创新意识和能力的基础。本节课中，学生在两位数乘法计算学习中，借助"点子图"过渡到"面积图"，利用几何直观模型帮助理解两位数乘两位数的算理，解释竖式计算中有关"计算单位"的相关概念，用数学概念解释课前计算错误的原因。这种创新的学习实践，不仅有助于对运算的理解，而且有助于通过运算的几何意义理解相应的几何概念（如距离、面积等）。几何直观深入小学"计算学习"中，改变了重结果轻过程

的学习方式，学生在学习中"知其然且知其所以然"。

（三）结构化教学创新知识构建，学生会用数学的思维思考现实世界

从古希腊开始，数学就被称为"思维的体操"。2022 年版课标指出，数学思维的目的是理解与解释现实世界中的数量关系与空间形式，是一种抽象的、一般化的思维方式。

笔者认为，在数学教学中，设计实施结构化教学，以学科知识结构为基础，以学习者的已有学习经验为依据，通过具有逻辑结构的活动帮助学生建立学科核心概念、基本问题、事实性知识、学科分解概念等内容之间的联系，学生经历旧知识的同化，新知识的构建，不断获得学习方法的一般化，认知水平逐步提高，数学思维不断发展，从而可以形成重依据、有条理、合乎逻辑的思维品质，培养科学态度和理性精神。本课实践中，教师引导学生对两位数乘两位数算理的探究中，在相同结果中寻找不同计算方法，又在不同计算方法中探究相同的算理，进而优化梳理出从点子图到面积图的一般方法。学生的运算能力、推理意识相应提升，逐步养成从数学角度观察现实世界的意识和习惯，发展好奇心、想象力和创新意识。

创新教育是素质教育的延伸、拓展和深化，是培养高素质的创造性人才的重要途径。作为一线教师，要时刻注意自身教育观念的迭代更新、教育角色的多维切换，尽全力营造出学生能独立思考、不怕失败、败中求法、探究总结、不断创新的学习环境，帮助学生构建"透过现象看本质"的逻辑思维意识和能力。本次学生在"试误—醒悟—感悟"成长三部曲的课堂学习经历，是笔者的思考探索与初步实践，本课虽然后测数据喜人，但仍有需要完善的地方，尤其是结构化教学具有独特的意义和价值，在小学中高学段可以更广泛地推广，这些也需要我们在理论和实践中不断探索、修正，不断完善和扩充，路曼曼其修远兮，吾将上下而求索。

参考文献

［1］中华人民共和国教育部.义务教育数学课程标准（2022 年版）［S］.北京：北京师范大学出版社，2022.

［2］陈才兄.对阅读教学结构化的实践探索［J］.小学教学参考，2018（01）：30.

追问失败,让学生观察日记创新生成

上海市嘉定区外冈小学　高艳华

四年级语文上册第三单元的习作内容是"写观察日记",要求是通过连续、细致的观察,把观察对象的变化写准确,还可以发挥想象,运用修辞把变化写生动,也可以写写观察时的想法和感受。围绕习作要求,我在单元课文教学伊始就有意识地渗透观察日记的写作方法,习作课上更进行了精心指导,可学生的观察日记却不尽如人意,这是学生习作的失败,更是教师习作教学的失败。于是,我带着困惑针对教学各环节向学生追问,在一步步的解问中,学生的二次习作创造性生成,释疑之路成了学生习作的创新之路,真可谓"山重水复疑无路,柳暗花明又一村"。

一、惨不忍"读"的习作

"写观察日记"的习作要求是:进行连续观察,学写观察日记,感受事物的变化过程,体会观察的乐趣,养成连续观察的习惯。本次习作旨在培养学生进行连续观察,写观察日记的能力。第一次习作教学后学生的观察日记惨不忍"读",主要表现在:一是对事物观察不细致。只观察整体,描述的是模糊印象,观察不深入。二是对内容描述不具体。日记内容空洞,描述粗枝大叶,有的甚至胡编乱造。三是对变化描述不生动。描述过于简单,平铺直叙,缺乏形象化的语言,无吸引力。四是行文思路无条理。行文思路不清晰,很多学生没有把变化作为主线，与观察关系不大的内容，比如对购买物品过程的描述、对观察过程的描述，大量出现在习作中。

从学生的习作可以看出，他们观察兴趣不浓，对本次习作的态度不够端正，虽然跟着我的教学节奏经历了收集、整理和汇报资料的习作过程，但并没有提升语文学科核心素养。

我问及原因，他们回答："第一，我不知道观察什么；第二，我不知道连续观察有什么意义。"

"不知道观察什么"和"对观察无兴趣"，说明学生对周边事物是不留心的，他们没有感兴趣的观察素材，对单元篇章页"处处留心皆学问"的人文主题没有领会。因为不感兴趣，找不出意义所在，所以写出来的观察日记是虚的，是编的，是没有想象和温度的，丢了真，少了美。

二、刨根问底的追因

本次习作的失败，到底是学生没有认真对待，还是教师的教学过程、教学准备出了问题？我忍不住发出疑问。

（一）问自己

同学们的回答让我陷入了反思：我的教学出问题了吗？我又拿出教案，一幕幕回忆我的课堂教学：课文《爬山虎的脚》，图文并茂，还播放动画，向学生展示爬山虎的叶子从嫩红到嫩绿的变化过程以及脚的生长、爬墙过程，让文字变得鲜活、直观；引导学生利用多种感官参与学习过程，通过说、演、画、议等方式，激发学生兴趣。课文《蟋蟀的住宅》，引导学生找一找关键词句，画一画蟋蟀住宅，让学生感受到法布尔之所以能写得准确生动，是因为进行了长期细致的观察。学生们积极互动，从他们的上课状态和回答问题中，看得出学生理解了两位作者进行连续观察的方法，也感受到了文章语言的准确、生动、形象。针对习作教学，在单元教学开始时就布置了习作预习任务，让同学们提前准备好自己要观察的动植物，习作开始前先进行观察记录，并结合单元课文所学，进行观察方法的运用，指导学生学习运用课文《爬山虎的脚》

课后资料袋中观察日记的记录形式，或图文结合式，或表格式，对自己的观察对象进行记录。一番回忆下来，我没有找到教学症结所在。按照教学预设，学生们应该是兴致勃勃去观察去记录的，这次习作应是很生动、很有内容的。可最后结果为什么会这样？我百思不得其解。

（二）问学生

既然教学没有找到问题，难道症结还在于学生？在于学生对观察意义缺乏认知吗？那么，是什么让学生没有观察意愿？解铃还须系铃人，我要再听听孩子们的想法——

"老师，我找不到可观察的东西，我觉得我身边的事物要么短时间内变化不大，我对它们缺乏观察耐心；要么它们发展变化很快，等我发现时已经来不及观察了。"

"我身边那些小动物、绿植花草的生长过程，凭我的生活经验就能知道，我觉得不需要连续观察。"

"我们大多数时间都在学校，回家了大多数时间是写作业，家里养的绿植啊，小动物们啊，对它们的养护都是爸爸妈妈在做，我跟它们不亲密，就没兴趣仔细观察它们。写习作时候就只能凭大概感觉了。"

哦，原来对身边事物不屑观察，是孩子们没时间、没机会跟身边事物亲密接触，造成他们失去了观察身边事物的好奇心，而观察活动是在没有基于兴趣的任务驱动下展开的，所以探真记奇的习作就没能真实展开了。看来，归根到底是因为教师没有找准学生感兴趣的观察对象，从一开始教师就没有激发学生的观察欲望，根本上看是教学的失败。

三、基于失败的创新

（一）调整观察对象

回想学生本单元的习作初稿，内容大多是写豆芽生长记的，但对其生长周期的记录不准确，对其生长过程的变化描述也不准确，更谈不上生动。于是，我提出了我的疑惑：

师："孩子们，为什么你们都愿意写豆芽生长日记啊？"

生："因为我们的校本练习上有关于豆芽的成长排序题啊。我们就是根据那个排序编的豆芽生长周期，再借助习题中豆芽成长过程的插图，就会写豆芽生长变化过程了。"

我忍住对学生投机取巧写习作的指责，心平气和地继续追问——

师："原来你们的观察对象是源于一个习题的启发和帮助啊！看来你们还是留心进行了'观察'，值得表扬！那么，对豆芽这种菜你们还有什么其他认识吗？"

孩子们突然愣住了，几分钟后，有学生陆陆续续举手了。我一一请他们畅所欲言，他们有的问：为什么要把豆子培育成豆芽？豆芽的营养价值和豆子的营养价值有区别吗？有的问：豆芽到底是怎样培育出来的？培育成豆芽需要做哪些准备工作？还有的说，听奶奶说豆芽是用水泡出来的，几天就能泡发成功了。大家忽然来了兴趣，纷纷说，豆芽生长的周期短，也好培育，不如我们就自己试试培育豆芽，并观察记录它的生长变化吧。

看着孩子们都对豆芽充满好奇，并一致决定要对它的生长变化过程一探究竟，我顺势答应：好，就这么定了，我们来一次对豆芽生长的观察记录吧。

（二）改变记录方式

想到所有同学的观察素材都是一样的，不像第一次的观察素材那么丰富广泛，这种同一性对爱偷懒的孩子来说，容易照抄照搬，这样也不便于教师对每个学生的观察过程进行检验。怎样避免这种现象出现呢？于是，我和学生商量——

师："既然大家对豆芽从何而来充满好奇，也愿意尝试自己去发现，不如我们就亲自培育豆芽，并一边培育一边观察记录吧！"

生（兴高采烈地回应）："好呀，好呀！"

师："你们打算如何像作家一样，把你的培育和观察过程呈现出来呢？请大家集思广益。"

孩子们说要每天记录，最好每天拍照，方便记录。细心的孩子还说，记录时要把豆芽的变化写出来，再说说自己的心情感受。

同学们的想法很成熟。我说，我也想看看大家每天的日记内容，看看大家的培育过程。孩子们说，老师，你可以在钉钉群发布打卡，我们在那里做记录。这正是我所要听到的，每个学生都到钉钉上去打卡，就可以督促学生去培育和亲密接触豆芽了，学生就容易发现豆芽的生长变化了。那么，真实记录、生动表达的习作目标就容易达成了。

关于观察记录的方式，确定以钉钉打卡的形式进行。同学们根据自己的兴趣，确定了自己要水培的豆种，准备水培豆芽。经与学生商量，大家一致决定，需要一周准备时间来选种、购种和购买容器。观察日记的二次启动正值上海的晚秋，根据水培豆芽的周期和温度需要，此时培育需要 6~8 天。考虑到有的学生第一次可能会失败，需要二次操作，有的学生准备不充分可能动手较晚，我设置了 12 天的打卡周期。一切准备就绪，如火如荼的打卡观察活动开始了。

（三）解答探究疑惑

学生对豆芽培育和营养价值的疑问，看似与习作目标无关，但学生却很感兴趣，更需要得到专业的解答，于是，我请相关课程的老师出手相助，给学生以权威解答。

为帮助学生解答豆芽是怎样水培出来的，确保培育成功，我请自然老师带领学生认识不同种类的豆子，了解不同种类豆子水培所需条件，教他们基本的水培方法，给学生观看水培绿豆和水培花生的视频，提醒学生做笔记。如何培育的疑惑得到解答，学生的畏难情绪逐步消除，实践探索欲望被激发出来。

为帮助学生解答豆子和豆芽营养价值区别的疑惑，我请信息老师带领学生走进图书馆、信息教室，教学生查阅资料，指导学生制作《关于 ×× 豆和 ×× 豆芽营养价值区别报告》，进一步激发他们的探究兴趣。

我通过呈现优秀习作，帮助学生分析观察记录与观察日记的区别与联系，让学生明白要将观察记录中豆芽生长变化明显的内容进行详细的描写，引导学生有效落实习作"写清楚"的目标。

（四）明晰习作思路

首先，借助思维导图对观察内容进行具体描述。关于"豆芽的生长变化会有哪些"这个问题，我请同学们思考并设计思维导图，思想碰撞后，呈现集体智慧的思维导图出来了：

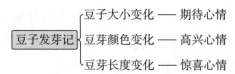

在思维导图的引领下，学生们对观察日记的习作思路也越来越清晰了，更认识到除了细致观察，还要把自己看到的变化、当时的心情和感受进行生动描述，以增强习作的感染力和耐读性。

其次，借助评价对习作过程进行全程指导，促进习作在过程中完美生成。观察活动开始前，我设计了专门的《观察记录卡》（内容包含"观察日期、我的培护、我的发现、我的感受"）发给学生，让他们在观察记录时随手填写，并鼓励他们发布在打卡里。借助记录卡对学生日记要素的完整性进行师评或同学互评。同时，引导学生借助《观察日记评价目标》在"写清楚变化"和"写真切感受"方面给出相互的评价。这种打卡式的互评既是对学生观察实践的督促，更在过程中提醒学生对习作不断打磨，尤其是培育同一种豆芽的小组，成员间更形成比学赶超的氛围，他们互相比较：谁培育得更好，谁对变化观察得更仔细，谁对变化描述得更生动，谁的表达更富有想象力和真切感受。记录和互评引导学生养成认真观察、及时记录和自我检验修改的习惯。

最后，对比学生习作提炼写法。我选取同一时间段对同一种豆芽进行观察的两篇学生习作，请同学们比较不同，说说哪一篇好，好在哪些方面。

---

11 月 23 日　星期三　晴

把一小碗绿豆放入一个不锈钢盆里，再加入 25 摄氏度左右的温水，正好没过绿豆即可，然后盖上避光的盖子，密闭避光保存，静等变化。

11 月 24 日　星期四　晴

经过一天一夜的浸泡，一颗颗小绿豆们喝足了水，膨胀变大了，有一些已经胀破了绿衣，露出了白肚皮。

11月23日　星期三　晴

该怎样水培绿豆芽呢？首先，准备一个不锈钢盆，往里面放一小碗绿豆，再放入25摄氏度左右的温水，水量正好没过绿豆即可，然后盖上避光的盖子，一颗颗硬硬的小绿豆就像绿宝石一样安静地躺在这温暖黑暗的城堡里了。

11月24日　星期四　晴

小绿豆饱胀起来了！看，经过一天一夜浸泡的小绿豆像吃了酵母粉的绿小胖，圆鼓鼓的。有的紧紧地抱在一起，羞羞的；有的胀破了绿色的外衣，露出了白肚皮；还有的露出了极小极细的白尾巴。这姿态万千的绿豆真惹人喜爱！

通过对比，总结习作写法：第一篇是科学严谨的语言风格，第二篇是生动有趣的语言风格。在写观察日记时，可以运用比喻、拟人、联想、夸张等修辞手法，使文章更生动、更吸引人。还可以将感受、心情和想法穿插于习作表达中，从而表达作者的情感。

通过对学生观察日记的全程指导，他们终于交出了达标的观察日记，二次习作质量都很高。

（五）丰富习作呈现

为激发学生的个性表达，满足学生的成就感，我们又开展了小组汇报、展示活动。将培育同一种豆芽的学生分为一组，成员间商讨：如何像作家一样，把豆芽的培育和观察过程呈现出来。展示课上，各小组通过观察小报、演讲等形式汇报小组丰富的观察成果，抒发培育的感受、观察的感受、写观察日记的感受。他们说这是真实的记录，是最有话可说的一次习作，一些精美的表达连自己都被惊到了。看来基于好奇和真实任务的习作才是最容易、最有趣、最能发现美的习作。一些学生还制作了美篇，录制了视频，发了朋友圈，成功的喜悦和自豪感隔着屏幕都能让人感受到。可以说，这远远超过了习作本身的效果。

四、习作教学的反思

比较和总结两次习作教学的"败"与"成"，可以看出，虽然两次教学都关注了习作方法的指导，但第二次习作教学更关注学生生活学习的真实需要，是基于真实情境任务的学习，这大大激发了学生的学习兴趣和探究欲望，在学生深入学习中产生了新的探究疑惑，有些疑惑甚至需要跨学科老师参与指导，这种学习方式为习作教学的有效开展提供了思路：

（一）在真实情境中产生学习任务

学生对水培豆芽如何培育、营养价值何在等发出疑问，充满好奇。于是，具有驱动力的任务应运而生：豆芽的培育过程和生长过程是什么样的？此任务是学生学习与生活的真正需要，是学生对真实世界的关注。这种对真实世界的关注，使学生的学习兴趣浓厚，激发学生主动学习。真实情境中的学习又会产生一连串的真实学习任务和真实学习问题，如，要描述观察对象的哪些变化；用什么方法生动描述；怎样串联观察素材？围绕真实情境中产生的这些学习任务，才能调动学生的学习积极性，激发习作兴趣。

（二）在合作探究中经历真实学习

为促进学生经历真实且有价值的学习，教师要引导学生通过团队合作的方式来完成学习项目：每个学生在小组内扮演不同角色，交流和表达，创造和分享；小组之间营建评价交流的融洽氛围。回想二次习作的创作过程，师生全程互动，并在互动和评价中发现问题，解决问题，二次习作在一路解惑和合作探究中创新完成。这个过程既是一次愉悦的习作创成之旅，也是一次美好的探究之旅。

（三）在支架搭建中指导习作方法

第一次习作教学没有达成习作目标，是教师给学生搭建的支架不够，第二次习作教学教师给学生搭建了三个支架，学生借助三个支架顺利地有质量地完成了习作。搭建习作内容的支架，让学生把握观察变化的点，确立了习作主题。搭建记录方式的支架，引导学生既可借助教材"资料袋"，也可自主创新记录形式，帮助学生把习作写细致、写清楚。搭建描写方法的支架，通过典型习作例文的对比指导，引导学生把习作写准确，写生动。三个支架的搭建，是教学方法的改进创新。

（四）在失败追因中优化教学流程

教学中要善于从失败中总结经验，寻找创新点。失败追因要从教师和学生两个方面寻找，尤其要关注学生主体的学习需要和学习能力，在师生朝着一个目标共同努力和并肩前进中，最终达成有效教学和有效学习。所以，失败追因的过程是一个优化教学的过程，更是一个提升学生学习能力的过程。

源于失败的蜕变

——初中英语作业设计与实施的创新之举

上海市嘉定区徐行中学　李静怡

一、缘起：从一次失败的复述作业说起

（一）女孩之困，困在哪里？

记得那节课上，当我检查前一堂课所布置的复述课文的作业时，女孩断断续续地说了几句便停了下来。我走近的时候，她拿手遮了一下，但还是把手挪开了，纸上杂乱地写下了一些短语。见我驻足，她的脸瞬时涨得通红。"老师，我想写的，但是我只知道这些，不知道该如何下笔。"看着无措的她，我不禁陷入了沉思。这并非是一时之困，从她的日常的作业中能看出其思维过程的混乱，缺少清晰的逻辑。如何帮助女孩脱离这样的困境？或许可以借助可视化的作业脚手架，助其理清思路，进而完成作业。但这是否可行呢？

（二）英语作业的设计与实施，难在何处？

事实上，从班中日常的英语作业的完成情况可以发现，有的学生会因为作业设计的难度对其望而却步，有的学生则会因为单元内课时作业的重复而敷衍了事，还有的学生虽是完成了作业，却不愿习他人之所长再作改进。这些现象正是我们在日常英语作业的设计与实施中经常遇到的问题。

《义务教育英语课程标准（2022年版）》强调，教师应该根据不同学段学

生的认知特点和学习需求，基于单元教学目标，兼顾个体差异，整体设计单元作业和课时作业，把握好作业的内容、难度和数量，使学生形成积极的情感体验，提升自我效能感。那么，如何设计作业才能让班级中"人人皆可参与，人人皆可评价，人人皆可有所得"呢？

二、重构：根据初中生的心理特征，"三变"英语作业的设计与实施

（一）一变：自选可视化工具，搭建"脚手架"

对一部分学生而言，概括文本就意味着直接使用文中原句，这样既无法检测他们课堂所学，也不能很好地发展其思维能力。对于不同学习水平的学生，如果在完成作业之前引导其使用可视化工具进行"脚手架"的搭建，对文本进行梳理，明晰其脉络，能更好地帮助他们加深对文本的理解。因此，根据文本的特点，我会对作业进行不同的设计。以《英语（牛津上海版）》8B的"Unit Five Reading Blind man and eyes in fire drama"一课为例，文本是一位盲人与导盲犬在入住一家宾馆后所遇到的事情。针对该课时文本巩固所设计的作业为：画一张思维地图描述整个事件或其中一个冲突事情。由于自低年级开始，我就逐步引导学生使用"八大思维图示法"（Thinking Maps），学生们更倾向于使用思维地图中的"括号图"（Brace Map）对整篇文本进行梳理。

以下是班中两位学生借助思维地图中的括号图对文本进行的梳理，由于在课堂上对文本解析时，引导学生对故事主人公 John 及其导盲犬 Charlie 所遇到的三个麻烦进行逐步分析，这两位同学的括号图很好地呈现了他们课堂习得的成果。同时，这两幅括号图又能体现出两位同学不同的思维方式，前者从"trouble（麻烦）—solution（解决方式）"的角度呈现（见图 1）；后者则是观察到文中主要角色的不同反应，且在第二个冲突事件中结合"流程图"（Flow Map），增加了文本的细节（见图 2）。

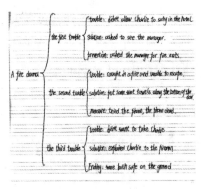

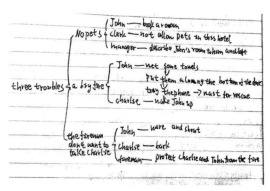

图 1 学生括号图 1 　　　　　　　　图 2 学生括号图 2

　　让我感到眼前一亮的是，班中有喜爱绘画的同学根据这个故事进行了四格漫画的创作（见图 3）。她关注了故事的第一个冲突事件，这位同学借助几位主人公的对话以及表情等，生动地呈现出了她对于第一部分的理解。每一

个学生的思维方式都是不同的，若是仅仅依靠文字的概括处理，大部分同学会囿于文本，最终呈现的结果往往千篇一律，缺乏创造性和主动性。通过可视化工具的辅助，不仅能够激发他们的学习内驱力，也可以在创作的过程中，帮助他们理清思路，培养高阶思维能力。

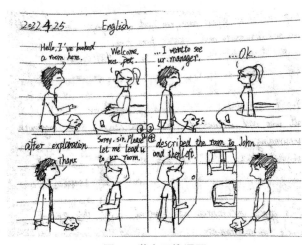

图 3 学生四格漫画

（二）二变：基于单元目标，实践作业单元化

　　传统的作业设计通常是根据当堂课教学目标确立，多数是孤立而零散的。有的时候单元内课时与课时之间的作业会有所重复，仅服务于当下课堂教学目标，并没有在设计的时候考虑整个单元的教学目标。《初中英语单元教学设计指南》指出，单元作业作为单元教学设计的一部分，应从单元整体出发，规划作业内容、作业类型、作业水平和作业时间。因此，基于单元教学目

标进行单元作业设计,同时借助信息数字化工具全面赋能,可以实现多模态
英语单元作业的设计。以《英语(牛津上海版)》8B 的"Unit Six Travel"一课
为例,单元教学目标中包含:能够借助不同的媒介,搜集外国的相关信息介
绍并进行归纳整理,能写一张旅游明信片。而以这一教学目标为起点,确定
对应的单元作业目标为:使用可视化工具,进行信息收集与整理,并能写旅
游明信片。由此,再进行对应的一系列作业设计,并将其与每一课时的教学
相结合。

第一课时的阅读作业设计:使用思维地图对文本进行概括(见图4)。

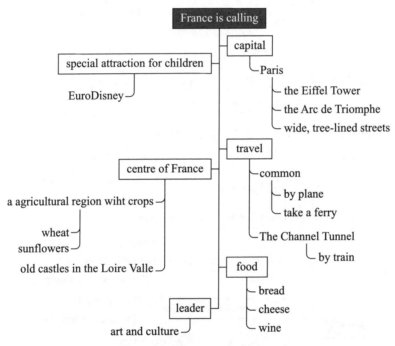

图 4　树形图 France is calling

第二课时的作业设计为:根据自己所画的思维地图,借助"家校本"中的
录音功能,进行口头复述。

第三课时的作业设计则由学生将口头复述转化为文字复述,并配以图片,
在班级群中展示。在此过程中,学生使用了自己日常记笔记的 GoodNotes 进
行文字复述(见图 5),并配以主题——法国相关的图片,利用美图软件进行美
化,充分发挥了主观能动性。

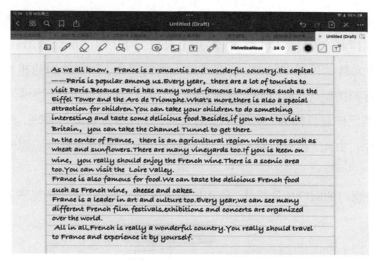

图 5　学生使用 GoodNotes 进行文字复述

第四课时的作业设计是借助听力材料 "The Eiffel Tower" 的内容及相关笔记进行口头复述，明确如何介绍景点细节。

第五课时则是选择自己想要去旅行的国家，进行信息收集并完成一张思维地图（见图 6）。

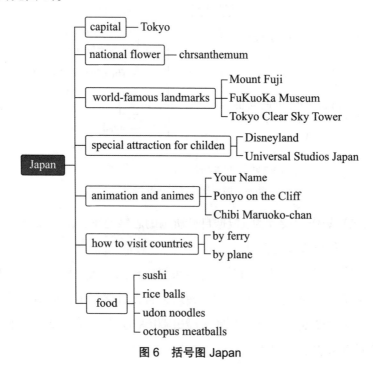

图 6　括号图 Japan

第六课时作业设计则是选取其中一个方面，比如食物、景色等，写一段文字以吸引读者（见图7）。

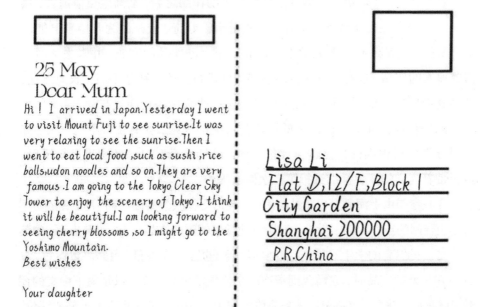

Japan is famous for Mount Fuji. It is the highest peak in Japan. In addition, It is so beautiful every year, but different seasons has have different beauty. For example, winter it is covered with snow. Every AriApril, the cheny cherry blossoms are best seen at Mount Fuji.

图7 学生景色描写

第七课时作业是学生课后观看介绍法国著名景点的视频，记录好词好句。同时，结合口语表达课所学句型，介绍想去旅游的国家的景点。

第八课时所设计的作业为：假设你在国外旅游，借助之前画的思维地图的内容，给你的好朋友或者家人写一张明信片（见图8）。（明信片可以自己设计正反面，也可以使用真实的明信片。）

25 May
Dear Mum

Hi！I arrived in Japan. Yesterday I went to visit Mount Fuji to see sunrise. It was very relaxing to see the sunrise. Then I went to eat local food, such as sushi, rice balls, udon noodles and so on. They are very famous. I am going to the Tokyo Clear Sky Tower to enjoy the scenery of Tokyo. I think it will be beautiful. I am looking forward to seeing cherry blossoms, so I might go to the Yoshimo Mountain.
Best wishes

Your daughter

Lisa Li
Flat D, 12/F, Block 1
City Garden
Shanghai 200000
P.R.China

图8 明信片

整个单元教学过程中，不仅实现了对学生听、说、读、写、看这几个方面的培养，而且充分激发了学生在文字与数字化方面的创造能力。当学生们需要绘制思维地图的时候，有使用 X-mind 的，有使用 GoodNotes 的，也有手绘的，学生们对于新工具的探索与运用能力令我折服。当面对可以自由选择的感兴趣的话题时，他们不再愁眉不展，而是行动力十足，甚至连平时不愿动笔的孩子都能写上几句。在整个单元教学过程中，学生在数字素养方面的能力迅速提高。无论是在教师对于搜索渠道的介绍还是观看班级同学自主录制的思维导图 X-mind 使用指南之后，学生们对于新工具的使用热情高涨，促进了对于元认知策略及认知策略的培养。

（三）三变：引入弹幕互评，促进作业二次创作

然而，当我看着优秀作业名单以横幅的形式呈现在班级群内时，突然产生了一个疑惑：每一次学生的优秀作业皆会展现在班级群之中，但是在刚开始的新鲜感退去之后，又会有多少学生会特意去打开并学习交流呢？难道仅仅依靠课堂中展示几份由老师所挑选的优秀作品，邀请同学点评？

果不其然，在最初大家热衷于分享自己的作品之后，渐渐地热情褪去，只有一小部分学生去阅读他人的作品，或是出于好奇，或是因为希望自己能从中有所得，但是还有一部分学生仅仅满足于自己作品的完成，并未去学习与借鉴他人的作品，也有部分学生因不知如何进行修改而踌躇不前。长此以往，就会故步自封，始终局限于自己的思维之中，丧失突破的勇气与动力，又何来长足的进步呢？面对再次出现的困境与可能的失败，我有了以下的思考：如何引导学生对他人的作品进行评价，而后再延伸至对自己的成果进行反思，再至带着这样的评价标准进行第二次修改呢？

在我参与由上海教育出版社组织的"英语写作教学共读活动"时，曾经使用过小组传阅的点评活动。学生们对于其他学生的匿名作品，进行弹幕点评，中英文皆可。虽然有的学生对写作兴趣寥寥，但是提到"发弹幕"可是兴致盎然，拿到不知是谁的作品时，立马找到身边的小伙伴翻译给他听，或是写下中文的评价，或是简单来一个 Good！虽是简单的句子，却也是充分实践了弹幕式评价。还有的学生能根据作品内容加以点评，也有的学生则是从语言方面给予了改进的建议。他们阅读他人作品时的专注，写下相应评价之时的郑重，还有那期待对

方读到自己评价之时的神态，再一次在我脑海中浮现。线下的这种"弹幕式"点评是否能延续至线上呢？于是，在实践的过程中便逐步形成了这样的实施路径。

1. 班级圈发布

学生在提交作业的同时，发布至班级圈或由教师选择优秀作业直接发布于班级群内。相较于群内仅展现优秀作业名单却需要点开才能看到内容的方式，这样更便于学生查看，也更加直观。

2. 弹幕式互评

刚开始部分同学直接使用表情以及点赞的方式回复，这的确能够给予被点评的同学正向的鼓励，增加其学习动力，但是若是持续以这样的方式点评，学生毫无增益。因此，此时教师的引导必不可少：指导学生带着欣赏的眼光去看待他人的作品，好评则需提及好在何处；也要学会批判性思维，何处需要改善与提高。这种类似于发长弹幕的点评方式，能够有效地提高不同水平的学生的参与度。有的学生乐于去发掘他人作品中的闪光之处，发起弹幕来便滔滔不绝（见图9）；

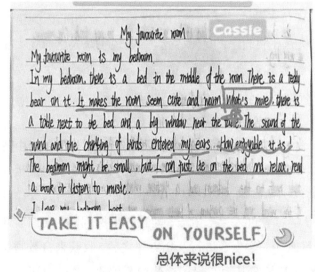

图9　学生弹幕式互评

有的同学根据课堂的评价量表点评得简洁明了；还有的同学在看到他人

的评价方式之时, 也能模仿一二, 不再觉得无从下笔。

以下两则是两位同学对于同伴的题为 My favourite room 的作品所作的弹幕评价:

"句式新颖, 还运用了反义疑问句, 让读者思考, 使读者感到描述的房间真的很棒。"

"文通字顺, 让读者有亲切感, 能够体会到作者对她卧室的喜爱, 有代入感。结构上在开头总起后, 迅速进入主题。方位词的表达使用丰富, 搭配简图更加清晰。文中结合了自己的感受, 避免了'一马平川', 使文章富有新意, 也体现出小房间的温馨感。我最喜欢的是第五行 When I feel tired, I will look out of the window. 一句, 代入感极强, 令读者也渴望有这样的一个小天地。我也会在我的二次修改中尝试使用的!"

此外, 在课堂上, 教师在屏幕上展示不同学生的作品, 同时邀请他 / 她朗读自己的作品, 而后再邀请其他同学从不同的角度进行实时连线点评。这样一来, 你来我往, 互相点评, 无论是评价者还是被评价者, 都可以从中受益不少。新的作品或许会略显生涩, 抑或是天马行空, 但是来自教师以及其他同学的正向评价, 给予了被评价者信心。当营造出这样一种不必担心因为错误被嘲笑的氛围之时, 谁又会怯于将自己的"天马行空"展现于众人之前呢? 在这个过程中, 学生们逐步学会客观地看待自己的作品, 而评价者也学会发现问题以及分析问题, 根据标准对作品形成正确的判断。

3. 二次创作

维果茨基曾经提出, 教和学不应落后于人的生理发展规律, 相反, 应由各种学习行为去推动人的认知发展。他的"最近发展区理论"指出, 学习发生在两个层面: 学习者通过与能力更强的人协作从而解决问题, 这种与人合作共同解决问题的能力又引导学习者进入第二阶段, 即独立解决问题 (掌握新知识和技能), 进而产生学习循环。学生在进行互相点评之后, 收获来自教师及其他学生的建议, 则更能扬其长避其短。根据这些弹幕评语, 学生对于自己的作品有了更深一层次的认知, 进行第二次修改时更是充满动力, 即学生在认知过程中对于其中的问题有所发现并进行分析后, 及时调整自己的策略, 有效地培养了学生的思维品质与学习能力。

以对“France is calling”一课进行复述为例，下面两份作业分别是学生初次创作的作品与根据来自同学们的弹幕所进行的二次修改后的作品。

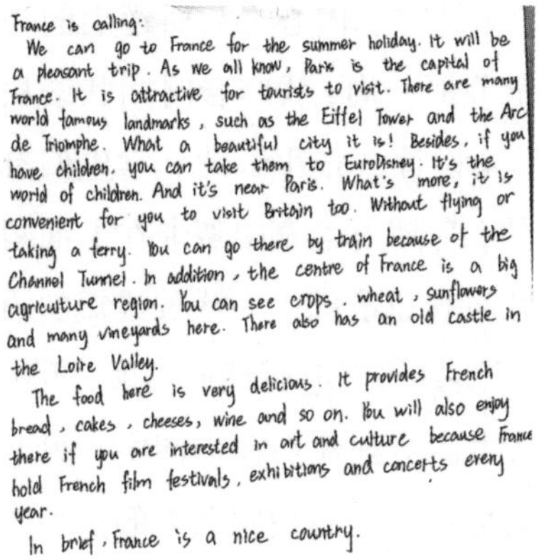
France is calling:
We can go to France for the summer holiday. It will be a pleasant trip. As we all know, Paris is the capital of France. It is attractive for tourists to visit. There are many world famous landmarks, such as the Eiffel Tower and the Arc de Triomphe. What a beautiful city it is! Besides, if you have children, you can take them to EuroDisney. It's the world of children. And it's near Paris. What's more, it is convenient for you to visit Britain too. Without flying or taking a ferry. You can go there by train because of the Channel Tunnel. In addition, the centre of France is a big agriculture region. You can see crops, wheat, sunflowers and many vineyards here. There also has an old castle in the Loire Valley.
The food here is very delicious. It provides French bread, cakes, cheeses, wine and so on. You will also enjoy there if you are interested in art and culture because France hold French film festivals, exhibitions and concerts every year.
In brief, France is a nice country.

图 10　学生改前作品

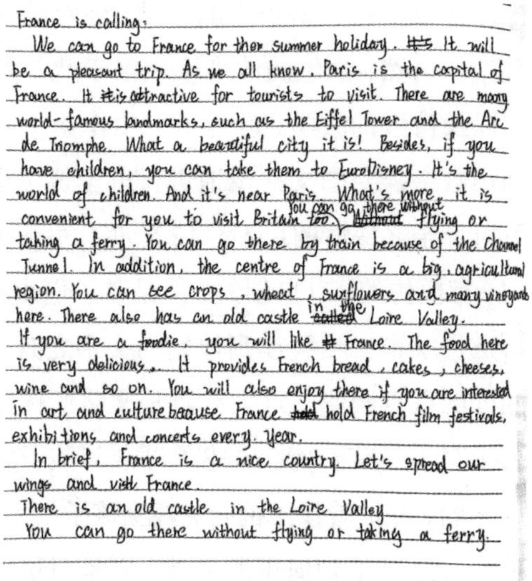
France is calling:
We can go to France for the summer holiday. It will be a pleasant trip. As we all know, Paris is the capital of France. It is attractive for tourists to visit. There are many world-famous landmarks, such as the Eiffel Tower and the Arc de Triomphe. What a beautiful city it is! Besides, if you have children, you can take them to EuroDisney. It's the world of children. And it's near Paris. What's more, it is convenient for you to visit Britain, you can go there without flying or taking a ferry. You can go there by train because of the Channel Tunnel. In addition, the centre of France is a big agricultural region. You can see crops, wheat, sunflowers and many vineyards here. There also has an old castle in the Loire Valley.
If you are a foodie, you will like France. The food here is very delicious. It provides French bread, cakes, cheeses, wine and so on. You will also enjoy there if you are interested in art and culture because France hold French film festivals, exhibitions and concerts every year.
In brief, France is a nice country. Let's spread our wings and visit France.
There is an old castle in the Loire Valley.
You can go there without flying or taking a ferry.

图 11　学生改后作品

学生收到的弹幕内容为：“从主题来看，本文清晰地复述了课文的主题，从人文的角度表达出法国的特色饮食文化、农业文化等。首尾呼应，紧扣主题。从句法来看，行文流畅，语言通顺。建议在文中及文末适当地增加生动的表达，让文本更贴近读者。此外，文中 There has... 的表达是否需要修改呢？”

从前后两份作品的对比来看，在收到来自小伙伴的弹幕点评之后，学生对于文章用语的生动性有了更多的考虑，增加了“If you are a foodie, you will like France. ”及“Let’s spread our wings and visit France.”两句，文末结尾更生动，使读者也生出向往之情。在二次修改的过程中，学生接受了来自他人的建议，对于自己的作品重新审视，进行再次修改，这也充分体现了其进行自我调整，实践元认知策略的过程。

三、“三变”后的收获与反思

（一）学生的收获

还记得文中开头那个困扰于不知如何组织语言进行复述的女孩吗？当

她在逐步完成"France is calling"这一课的单元作业之时，借助着自己所画的"树形图"对整篇文章的结构进行了合理的梳理，亦能够自信满满地对文章进行复述。虽然只是小小的尝试，但对她而言，却是树立信心之后所迈出的一大步。当然，学生的改变不仅限于此。在母亲节那一周，我结合时间状语从句以及诗歌的教学，设计了一项作业——为母亲设计一张小卡片。学生们有利用数字媒介图文并茂地进行电子贺卡设计的，有翻出了家中贺卡在上面写下对母亲之深情的（见图 12），亦有写下满满几页长诗歌的……或长或短的语句，有模仿的，有自创的，但是孩子们不再因不知如何下笔而愁眉不展，也不再敷衍了事。当我读到他们的文字之时，能从中体会到他们在生活中与母亲相处的点点滴滴。这大约就是文字所传递的力量吧。令我颇感欣喜的是一个男生写了一首长诗，描述了母亲与孩子之间深层关系的演变——将母亲比喻成小船，保护着孩子前行，直至孩子长大成人，代替母亲成为小船，载着母亲前行。这已不是简单的描述，而是对更深层次情感的表达，体现了学生核心素养的提高。学生们在完成作业的过程中，不仅实践了知识的迁移，也培养了他们的思维品质与学习能力。

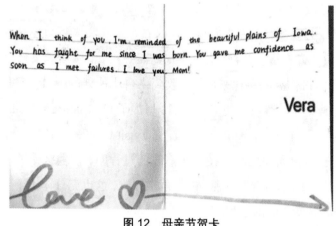

When I think of you, I'm reminded of the beautiful plains of Iowa. You has faight for me since I was born. You gave me confidence as soon as I met failures. I love you, Mom!

love ♡

图 12　母亲节贺卡

（二）教师的反思

1. 作业的每一点创新，需基于学生的特点，达到课标要求

创新，是源于失败的蜕变。当教师明确这一点后，在面对学生可能出现的失败之时，将其积极地转化，选择正确的方式去引导。《义务教育英语课程标准

（2022 年版）》指出："教师要根据学生的认知特点，设计多感官参与的语言实践活动，让学生在丰富有趣的情境中，围绕主题意义，通过感知、模仿、观察、思考、交流和展示等活动，感受学习英语的乐趣。"教育数字化转型的背景为教师作业设计全面赋能，实现作业的多元化。当学生面对作业一筹莫展之时，教师应思考如何能够科学而合理地使用不同类型的工具进行作业的设计与评价。无论是可视化工具的使用还是作业单元化的设计，抑或是弹幕式作业互评，都旨在帮助学生通过使用合理的工具与策略，将自己的想法付诸实践，不惧失败，学会接受可能出现的困境，不断地去尝试改变与创新，从而实现最终的成长与蜕变。

2. 包容安心氛围的营造，能帮助学生在作业中不畏失败

面对未知的困难以及可能出现的失败，会有学生会停滞不前，也会有学生产生"天马行空"的新创意。在创造新事物之时，失败总是不可避免的。作为教师，通过鼓励学生们以发弹幕的方式互相进行点评，为学生创造一种包容安心的氛围，使他们明确即便会面临挫败，但有来自老师的引导与建议，更有来自同伴的鼓励与肯定，不必担心受到嘲笑。在这样包容的氛围中成长的学生，会更加乐于尝试，于他们而言，失败仅仅是通往未来的前行道路上的一次次试炼。

3. 失败与创新的辩证关系中，蕴藏着"学习共同体"成长的秘密

日本教育家、学习共同体倡导者佐藤学教授在《教师花传书：专家型教师的成长》中曾经提出，"学习的概念是作为对话实践的学习，与物的对话（创造世界），与他者的对话（结交伙伴），与自己的对话（重塑自我）"。第一次完成作业至二次创作的过程，不正是践行着始于与物的对话，再与他者发生对话，最终又与自己重新对话的过程吗？学生们互相见证了彼此的成长与蜕变，有的是二人之间所形成的协同学习，有的是以班级为单位的学习共同体。成员对于作业进行的弹幕式评价，不仅能为被点评者带来积极的情绪价值，也能给他们进行二次创作提供适切的建议。在这样的学习共同体中，见到过彼此的困境与失败，互相给予支持与动力，互相成就与前行，无论于点评者还是被点评者，皆是共同成长的机会。

从不知如何下笔至小心翼翼的初次表达，再经历不知如何修改的困惑，迎来了同伴的赞扬与教师的建议。过程中，有迷茫，有挣扎，有挫败，尝试去拥抱失败，在这样包容安心的学习氛围中成长与蜕变，学生能在面对自己所未知领域的时候，更有勇气与智慧与同伴携手探索与前行。

见证"首演失败剧组"的华丽转身

——记一次学生自发的课本剧表演

上海市嘉定区南苑小学　赵　越

如果在战斗中溃败，士兵会失去昂扬的斗志；

如果在竞赛中溃败，选手会怀疑自我的能力；

如果在游戏中溃败，玩家会丧失游戏的兴趣；

如果在学习中溃败，学生会感到懊丧和无力……

失败会带给人们巨大的心理压力，会让人们感受到无尽的悔恨，但失败一定是一件坏事吗？这个问题使我不禁想起了一次学生自发的课本剧表演。

课文激趣：孩子们突发奇想，萌生表演念头

一堂语文课上，我们正学习课文《一块奶酪》。故事讲的是蚂蚁队长带领一群蚂蚁去搬运粮食，在途中发现了一块奶酪，搬运过程中奶酪掉了一角，地上落下了奶酪渣。孩子们读到蚂蚁队长的想法时也跟着犯起了难："丢掉，实在太可惜了；趁机吃掉它，又要违反不许偷嘴的命令。"

是呀，该怎么办呢？课堂里开始了讨论。

师：同学们，你们说蚂蚁队长该怎么做呢？

小墨：我觉得蚂蚁队长应该吃掉奶酪渣，不然丢了多可惜啊！

丹丹：如果偷吃了奶酪渣可要犯禁令呀，这禁令还是蚂蚁队长自己宣布的呢！

方方：是呀，如果让大伙儿知道了，那多丢脸啊！

昊昊：如果是我的话，扔下奶酪渣，谁都不许吃，这样谁都不会违反禁令了！

师：我们蚂蚁队长可不一般，继续往下读读，看蚂蚁队长是怎么做的吧！

孩子们继续往下学习课文，原来蚂蚁队长经历一番内心的斗争后决定让队伍中年龄最小的一只蚂蚁吃掉奶酪渣，孩子们有的表示赞叹，有的感到不解。

舟舟：蚂蚁队长真傻呀，好好的奶酪自己不吃，让给人家吃。

小楚：我觉得蚂蚁队长很聪明，它既没有违反自己宣布的禁令，又没有浪费奶酪。

昊昊：是呀，是呀，而且还让年龄最小的蚂蚁吃掉了奶酪，这多无私啊！

舟舟：你们说得也对，蚂蚁队长很了不起，所以大家最后干活的劲头更足了，因为都很佩服蚂蚁队长呀！

孩子们最后都理解了蚂蚁队长的做法，觉得蚂蚁队长既公正严明，又爱护幼小，十分值得敬佩。班上参与讨论最多、最有领导力的昊昊下课后神秘兮兮地跑来找我，原来孩子们商量着要把《一块奶酪》以课本剧的形式演出来，需要我的支持。课本剧基于课文进行创作性解读，将课文改编成适合表演的小话剧形式，让学生在二次创作的过程中深刻体会文章内涵，激发学生的积极性，活跃课堂氛围，从而培养学生的实践能力，师生共建高效课堂。在听到孩子们的想法后，我欣然同意了。然而在这一次课本剧的演绎过程中，孩子们体验了无数次的失败，最终在失败中找到解决问题的新点子，把我们的课本剧搬上了学校的大舞台。

首演失败：孩子们焦急万分，召开"剧组大会"

当我宣布同意改编课本剧的消息时，孩子们异常兴奋，纷纷举起手来毛遂自荐，迅速翻出语文书研究起人物台词，觉得自己能够担纲重要角色。在学生的热情响应和推荐之下，我们迅速确定了由昊昊扮演蚂蚁队长，其余孩子扮演小蚂蚁，接着这些孩子在课间开始按照课文中的内容演练起来。

然而表演的过程并不顺利。

课文里的人物对话只有寥寥几句，没有台词的孩子们喊喊喳喳地聊起了天，而有台词的孩子在说完台词后面面相觑。课文中没有明确的场景转换提示，因此在表演时学生对表演的场地、场景都缺乏理解，乱糟糟地挤作一团。昊昊和子乔两个孩子更是谁也不服气谁，都想做"剧组"的领头人，争着安排大家的角色和台词，最后两个孩子争得面红耳赤。

很显然，这次表演失败了，他们都垂头丧气，课本剧对于孩子们来说太复杂了。但我知道这是一次必要的失败，根据马努·卡普尔（Manu Kapur，2008）提出的"有效失败"概念，主张让学生在没有结构指导的情况下参与解决复杂的问题，鼓励"先做后学"，即让学生先试着自行解决复杂的新问题，教师几乎不提供任何帮助，之后再由教师介入展开教学。近年来，越来越多的研究结果显示，有效失败能够让学习者建构自身的学习技能，促进知识的迁移运用。

"首演"失败的打击挫败了孩子们的积极性，表演暂停了，小"演员"们都很焦急，不知该怎么办。一次下课，我来到了班级。

师：遇到困难了，蚂蚁王国里的蚂蚁会怎么办呢？

小林：它们会想办法一起解决！

师：是呀，小蚂蚁们很团结，我们要向它们学习，可以听听彼此的意见，共同解决问题。

小施：对！我们可以开大会一起讨论问题出在了哪里！

孩子们拉着我一起召开了紧急"剧组大会"，大会中"演员"们畅所欲言，大家"吐槽"着《一块奶酪》首次表演中的种种问题。

子乔：课本里的对话太少了，我们人这么多，根本不够分。

丹丹：是呀，这么多人，台词就那么几句。

昊昊：而且课文里的情节太少了，我们上场一会儿就要下来了。

小曦：大家一起上场都七嘴八舌地说话，这样太乱了，一点儿都不像蚂蚁那样有秩序。

方方：对呀，而且我们没有道具，大家穿的衣服也都很随意，一点儿感觉都没有。

子涵：还有还有，子乔和昊昊都很有领导力，都想说了算，但是导演只能有一个呀！

看来孩子们很清楚我们在表演中遇到了什么问题。我把孩子们在表演中遇到的困难一一记录下来，逐条写下竟然列了满满一页纸。我将这些问题主要分为剧情分配、人员、台词、道具四大类。

此时，我想到卡普尔"有效失败"这一理论对教师的身份和角色也有着明确的指导，即当学生遭遇失败，教师应根据不同的失败场景针对性地提供学习支架，为学生提供帮助，有效引导学生的学习发生与思维发展。因此我先寻找了一部由《洛阳纸贵》这一成语改编的儿童短剧让孩子们观看，整集儿童剧台词丰富，剧情非常吸引人，而让孩子们看得最认真的是短剧最后的幕后花絮，花絮片段里演职人员忙着布景，小演员们拿着剧本念念有词。

看完这部短剧我们又展开了讨论。

师：你们觉得这部短剧拍摄得怎么样？

生：很有趣，小演员们都演得很好。

师：这部短剧是根据一则成语故事改编而来，这则故事其实很短，用文言文来讲不过寥寥几十字，可短剧中是怎么呈现的呢？

子涵：短剧里人物都有台词，而且场景是不停切换的，我觉得很有新鲜感。

小曦：人物服装很好看，而且在幕后花絮里我好像看到了专门负责服装和道具的人员。

方方：对，而且他们的演员都有剧本呀，一个简单的故事改编成剧本，加上更多情节和台词，不就更有意思了吗？

看来孩子们已经从一部成功的儿童短剧中初步获得了启发。

创新求变：孩子们激烈争论，召开"二次大会"

在卡普尔"有效失败"的理论中，失败后再去补救的过程是一种有效的学习，促进学习者创造性地探索出可替代路径的解决方案。因此我没有直接给出具体的方法指导，而是希望孩子们能够自己寻找解决问题的途径。很快，在几个剧组骨干的安排下，"小喇叭"丹丹在班级宣布第二次"剧组大会"即将召开，邀请每个同学提出剧组整改建议。在"二次大会"上，孩子们你一言、我一语地争论着，为"剧组"出谋划策，我在一旁听着，不由得为孩子们的创新意识而感到惊讶，更感到惊喜。

一、道具设计新点子

大家对于道具这一问题的意见最为统一，认为我们剧中的道具应该由自己来制作，而不是定制或购买。

子乔：蚂蚁们搬运的奶酪可以用纸盒、箱子改造制作。

丹丹：为了演示奶酪掉落下来的样子，可以事先把小纸盒粘在大纸盒上，大家搬运奶酪时一拽就会掉落了。

融融：我可以用箱子、彩纸做一个大奶酪，掉落的奶酪渣就用纸盒裁成几个三角体来代替。

子涵：我家里的萝卜和南瓜可以拿来充当蚂蚁们找到的粮食。

在布景方面，孩子们也打算做一些简易的道具，或者由同学扮演大树、石头和小草。

二、人员调配新安排

对于人员分配的问题，孩子们普遍认为全班同学都上场并不现实。而道具、灯光、幕布这些都需要人来操作，可以让同学们自由选择幕后工作。

对于谁当导演的问题，这时孩子们提议民主投票，最终由蚂蚁队长的扮演者——昊昊担任总导演，而我——孩子们的老师，则在一众呼声中担任副导演一职，即辅助导演进行人员调配。

就这样，在自愿选择的基础上我们重新分配了主要角色和幕后人员，形成了总导演负责、演员和幕后人员听从指挥的制度。

三、数字媒体新应用

为了配合剧情的发展和补足道具的欠缺，孩子们想出用森林、小路的卡通图片做大屏幕背景的办法，用以表示场景的转换。另外还决定为表演增加出场音效，为小蚂蚁的出场和退场配以激昂的进行曲，在剧中配合剧情穿插鸟儿的叫声、风声和树叶的"沙沙"声，让表演脱离条件的限制，变得更加丰富和生动。

四、剧情台词新演绎

对于剧情和台词这两大难题，孩子们认为应该在课文的基础上进行剧本的再创作，丰富人物角色和台词，让每个上场的人都有表演的机会。

可是孩子们都没有接触过剧本创作，我遵循卡普尔"有效失败"的方法，先让孩子们抛却剧本的创作格式和写作手法，让学生先放手去编排人物角色和对话。我将班级中的孩子分为六人一组进行剧本的创作，每个小组都热情高涨，很快剧本就写好了。捧着新鲜出炉的剧本看了又看，果然不出我所料，剧本中存在着很多的问题。比如剧本格式凌乱，人物语言的设计脱离角色特点，增添情节过于天马行空，剧情走向不符合课文主题，等等。但我没有直接指出孩子们的问题所在，而是找到了许多著名剧作供孩子们学习研究，如《雷雨》片段、《威尼斯商人》片段等，孩子们看完这些剧本，分组开始讨论剧本创作所应该注意到的问题。最后各个小组汇总了组员对于剧本创作的看法，孩子们在课堂上进行了交流。

方方：我发现剧本的最前面应该写上时间、地点还有主要人物。

师：对，你很善于思考，发现了剧本在写作格式上与我们平时写作的不同。

小楚：我发现《威尼斯商人》里有"第一幕、第二幕"这样的字样，我看过话剧，话剧里也是这样分第一幕、第二幕的，我们也可以用这样的方法来区分场景。

舟舟：对，我也发现了，而且在幕次后面还有对场景的描述。人物后还有括号内容提示人物的动作和表情，这样能让演员知道自己应该怎么演。

昊昊：我还发现这些剧本的情节发展都很合理，我们的剧本写得太潦草了，跟课文已经没有什么关系了。

子涵：对呀，我们的剧本虽然是改编，但不能跟课文完全不一样，不然故事就全走样了。

师：看来大家发现了剧本创作的秘密，剧本的创作要有一定的格式，而课本剧的改编剧要根据课文原文进行修改，要在符合课文意思的基础上去改。

在学习了剧本的创作格式、内容后，孩子们继续以小组为单位着手修改自己的剧本（见图1），仅过了一天，新的剧

图1　孩子们正在以小组为单位修改剧本

本就递交上来了，这一次的修改更加符合剧本的写作格式，而且很多小组已经意识

到课本剧的改编不能脱离课文的原意，将天马行空的想象改成了更符合课文的剧情，我们将剧本筛选、整合，最终确定了终稿。

剧本片段：

一块奶酪

第二幕

［幕启，蚂蚁队长站在舞台中央，其余小蚂蚁退到舞台一边坐下休息。

蚂蚁队长（蹲下嗅了嗅奶酪和奶酪渣，舔舔嘴唇）：这奶酪太香了，光是闻着口水就要流下来了，能吃上一口该多好呀！

（蚂蚁队长坐在奶酪渣旁陷入思考，坐在一旁的其他蚂蚁们开始窃窃私语。）

蚂蚁A（双手比一个大奶酪）：那块奶酪可真大，肯定特别好吃！

蚂蚁B：是呀，光是那点奶酪渣肯定就十分美味了！

蚂蚁C（站起来往蚂蚁队长处眺望）：蚂蚁队长为什么要让我们坐在这里休息呀！

蚂蚁D（不屑地）：哼，肯定是支开我们，自己在那里偷吃呗！

蚂蚁E（摆摆手，皱着眉头）：你不要这样说，蚂蚁队长不会那样做的！

大树A（晃一晃树叶）：咳咳咳，蚂蚁队长支开了小蚂蚁，他到底要做什么呢？

大树B（摇晃树枝）：嘘，别出声，让我们继续看看。（树枝停止晃动）

蚂蚁队长（向旁边的一群小蚂蚁张望）：唉，现在没人看着我，我要不要吃掉这奶酪渣？

石头：果然不出我所料，蚂蚁队长要偷吃奶酪渣啦，可惜我老石头不会说话，不然肯定喊出来！

蚂蚁队长（叹了口气）：虽然很想吃这奶酪渣，但我是队长，怎么能违背自己刚刚宣布的禁令呢！（站起身，面向众蚂蚁的方向）全体起立！

（众蚂蚁起身，站直站正）

……

在重新改编的课本剧中，我看到了很多富有创意的想法。孩子们为上台的每个角色设计了台词，增加了蚂蚁队长自言自语的台词，体现蚂蚁队长在"独享奶酪渣"与"把奶酪渣分给最小的蚂蚁"之间的摇摆，让人物形象更加立体了。修改后的剧本还在原有的蚂蚁角色基础上又增加了大树和石头等角色，并为这二者设计台词，代替旁白推进剧情发展。剧本中还为人物都设计了动作和表情，让演员们不是仅仅念台词，而是真正演出角色特点。

就这样孩子们解决了人员、剧本和布景等问题后，我们开始了正式的排练。在我的统筹安排和昊昊的集中带领下，孩子们以剧本为依托完成了三次排练，排练过程中依然存在着大大小小的困难，孩子们又经历了许多的"失败"，但每个孩子都学会了从失败中总结经验，在实践中再创新，这些困难都迎刃而解。最终，我们的课本剧搬上了校园戏剧节的大舞台，在表演中蚂蚁队长身姿挺拔，目光坚定地号令全员，一众小蚂蚁整齐划一听从调配，大树、石头等配角也各自演绎出了自己的风采（见图2、图3）。而其他的辅助人员熟练操作幕布和灯光，协助搬运道具，整个剧组配合得紧密无间。在我们的共同努力下，《一块奶酪》课本剧获得了全校师生的一致好评。虽然我们的服装道具较为简陋，但孩子们从课本剧的人员安排、剧本改编中学会了从失败中学习，在学习中创新运用的道理。

图2 正式舞台表演　　　　　图3 正式舞台表演

反思总结：失败与创新，在风浪中扬帆再出发

失败是一个中性词，人们往往给它冠以贬义的含义，因为"失败"一词背后饱含泪水与悲伤。但在这次的课本剧排练、表演的过程中，失败却让我们在思考中寻找方法，从经验中再学习，于创新求变中重整旗鼓再出发。

一、"放任"有效失败，引导自发反思

我们在日常教学中是恐惧失败的，因为它可能意味着教学准备的不足、方法的不当和过程的失序，但我们往往忽略了失败也有其意义所在。皮亚杰

在认知发展理论中提出，干扰是最基本的学习，干扰会打破当前的认知平衡从而导致失衡，而学习者需要重新建立新的平衡。卡普尔（Kapur, 2011）基于这一理论展开进一步研究，提出失败有助于激活先前的知识差异化，从而为新任务带来更有效的检索。由此可见失败并不完全是一件坏事，如果失败能够促进学生的反思和生成新的问题解决方法，那么这就是一次有效的失败。在这一次学生自发的课本剧组织过程中，我以"有效失败"理论作为指导，在"首演"和初次剧本创作中放开手让孩子们自行尝试，在遭遇失败后引导孩子们思考问题所在，对课本剧的编排进行反思和梳理，最终找到了失败的原因。因此在教学过程中，作为教师不能恐惧失败，更不应规避失败，而应适时制造失败和巧用失败，以失败为契机培养学生自发反思、总结经验的能力，从而进一步促进生成解决复杂问题的新方案。

二、拓展相关知识，提供学习抓手

卡普尔将有效失败分为两个阶段，即生成期和指导期。在生成期，学生要尽力自行尝试解决一个从未接触过的复杂问题；而在指导期，教师则应介入指导，将学生的错误方案与正确解决方案对比，并传授学生目标概念。在课本剧的组织、编排遇到障碍时，我以儿童剧《洛阳纸贵》为例，引导学生观摩、反思以解决课本剧组织过程中人员、场景和道具等问题。在剧本改编陷入瓶颈时，我以《雷雨》片段、《威尼斯商人》等著名剧本的学习为学生的剧本创作搭建支架，学习剧本的创作格式和剧本创作的基本概念和原则，最终学生改编出了更加符合故事情节发展、台词和人员安排更加合理的剧本。因此在具体教学中运用"有效失败"理论时，教师不仅要在学生尝试完成复杂任务时创设情境、有意制造失败，更应在学生遭遇困难时拓展相关概念和知识，让学生在解决问题时有章可循，有据可依，避免无效失败。

三、培养创新意识，促进问题解决

课本剧的组织过程存在着许多困难，但经历了失败后的反思、相关知识的积累，孩子们走出"失败"，主动向困难"出击"。无论在人员的调配上、多媒体的应用上，还是剧本的创作上，我们都看到了许多的创新点。从失败初体验，到一次成功的舞台表演，我意识到孩子们的潜力是无限的，而我们作为教师，应该鼓励孩子们以多种方法解决问题，也许这些新方案看起来天马行空、不着边际，但它仍是孩子们思考的成果、智慧的结晶，只有让他们不断尝试，在失败中反思，在创新中继续经历失败，继续总结经验、积累知识从而生成新的方法，才能最终达成学习目标。

我想，学生的学习生涯像是一艘漂在海上的小船，而教师就像是这一艘航船上的白帆，我们可以导引航向，但不能控制航船的行进轨迹，有时需要让孩子去试错，也许孩子们会以他们"在失败中学习，在学习中创新"的精神让自己的学习生涯激发出最璀璨的浪花！

参考文献

[1]汪海荣.课本剧表演在小学语文教学中的有效应用[J].基础教育研究，2018（13）：49-51.

[2]曹鹭.有效失败与知识迁移：理论、机制与原则[J].开放教育研究，2021，27（03）：4-14.

[3]姜华.基于有效失败的不同场景信息技术教学支架设计[J].中国信息技术教育，2022（18）：41-43.

[4]甄丹蕾，刘徽.有效失败：失败的项目，成功的学习[J].上海教育，2020（26）：49-51.

[5]安德鲁·A.陶菲克，荣慧，伊克仍·超，等.从失败中学习：受挫学习的统一设计方法[J].数字教育，2017，3（06）：84-92.

借助失败实验，培养创新意识和能力

——以二氧化碳的检验实验为例

上海市嘉定区丰庄中学　郑香梅

创新意识是一种积极主动的思维方式，它能够激发个体在面对问题和挑战时寻求新的解决方法或创造出新的思维模式、理念或产品等。创新意识的培养是一个不断探索的过程，需要个体具备一定的素质和条件，同时也需要外界环境的激励和支持。只有拥有创新意识，才能具备创新的主动性。创新能力由多种能力构成，包括学习、分析、综合、想象、批判、创造、解决问题、实践、组织协调等。培养学生的创新意识与能力，可以让他们在未来的学习和生活中更加自信、勇敢、创造力十足，更好地适应未来社会的发展需求，拥有更广阔的发展空间和更多的机会。

一、培养创新意识与能力的重要性

党的二十大报告指出："我们要坚持教育优先发展、科技自立自强、人才引领驱动，加快建设教育强国、科技强国、人才强国，坚持为党育人、为国育才，全面提高人才自主培养质量，着力造就拔尖创新人才，聚天下英才而用之。"创新是一个民族进步的灵魂，是一个国家兴旺发达的不竭动力。创新是实施素质教育的一项重大课题，教育在国家经济社会发展中所具有的基础性战略地位，决定了它必须大力倡导创新精神，这是摆在教育尤其是基础教育面前的一项紧迫任务。

《义务教育化学课程标准（2022年版）》指出化学课程要培养的核心素养之一是科学思维，科学思维包括：基于实验事实进行证据推理、建构模型并推测物质及变化的思维能力，在解决与化学相关的真实问题中形成的质疑能力、批判能力和创新能力。化学课程的目标之一是发展科学思维，强化创新意识，能对不同的观点和方案提出自己的见解，发展创新思维能力，逐步学会辩证唯物主义方法论。中学阶段正是创新素养培养、创新人才成长的关键时期。化学实验是初中阶段培养创新意识与能力的主阵地之一。

二、失败实验案例——二氧化碳的检验

化学是一门以实验为基础的科学，化学上的很多成果都是通过实验得到的。教学中的实验，教师往往会进行充分的准备，但是有时也会出现实验失败的情况。实验失败可能是由于实验操作不准确、实验条件不符合要求或实验设备出现问题等原因导致的。实验失败不仅给教师带来困扰，也会让学生感到困惑。因此，有效的实验教学需要教师具备丰富的实验经验和处理问题的能力，同时学生也需要培养实验技能和分析问题的能力。

（一）无意遇到的失败

在二氧化碳的性质教学中，有一个实验就像一场魔术，那就是将大理石和稀盐酸反应后产生的二氧化碳气体通入澄清的石灰水中，学生便可以观察到石灰水由澄清变浑浊的现象。可是，在一次课堂教学中，实验出现了意外。在通了一段时间的二氧化碳后，没有出现预期中石灰水变浑浊的现象。实验失败了。

1. 组织讨论

失败实验是一个课堂生成资源，只有处理得当，才能充分发挥其教育价值。教师马上组织学生进行了进一步的讨论，探究实验失败的原因。有学生提出是不是装置气密性不好，但是马上有了反驳的声音：石灰水中有大量连续的气泡冒出，说明气密性没问题，产生的气体已经被导管导入了石灰水中。

有学生说可能是石灰水变质了，也有的说是大理石、稀盐酸变质了。有学生反驳说大理石、稀盐酸在空气中不会变质。学生的讨论热情高涨。

2. 组织探究

学生在讨论中对失败的实验提出了多个问题。其中有学生说可能是教师带来的石灰水变质了。针对这个问题，教师组织开展了一个小型的探究活动——证明石灰水是否变质。有学生想到了向石灰水中吹气的实验。前面有学生提出的假设，后面有学生提出的实验方案，这就形成了学生自己发起的一个小型探究活动。教师组织学生重新取石灰水进行吹气实验，发现石灰水变浑浊。从而得出结论：石灰水没变质。虽然探究过程非常简单，但是它具备了探究实验的几个基本要素：从提出问题到设计和进行实验，再根据实验现象得出实验结论。探究全程都是学生自主参与，教师只是从旁辅助，因此学生自身的创新意识和能力得到了一定的培养。

也有学生猜测可能是盐酸浓度导致的现象异常。于是，开启了另一个小型探究活动——证明盐酸的浓度是否干扰了石灰水变浑浊。有同学提议将盐酸稀释后再重新做实验进行对比。之后，教师指导学生用蒸馏水对部分盐酸进行适当的稀释，再重新做上述实验，石灰水果然变浑浊了。学生又经历了一个小型探究实验的全过程。

根据学生提出的猜想，利用两个小型探究实验，终于找到了实验失败的原因。探究实验是培养学生创新能力的有效途径，在激发兴趣与提高创新能力上有巨大作用。另外，学生的自主探究更优于教师或书本提供的规定好的探究。学生在自主探究过程中，更能理解各环节的意义与作用，有利于创造性思维的激发，有利于创新能力的培养。

（二）有意创设的失败

在一节有关二氧化碳的教学中，教师提问：汽水中的"汽"是什么物质？如何通过实验证明该气体是二氧化碳？接下来按照学生的回答进行了实验：打开一瓶新买汽水的瓶盖，用连有导管的单孔橡皮塞塞住瓶口，导管的另一端伸入盛有澄清石灰水的小试管。轻轻摇晃汽水瓶，使瓶内气体逸出。此时，石灰水中导管口有气泡冒出，不一会儿，石灰水逐渐变浑浊。教师继续提问：

你们观察到了什么现象？该现象说明什么？人们长期喝汽水，有利于身体健康吗？为什么？在师生的问答过程中，教师轻轻摇晃汽水瓶的动作没有停止。"老师！石灰水变澄清啦！"教师此时故意表现出疑惑的神情，学生也更加来了兴趣，纷纷参与之后的讨论。

由于教师在实验时故意拖延时间，使得石灰水中通入了过量的二氧化碳，从而出现了与预期的实验现象不一致的情况。这是教师有意设计的失败实验，是想要利用现象的不一致，引发学生的思考，让学生通过发散思维分析失败的原因，自主探索新的知识，进而激发学生的创新意识与能力。当代科学家、哲学家卡尔·波普尔说："错误中往往孕育着比正确更丰富的发现和创造因素。"有时，教师可以有意进行失败实验，引导学生从失败中获取有价值的信息。

当实际出现的现象与预期的实验现象不一致时，简单地宣告实验失败，进而结束实验，或直接告诉学生实验结果和实验失败原因是下策。上策是教师应该抓住这一有利时机，在真实的情境下，激发学生的创新意识，开拓学生的创新思维，让学生积极参与到问题的分析与解决中。不论是成功的实验还是失败的实验，都是为了学生学习相关知识与技能，培养相应的能力。失败的实验有时更能激发学生的创新思维，在问题与办法的不断碰撞中，实现思维的升华。因此，教师要掌握一些方法来灵活处理课堂上出现的失败实验。

三、借助失败实验，培养学生创新意识和能力的方法

爱迪生说过：失败是我所需要的，它和成功一样对我有价值。在化学课上出现的失败实验一样有价值。如何从失败的实验出发，激发学生的灵感，从失败的实验中取得更多的收获呢？

（一）抓住教育良机，认清教育价值，引起学生创新兴趣

由于某些原因，化学课堂上可能会出现实验的失败，例如铁丝在氧气中燃烧实验的失败，用红磷燃烧实验测空气中氧气含量的失败，二氧化碳验满的失败等。

首先，当实验失败时，特别是无意的失败，教师不能忽视这一结果，不能去掩盖这一事实，不能为了自己的颜面而用苍白的语言试图进行挽回，不能为了教学进度，为了节约课堂时间而粗暴地叫停实验或简单地告知实验的预设结果，让学生处于被动接受的状态。有些学生习惯于等待正确答案的告知，不积极思考，容易逐渐形成思维上的懒惰，从而导致缺乏创新意识与能力。失败实验是一个绝佳的教育契机。失败的实验，往往是由于实验方案、实验仪器药品、实验操作过程与方法等方面中的某一环节或某些环节出了问题。出现实验的失败，出现意外的实验现象，面对意想不到的或不明确、未知的东西，学生的思维容易真正打开，更容易进行深入的思考和探究，更容易激发出创新的东西。把握好教育契机，能够使教育更有针对性，更有实效性。

其次，教师自身要意识到失败实验所具有的教育价值——有利于培养学生严谨治学、实事求是的科学精神与科学态度，有利于激发学生的学习兴趣和探究欲望，有利于学生更好地习得相关知识与方法等。因此，当出现失败实验时，教师要有能力抓住教育良机，不轻易错过失败实验，借机引起学生的探究兴趣，给予学生思考的空间与时间，最大化地发挥失败实验的教育价值。

（二）创设平等环境，鼓励提出问题，培养学生创新意识

当实验失败时，学生对于探究失败原因很感兴趣，此时也正是激发学生创新意识的好机会。在教师一言堂的课堂氛围下，学生会不敢提问，也不会提问。若教师能够创设一个师生平等的课堂环境，减少对学生思维和行为的限制，鼓励学生积极思考、勇于提问，学生才愿意积极主动地参与课堂的活动，才能大胆地进行质疑和提出问题。可以说，有了宽松和谐的环境，学生才有安全感，才敢想、敢说，才有利于创新意识的培养，才有创新的可能。

出现失败实验，不论是无意的失败还是有意设计的失败，学生都会对特殊情况产生好奇。此时，教师通过创设平等宽松的讨论氛围，耐心倾听学生的各种意见，鼓励学生积极地发现问题、提出问题，组织学生进行充分的讨论与合作，让学生自主发现新问题、发现新知识，学生收获的知识与技能会更容易内化，将来遇到相似问题时也会更加自如地应对。有人说提出一个问题往

往比解决一个问题更重要，因为解决问题也许仅仅是一个数学上或实验上的技能，而提出新的问题、新的可能性，从新的角度去看旧的问题，都需要有创造性的想象力，而且这标志着科学的真正进步。在教学活动中就是要抓住机会让学生学会提出问题，勇于提出问题。学生在提出各种可能性时，也正是他们创新思维激发之时。初中生对于新事物的好奇心是非常强烈的，不常见的失败实验容易引起学生极大的好奇。学生在面对失败实验时，思维反而会更加活跃，他们面对着真实的、有待解决的问题，能够更加主动地提出各种不同的猜测；部分学生将问题提出时，也带动着其他同学的同步思考，课堂参与的积极性与参与度都大大提高。这是他们自己想要解决的问题，而不是教师强加给他们的问题。这在学习的主动与被动上是有区别的，相应地，学习的效果也是有区别的。面对一个亟待解决的问题，需要培养学生具有创新的意识，勇于探索，勇于提出问题，敢于提出不同的见解，有勇气、有意愿去解决该问题，而不是逃避、放弃，一味地等待他人去解决。

借助失败实验，在宽松愉悦的课堂氛围下，才能更好地提高学生的质疑能力、探究能力，发挥学生的创造才能，培养学生的创新意识。

（三）主导有效方法，助力转败为胜，培养学生创新能力

在化学实验中，失败和意外现象的出现并不可怕，反而是学生思维真正打开的契机。这时，教师应做好主导者的工作，而不是把知识直接灌输给学生。对无意的失败实验要通过继续实验、组织学生讨论、给予适当的提示、用合理的问题加以引导等方法，对失败的原因进行进一步的探索，有时也可用文献资料查阅等方法进行问题分析与原因探究，也可以形成一个甚至多个新的小型实验探究，真正让学生体验问题的发现与解决的过程。对于教师精心设计的有意失败，教师需深入理解其背后的深意，巧妙地设定教学问题，引导学生探寻答案。在上述问题的解决过程中，将化学理论知识与实验实际相结合，通过对实验设计的合理性、实验操作细节的规范性、实验步骤顺序的正确性，以及从实验药品的用量、纯度、浓度、滴加顺序等角度进行细致的分析，探明问题所在，找出实验失败的原因，真正让学生体验问题的发现与解决的过程。在分析每一种可能引起实验失败的原因时，指导学生利用相似联想、

发散思维、逆向思维等科学思维方法提高发现问题和解决问题的能力，进行创新能力的培养和提升。

初中化学教学中遇到实验的失败不可怕，失败的实验也有其特有的价值。教学中要正确对待失败，利用好失败实验，教会学生从无意的失败实验中探明失败的原因，从有意的失败实验中学习相关知识技能，帮助学生从失败实验中找到问题，学会分析问题、解决问题，在解决问题的过程中积极营造良好氛围，鼓励学生大胆创新，使学生勇于开拓，敢于尝试，通过探究活动培养学生的创新意识和创新能力，让创新意识与创新能力在学生的心中生根发芽，努力将他们培养成祖国需要的创新人才！

参考文献

［1］中华人民共和国教育部.义务教育化学课程标准（2022年版）［S］.北京：北京师范大学出版社，2022.

［2］龚春燕，龚冷西.创新教育学［M］.北京：北京师范大学出版社，2014.

［3］钱贵晴，刘文利.创新教育概论［M］.北京：北京师范大学出版社，2009.

一次一波三折的小调查

——核酸检测点温馨提示

上海市嘉定区方泰小学　傅燕萍

【理论依据】

《义务教育课程方案（2022 年版）》要求课程要坚持素养导向，体现育人为本。教师可尝试探索以项目、主题、任务等方式，与学生经验、社会生活相关联的课程，培育学生的核心素养。

《义务教育数学课程标准（2022 年版）》也指出了教学活动要引导学生在真实情境中发现问题和提出问题，利用观察、猜测、实验、计算、推理、验证、数据分析、直观想象等方法分析问题和解决问题。在夯实"四基"的基础上，帮助学生发展"四能"、增强核心素养，落实数学"三会"。

在十一项小学数学核心素养中，数据意识是其中重要的一项。数据意识，主要是指"对数据的意义和随机性的感悟。知道在现实生活中，有许多问题应当先做调查研究，收集数据，感悟数据蕴含的信息；知道同样的事情每次收集到的数据可能不同，而只要有足够的数据就可能从中发现规律"。教师要有意识地引导学生从实践中形成数据意识，养成用数据说话的习惯。

【案例背景】

社会背景：

在党的坚强领导下，在全国人民的团结协作中，新冠疫情终于离人们远去，人们又恢复了热闹、丰富的生活。但自 2019 年开始的那场长达三年的防疫斗争仍然历历在目。回顾当时，面对异常凶猛的新冠病毒，党英明地提出了动态检测的应对方针。人们按照卫健委的指示，在规定时段内完成核酸检测并及时上报，根据检测的结果安排工作或出行。

知识背景：

"条形统计图"是上海小学数学课本第三册第三单元"统计"的教学内容。经过学习，学生已经会初步采集、记录并整理简单的数据；会解读一格表示 1 或 2 个单位的条形统计图，并根据信息绘制简单的条形统计图。

2022 年 11 月，为了引导学生用数学的眼光关注社会热点、用数学的思维思考身边的事务、将所学应用于生活，在征得家长支持、保证学生自身安全的前提下，我组织班级的部分学生利用学过的条形统计图知识，开展了一次主题为"核酸检测点温馨提示"的调查活动。

【案例经过】

安亭镇方泰辖区的面积大约为 27 平方公里。当时有泰顺社区、陆巷社区、星光村、赵巷村等多个采样点。为了便于行动，经过商量，大家一致将位于宝安公路嘉松北路东南侧的方泰社区采样点作为此次活动的调查对象。周六，在家长们的陪伴下，孩子们和我仔细佩戴好 N95 口罩，来到现场开始了实践活动。

一、出师不利

到达现场以后，孩子们想到了第一个统计人数的办法是挨个数。但是现场做核酸的人比较多，进进出出，一会儿孩子们就数花了眼，此方案宣告失败。

看着孩子们垂头丧气的沮丧模样，作为指导教师的我，脑海中飞过一个补救方案。有了！孩

图 1　孩子们在入口处统计 1 分钟的人流量

子们不是刚刚学过统计的知识吗，在统计样本太大的时候，可以通过统计一部分对象推测全体呀！于是，我向孩子们提出建议：可不可以站在入口处，数一下每分钟大约有多少人入场呢？

在我的启发下，孩子们表示可以一试。于是，几人排着整齐的队伍，在入口处清点进场的人数，我则在一旁为孩子们掐着秒表计时。数了几次，得到的结果都是每分钟三十多人次。

"孩子们，1 小时有几分钟？"我顺势启发道。"1 小时是 60 分钟！"孩子们齐声答道。"那你们是不是可以根据刚才的数据进行推算呢？"机灵的孩子们在我的暗示下，立马算出来：1 小时大约有 $30 \times 60 = 1800$（人次）。因为早、中、晚每个时间段大约为 2 小时，由此估计出：每一场做检测的人数大约在 3600 人次左右。借助抽样调查，孩子们消除了"出师不利"的挫败感。

二、再次犯难

虽然通过抽样调查可以推断出早、中、晚时段核酸检测的大致人数，但这毕竟是估计，怎样才能得到详尽而又真实的数据呢？

在依靠自身力量不够的情况下，是否可以适当借助外力？我提示孩子们思考这个问题，并进行头脑风暴。"要是认识这里的工作人员就好了，他们手里肯定有确切的数据呀！"学生小钰拍了拍脑袋。"我妈妈问过一位在这里工作的阿姨，她也说不准。"学生小凡摊开双手，叹了一口气。

图 2 孩子们采访工作人员

"或许，你妈妈问的只是普通的工作人员，并不负责汇总数据呢？"我在一旁轻轻地补充道。"是呀，也有这种可能哦。"孩子们若有所思。"或许，我们应该找一下这里的直接负责人，然后采访他，不就知道了吗？"男生小轩提议。

"可是，我们都是小学生，他会接待我们吗？"女生小伊犹豫道。我想了想，孩子们说的也有道理。于是，在我的带领下，我们找到了检测点的负责人，告知来意，并进行了采访。

得知我们的来意后，负责人倒也非常爽快。他向孩子们大致介绍了工作站的运转情况，并将一些一手数据给了我们。见到宝贵的数据，孩子们立马掏出小本本，记录下来。但由于是现场速记，孩子们的记录比较混乱。

回家后，家长们纷纷反映：孩子们对着乱糟糟的数据有些一筹莫展。面对此状况，我在群里提出可以按照时段将笔记再整理一下的想法，并给出了一个简单的范本。在我的启示下，孩子们耐下心来，重新梳理数据。整理后的数据条理清晰，一目了然（如图3所示）：

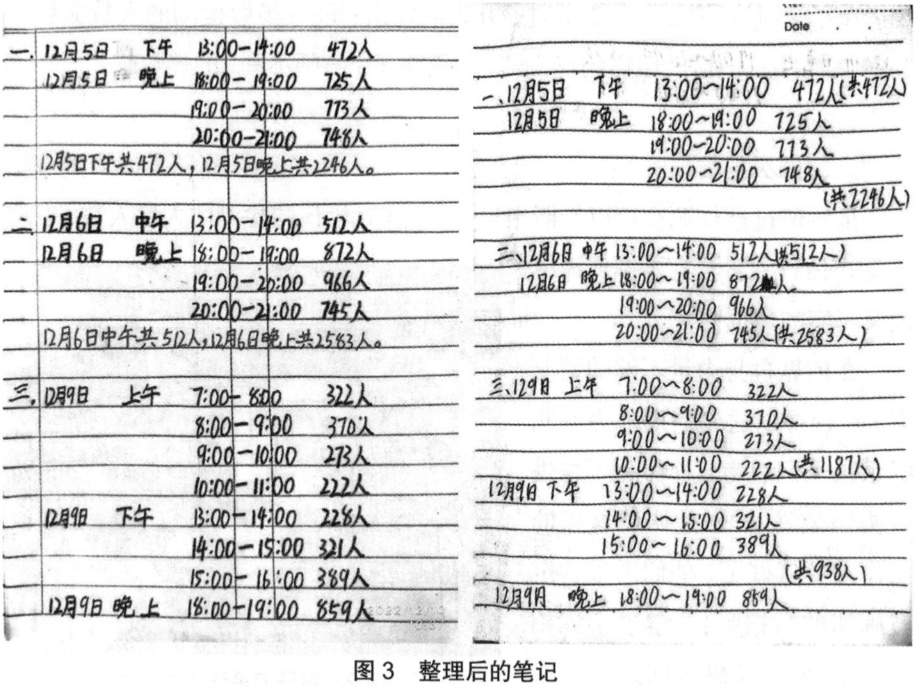

图3　整理后的笔记

在按照时段整理完数据后，孩子们还将各个时段的人数进行了累加。数据的鲜活性和说服力比以往任何时候都强。

三、如何呈现？

有了翔实的数据，离此次活动的目标——绘制核酸检测点一周早、中、晚各时段的人数统计图，并对社区民众发出"错峰检测"的倡议又近了一步。可是,该如何呈现统计的结果呢?

孩子们七嘴八舌,想到了最近刚刚学过的"条形统计图"。但是,目前所学的条形统计图涉及的数据较小,纵轴上的一格只表示 1 或 2 个单位。面对几百、几千这样的大数据,需要巨幅的纸张来绘制,耗时耗力,不可能完成。该如何处理这个新问题呢?

孩子们刚刚才高昂起来的兴致又低落了下去,犹如一根根被霜打蔫了的小茄子。于是,我启发孩子们,能不能将旧知迁移,解决眼前的新问题呢?再把问题聚焦一下,即条形统计图的一格可否表示更大的数据?

学生们刚开始认为不可以,但经过讨论后,有学生投了赞成票。学生小伊述说了自己的想法:"条形统计图是用直条来表示每个项目的数据大小的。只要每一根直条都扩大或缩小相同的倍数,对结果就不会有影响。"经过她的解释,孩子们接受了这个办法。

看到孩子们已经突破了原来的思维桎梏,我感到非常高兴。为了引导学生更深入地探讨解决方案,我提供了一张表格,帮助孩子们整理思路:

表 1　旧知与新问题的对比

疑问:如何用条形统计图表示几百、几千的数据?		
	旧知	拟达到的效果
每一格表示的单位	1~2 个	(　　)个
格子的数量	10~20 格	10 格以内
表示的最大数值	40	3000

通过回顾旧知,孩子们发现:因为一格仅仅表示 1~2 个单位,以往的条形统计图最多只能表示 40 左右的数值。如果想要表示最大值为 3000 左右的数据,又不想画太多格子增添麻烦的话,那么选择乘积为 3000 的两个因数是合理的方案,譬如:500×6=3000,或 10×300=3000 等。考虑到绘制的方便,以及数据的分割,选择绘制 6 小格、每一格代表 500 人的设计是最优的。

经过集体讨论,孩子们确定了最优的方案。解决问题的思路定下来以后,接下来的工作就变得容易多了。孩子们精心绘制底稿,小心翼翼地在纵轴上依次标出数据:0、500、1000……3000,用心勾勒直条,还非常细心地将早、中、晚的直条用不同颜色表示，以便于读者一目了然。其中，学生小轩还在父亲的指导下，初步使用 Excel 的功能，绘制了一份电子版的条形统计图。孩子们的作品如图 4 所示：

图4　孩子们绘制的带有条形统计图的海报作品

根据绘制的条形统计图，孩子们用清晰的数据，提醒社区内的人们：早上、中午做核酸检测的人数相差不大，晚上的人数较多，差不多是早上或中午的两倍；周末的数据与工作日的数据差异不大。因此，建议人们尽量在早上或中午做核酸，避开晚间的人流高峰，减少被交叉感染的可能性。

在我的鼓励和家长们的支持下，孩子们的作品在小区业主群内被公布，并得到了业主们的交口称赞。而学生们也通过此次调查活动，进一步提高了调查、搜集数据，解读数据背后规律的能力，培育了"数据意识"这一数学核心素养。

【案例反思】

一、认识"有效失败"的功能

在生活中，人们往往对成功趋之若鹜，对失败避犹不及。但其实，失败与成功乃是硬币的一体两面。在教学中，教师是否只应一门心思地追求成功，帮助学生尽量规避失败呢？

其实，这种想法是错误的。与"无效成功"相比，"有效失败"反而具有更为重要的价值。所谓"有效失败"，是指学生在问题解决的过程中虽然没有成功地解决问题，但通过充分的探索增进了对目标概念的理解，从而发生了有效学习。

经卡普尔等专家研究，以往的教学都是高结构的LP（Learning-Practice）模式，虽然LP模式能够引导学生尽量朝着预先设定的学习目标进发，减少学生犯错或走弯路的概率，但也往往存在探究空间局促，不利于学生深度建构学习的弊端。

而有效失败（Productive Failure）的教学模式尽管会让学生在学习活动的一开始产生一种挫败感，但通过小组讨论、模拟方案等活动，学生会被迫进行深度思考，产生多种最接近完整方案的近似方案，学习的迁移效果反而优于传统的LP模式，并且，学生在学习活动中的积极性与参与性会更强。

本次实践活动，为了更大程度地激发学生的潜能，秉持着不回避"值得追求的困难"、让学生经历"有效失败"的理念，我在学生掌握旧知的基础上，尝试不给出明确的探索路径，迫使学生在一次次的"碰壁"中思考对策、迁移认知、完成挑战。

二、探索"有效失败"的创设

（一）设置具有开放度的合适问题情境

卡普尔提出，当遵循"有效失败"的理念设计教学活动时，选择合适的问题情境非常重要。为了让学生尽可能地发挥聪明才智，教师应选取贴近生活、具有一定开放度的情境作为学生开展学习活动的起点；结构不良的问题方能引导学生产生多样化的问题表征和解决方案。

因此，在本次实践活动中，我结合当下的时事热点，选取了核酸检测这一情景，向学生抛出了"如何向小区居民发出15分钟核酸检测点温馨提示"的开放式提问，引导学生脑洞大开，接受现实任务的挑战。

（二）在适宜的时候提供适当的脚手架

脚手架，是教师为了辅助学生学习而设置的各种辅助物。依据功能的不同，脚手架可分为解释支架、提示支架、提问支架、强调支架等多种。利库雷佐斯等人结合有效失败和认知负荷理论，将脚手架分为三种强度：全指导、部分指导、无指导。

1. 不过早提供脚手架

过早地提供脚手架可能会限制学生的思维，使得学生疏于动脑就可获得既定的研究方案。虽然减轻了学生的认知负荷，但不利于学生思维的深入发展。在本案例中，教师都是在学生遭遇到困难、犹疑不定之后才提供的。诸如，发现一个一个数人头的方法行不通之后，我才提示孩子们是否可以选取 1 分钟的人数样本进行推算；又如，当学生想到采访工作人员的办法后，我只提议学生大致拟好采访的提纲，便着手让学生自己提问。这样做的目的是迫使学生发现：在现有的经验无法解决新问题时，必须考虑从新的路径着手。

2. 随着任务的进展而不断地调整脚手架

除了提供脚手架的时机要合适，脚手架的内容也需要根据学生研究的进展而进行调整。在本案例中，起初我以为工作人员会给孩子们整理后的完整数据，没想到实际上他给孩子们的是零散的原始数据。因此，在孩子们收集完数据，一片乱糟糟之际，我为孩子们提供了整理数据的样本，提示孩子们可以按照日期以及时间段整理数据并进行计算；又如，当孩子们发现：如果用之前学习的"一格表示 1~2 个单位"的条形统计图来表示几千的大数据，会面临彻底的失败时，我为他们提供了一个表格形式的提问支架，帮助孩子们聚焦问题的关键：一格究竟表示多大的数量才合适？从而鼓励孩子们继续深入探索，自主发现并绘制一格表示更多数量的条形统计图。

三、思索"有效失败"与创新的关系

失败与成功的辩证关系一直以来都被人们讨论着。人们常说，"失败是成功之母"。但从本案例中，我认为，还可以说"失败是创新之母"。创新常常与失败有着密不可分的关系。

（一）包容"有效失败"，是孕育创新的前提

回顾人类的发明史，爱迪生失败了无数次才发明了适用于家庭和商业环境的电灯；诺贝尔失败了 500 多次才发明烈性炸药。连天资卓绝的大发明家们都尚且如此，何况是我们稚嫩的学生。其实，失败并不可怕。"有效失败"，其实是排除了通往成功的某一条途径，缩小了正确选择的范围。如果严厉地否定学生的"有效失败"，久而久之，也就束缚了学生的创造力，致使他们不敢走前人没走过的路，只会畏畏缩缩地沿着既定的道路前行。如此，又如何会拥有创新意识？因此，包容学生的有效失败，既是对教师胸襟的考验，也是孕育学生创

新意识的必然之举。

在本案例中,教师如果在学生一开始碰壁的时候就嘲笑、否定学生,学生必将丧失继续研究下去的信心,后续的创新就无从谈起。

(二)反思"有效失败",是实现创新的要素

仅仅包容"有效失败"是不够的,在此基础上,教师还要引导学生思考:失败的原因到底是什么?可以从哪些方面进行改进?如此,才能帮助孩子们另辟蹊径,走向成功的道路。例如,在本案例中,学生起初想用一格表示1~2个单位的条形统计图表示大数据,结果失败了:费时费力,且纸张不够。在此基础上,我启发学生思考:为什么原来的画法无法表示几千的大数据?帮助学生自主发现,原来一格表示1~2个单位是思维的桎梏。打破这一限制,问题就迎刃而解了。对于小学二年级的学生来说,这又何尝不是一种突破和"创新"?

由此可见,在接受"有效失败"的基础上,引导学生反思失败的原因、追究问题的本质并实施对策是实现创新的重要因素。

参考文献

[1]中华人民共和国教育部.义务教育课程方案(2022年版)[S].北京:北京师范大学出版社,2022:4-5.

[2]中华人民共和国教育部.义务教育数学课程标准(2022年版)[S].北京:北京师范大学出版社,2022:6-9.

[3]梁雨.基于有效失败的STEM学习活动设计与研究[D].上海:华东师范大学,2022:10.

[4]Likourezos V, Kalyuga S. Instruction-first and problem-solving-first approaches: alternative pathways to learning complex tasks[J]. Instructional Science, 2017, 45(2): 195-219.

创新之火，在失败之后可以燎原

——以中班项目化活动水钟为例

嘉定区叶城幼儿园　汪佳琪

一、缘起：我们可以自制水钟吗？

进入中班下半学期之后，孩子们逐渐对时间有了初步的认识，他们知道教室的钟表、大人的手机、电视电脑的屏幕都可以观看时间，知道现在是几点。在一次午饭后，小珍和小其在饭后休息，他们一边看着教室的时钟一边聊着天。

"现在是 11 点 35 分，因为长长的黑色的针走到了'7'那里。"

"那我们休息到'8'就去玩吧！"

"我家也有钟，可以看时间，我爸爸每天也是等这根针走到'7'的时候回来。"

小锡加入了谈话，孩子们围在一起叽叽喳喳地讨论起来了。过了一会儿，他们三个跑过来问我："老师，古代人是怎么看时间的呢？"我觉得这是一个有价值的话题，就让他们先自己尝试去了解。

于是，他们围绕着"古代人是怎么看时间的"这一问题，开展了调查活动，并且进行了分享与探讨。在了解到古代人大部分是通过"水钟""日晷""圭表"等工具进行计时后，孩子们对"水钟"表现出了极大的兴趣，同时一个大胆的想法冒了出来："我们可不可以学习古人，自己做一个水钟呢？"

在老师的肯定和支持下，他们围绕着"如何自制水钟"这一驱动性问题，开展了一系列的活动。他们首先举行了一次"儿童议会"，对于自制"水钟"

进行了初步探讨。

· 儿童议会：如何自制水钟？

第一次"儿童议会"，他们会讨论些什么呢？（见表1）

表1 第一次"儿童议会"记录表

第一次"儿童议会"		
我的问题	讨论情况	解决办法
水钟的水可以怎么流？	可能是像沙漏一样，通过水的流来流去来计时。	观看视频，同伴分享，了解水钟的工作原理。
我的水钟可以长什么样？	有些幼儿想法一致，他们决定合作进行制作。	小组绘制计划书，设计水钟。
我的水钟需要哪些材料？	可能需要纸杯、吸管、胶带、剪刀等材料。	通过自己的计划书收集各类所需材料。

从幼儿关注教室时钟的那一刻开始，孩子们已经有意识地将时间的概念应用于实际生活了。从"儿童议会"中，我们可以看到中班幼儿能够围绕"如何自制水钟"这一驱动性问题，展开积极思考与讨论，并有了后续积极探索的计划。作为老师，就应该在孩子们对问题产生兴趣和探究欲望的时候，给予他们适当的引导和支持，为他们提供一个能够探索和学习的环境，培养他们自主学习和自我发展的能力。

图1 古代水钟

二、行动：水钟制作中

（一）水钟制作1.0

孩子们以小组为单位绘制了计划书，并且根据自己的计划书，收集到了想要的材料，然后开始了第一次制作。小组成员之间有的负责剪裁纸杯，有的负责折叠和装配吸管与纸杯，还有的负责使用胶带黏合各个部件。

很快，孩子们就做好了自己的"水钟"，他们迫不及待地跑去厕所进行了第一次实验。不一会儿，厕所里传来孩子们的说话声。

"我的水钟一直在漏水！怎么办呀！"一个孩子焦急地喊道。

"我的水怎么这么快就流完了，下面的杯子一会儿就满了。"另一个孩子也抱怨道。

"哈哈，你的水钟好像一个拼起来的怪物。"还有一个孩子取笑另一个孩子的"水钟"外形。

在分享环节，面对着不尽如人意的水钟，孩子们表现得犹豫不决，不知道该如何分享和讨论，几乎所有小组的实验都失败了。

"我们怎么办呢？这么做水钟不行，应该怎么改进呢？"有一位主动一些的孩子发言了。

看到孩子们有些沮丧，我安慰并鼓励他们："不要放弃，失败并不可怕，只要我们能够找到问题所在，然后改正错误，就能做得更好。"

"可是我们不知道问题在哪里，怎么改进？"一个孩子垂头丧气地说。

"我们可以从失败中找到问题所在，试着找一找问题出在哪里，然后一起想想如何改进。"

于是，第二次"儿童议会"开始了。

图2　幼儿自制水钟1.0

【我的思考】

从水钟制作 1.0 中我们可以看到，失败是一个常见的现象，并且很多时候都伴随着挫折感和沮丧。但是，失败也是一个很好的机会，可以让孩子们学会从中汲取教训，并且不断改进自己的做事方法。而老师在这个过程中起到了很重要的作用，他们鼓励孩子们不要放弃，而是要从失败中吸取经验教训，帮助他们找到问题所在，并一起想办法改进。从整体来看，这个过程能够让孩子们学会团队合作，遇到困难百折不挠，提高解决问题的能力，这些能力和精神品质对于孩子们未来的发展至关重要。

（二）"儿童议会"：如何改造水钟？

儿童议会开始了，孩子们围坐在一起，分享自己制作水钟的经历。

小轩提出了水钟容量太小的问题，希望大家帮助他，孩子们商量了一番，建议他用大大的水桶试试看。

涵涵叫道："我的水钟总是漏水，为什么呢？"他环视了一圈，然后又问道："你们的水钟也是这样的吗？"其他孩子纷纷点头，表示他们也遇到了同样的问题。

莹莹拿起了他们的纸杯，认真检查每一个细节，然后摇了摇头，"我知道了，是这个洞开得太大了在漏水。"其他孩子也跟着看了看，果然发现底部开的洞有点大。

"那我们怎么办？"大家开始讨论起来，有的孩子提出可以在底部加一层胶带来防水，有的孩子则建议用塑料杯代替纸杯。最后，洋洋说："我们能不能在下面再套个杯子，这样水就漏不出来了。"孩子们都觉得这个想法很好，他们决定尝试一下。

"我们的水钟做得很好，但是看起来皱皱巴巴的，很难看。"有幼儿提出了新的问题。

"没错，我也有同感。我们可以换一种更坚固的纸杯，然后装饰一下，这样可以看起来更好看。"泰泰给出了自己的建议。

我鼓励幼儿们一起思考解决方案，于是他们开始头脑风暴，商讨如何解决他们发现的问题，提出了许多有趣的想法，并商讨了三大改进创新方向，具体见表2。

表 2　水钟改造计划表

水钟改造		
发现的问题	失败的原因	改造的方法
一直在漏水	洞开得太大，洞口封得不够严实	制作不会往外漏水的水钟——结构创新
外形不美观	材料太软，材料不好看	使用不同材料制作——材料与设计创新
水很快流光	容量太小了	制作大尺寸的水钟——造型创新

经过第一次的失败，孩子们并没有放弃，相反地，他们更加认真地回顾了自己的计划书和制作过程，找到了问题所在，并且对自己的设计进行了反思与改进。

【我的思考】

孩子们在小组合作中绘制计划书并收集材料，开始了第一次制作。在实验过程中，孩子们遇到了漏水、时间不准确、外形不好看等问题，这对于中班幼儿来说，是一道非常难越过的坎，但是他们没有放弃，相反地，他们在"儿童议会"的讨论中，逐渐找到了问题所在，通过交流分享、共同思考改进方案，并从结构创新、材料与设计创新和造型创新等方面进行改进。在整个过程中，孩子们看到了自己的进步，而这个进步正是他们通过合作与探索取得的成果。

（三）水钟制作2.0

1. 结构创新：制作双层水钟

水钟漏水问题是大部分孩子在第一次制作中都会遇到的问题，他们开始探讨如何制作一个不会漏水的水钟。经过团队讨论，他们决定制作一个双层水钟。

孩子们收集了许多纸杯和塑料瓶，将其中一部分杯子剪小或将瓶子剪半，以便能够将两个杯子垂直地堆叠在一起，形成双层结构。在这个过程中，孩子们遇到了很多问题，例如如何保持两个杯子的位置不变，如何在上下杯子中间添加水管，等等。

孩子们开始互相讨论，试图找到解决问题的办法。一个孩子提出："我们可以使用胶带将两个杯子粘在一起，这样它们就不会移动了。"其他孩子都认为这是一个好主意，但他们不确定该使用哪种胶带，以及如何正确地将两个杯子粘在一起。于是，孩子们决定寻求家长的帮助。

小闵的妈妈非常热心，她听到孩子们的问题后，决定提供一些帮助和建议。她建议使用透明胶带，这样孩子们就可以看到两个杯子的位置，从而更容易将它们粘在一起。此外，她还向孩子们演示如何正确地使用胶带，以及如何在胶带上做标记，以便更容易将两个杯子对齐。

在家长的帮助下，孩子们成功地将两个杯子粘在了一起，不再发生位置移动的问题。

另外一个问题是如何在上下杯子中间添加水管。孩子们试图使用吸管或塑料软管，但是很快就发现这种方法行不通，无论是何种材料，水都会流得飞快。

小智的爸爸带着孩子们进行了一些实验，并向孩子们解释说：添加水管的目的是什么呢？就是为了使水可以在两个杯子之间流动，但是如果直接在杯子上钻一个小孔，水也可以顺利地流过去，而且效果会更好。于是，孩子们拿出了水笔和牙签，在两个杯子中间钻了一个小孔，让水可以自由流动，这样双层水钟就可以正常工作了。

最终，孩子们成功制作出自己设计的不会漏水的双层水钟。孩子们非常开心，欣赏着自己的

图3　幼儿自制双层水钟

创意成果，感受到了制作过程的乐趣和成就感。

2. 材料与设计创新：制作多重水钟

孩子们在决定制作外形创新水钟之后，开始了对不同材料和设计的探索。经过一番思考，他们决定制作一款外形独特的水钟，一款不同于常规的水钟。

　　在讨论过程中，孩子们激发了彼此的想象力，并最终决定制作一款使用三个杯子高低摆放的台阶式水钟——多重水钟。这种设计不仅独特，而且也更加美观。孩子们决定采用一些不同的材料来制作。他们选择了彩色纸杯和一些彩色吸管，用胶枪和胶带来黏合这些材料。

　　但是，在进行黏合时，他们遇到了一些问题：三个杯子的黏合对于中班幼儿来说有些困难，为了解决这个困难，他们决定向家长们寻求帮助。

　　家长们非常支持孩子们的创意，给予孩子们很多的帮助与指导，并利用胶枪等工具帮助孩子们完成了三个杯子的黏合。在家长和孩子们的共同努力下，这款特殊的水钟得以完成。

　　最终，孩子们成功地制作出一款非常特别、美观的水钟。他们为自己的成就感到自豪，并且很兴奋地尝试用它测量时间。这个外形创新的水钟不仅美观，而且也能够记录时间，让孩子们更加深入地理解了物品的外观和设计对于制作过程和结果的影响。

图 4　幼儿自制多重水钟

3. 造型创新：制作大尺寸水钟

　　孩子们在决定制作大尺寸水钟之后，开始了对大尺寸材料的搜索。每个孩子都有自己的想法，有的想到了使用大水桶，有的想到了使用大饮料瓶，有的则想到了使用塑料盆。在讨论和投票之后，大塑料瓶最终被选定为制作大尺寸水钟的材料。

　　接着，孩子们开始了新一轮的制作。他们认真地按照设计图纸进行剪切、粘贴和组装，以确保最终的水钟能够按照他们的期望正常运作。在制作的过程中，孩子们相互协作，互相帮助，展现出团队精神和创造力。最终，他们成功地制作出了一个大尺

图 5　幼儿自制大尺寸水钟

寸水钟。这次水钟容量足够大，能够记录的时间也比之前更久。这不仅让孩子们感到自豪，也帮助他们理解了物品的尺寸和材料的选择对于制作过程和结果的影响。

【我的思考】

在第一次的水钟制作失败后，孩子们从失败中学习并进行了改进。通过对水钟结构和材料的再次探索和尝试，孩子们有了新的创新性的设计，如双层水钟、多重水钟和大尺寸水钟。这些设计不仅解决了漏水的问题，而且让水钟更加美观和实用。

孩子们在制作水钟的过程中，也锻炼了自己的创新思维和实践能力。他们尝试了不同的材料和结构，通过自己的探索和尝试，找到了最适合的解决方案。同时，在制作的过程中，孩子们也学会了相互协作和帮助，展现出团队精神和创造力。

在水钟制作过程中，失败是不可避免的，但是孩子们通过对失败的理解和反思，找到新的意义和价值，并且创造出了更好的产品。这种创新和探索的精神不仅可以帮助孩子们在未来的学习和生活中更好地面对挑战，还可以促进他们的个人成长与发展。

三、教师的思考

（一）以失败为踏板，寻找新的起飞机会

《3—6岁儿童学习与发展指南》提出，"幼儿的学习是以直接经验为基础，在游戏和日常生活中进行的"。鼓励幼儿从失败中寻找经验教训对幼儿的成长和发展有着深远的意义。在水钟制作活动中，幼儿可能会面临许多挑战和困难，教师可以通过引导和激励，帮助幼儿从失败中获取经验教训。

在实践中，教师可以引导幼儿进行反思，例如在制作水钟的过程中，每个孩子都可以回顾自己的制作过程，思考自己成功与失败的经验，并与其他孩子分享自己的经验和想法。通过分享和交流，幼儿间可以相互学习、互相启发，不断探索和发现新的创意和解决问题的方法。当幼儿发现水钟漏水时，他们可以思考如何改进结构和制作方法，例如增加密封圈、改变杯子的摆放

位置、采用更好的胶水等。通过这样的过程，幼儿可以逐渐掌握解决问题的方法和技巧，并在失败中获得更多的经验和知识。

教师在这个过程中可以充当引导者和观察者的角色，帮助幼儿发现问题并思考解决方法，同时也可以观察幼儿的思维和行为，为他们提供反馈和鼓励。通过引导幼儿们从失败中总结经验教训，培养他们的批判性思维和解决问题的能力，使得他们在制作水钟这样的活动中获得更多的收获和成长。这样的方法不仅可以帮助幼儿提高解决问题的能力，还可以有效培养幼儿的创造力和创新精神。

（二）以失败为契机，促进想象大胆创新

对于幼儿来说，失败不是一件容易接受的事情，因为他们很容易把失败和自己的价值联系在一起。因此，教师可以引导幼儿理解失败是一种正常的、自然的现象，每一个人都会面临失败。同时，教师也可以帮助孩子们分析失败的原因，并让他们从失败中发掘出可以改进的方向和契机。此外，教师还可以引导幼儿正确看待失败所蕴含的积极意义。通过失败的经历，幼儿可以学会如何面对挫折和困难，并逐渐培养出坚韧不拔的品质，也可以从中获得创新灵感，激发创造力和想象力。

以失败为契机，促进创新是一个非常重要的教育理念。在这个活动中，幼儿制作水钟可能会遇到很多挫折与失败，教师可以引导幼儿将这些失败看作是一种学习和成长的机会。幼儿可以通过反思自己的错误，找出问题所在，并尝试进行改进。例如，在制作水钟的过程中，幼儿发现他们的水钟出现了漏水的问题，于是他们会通过重新设计、更换材料等方式进行改进，从而设计制作出更好的水钟。

在每次失败中，幼儿通过观察、比较、反思、调整等，学会发现问题、分析问题、解决问题，这一过程对其学习习惯和品质的养成都有着积极的影响，从而形成受益终身的学习态度和能力。

（三）以失败为起点，各方支持不断探索

在项目化学习中，幼儿只有不断进行探索，才能解决各种问题，获得成果，而每一次失败，都代表着一次新探索点的发生。因此，教师和家长需要为幼儿的学习与发展提供更广阔的空间，给予更多元的支持，为幼儿的不断探索助力。

1. 环境支持：基于幼儿探究活动的需求，为幼儿提供充分的探索环境及空间；教师要充分体现"儿童为主"的理念，鼓励幼儿主动参与，自主讨论、共同决策各种计划、实施的方案和操作等，让孩子成为探究的主人；引导幼儿通过多元的思维工具记录并收集自己的问题与发现。

2. 经验支持：通过启发性提问激发幼儿进一步探究的兴趣，运用多媒体记录、问题板互动、记录墙、小叶探究手账等梳理幼儿的探究过程，及时经验总结，提升幼儿学习经验。

3. 多元资源支持：通过整合幼儿园园内、家长和社区资源，形成"三育并进"，共同为幼儿的项目化探究活动提供资源支持，为幼儿的不断探究提供有力保障。

四、后续思考

项目活动结束了，但探索仍在继续。在实施和构建活动的过程中也引发了我一些新的思考：

（一）培养儿童的创新意识和实践能力

兴趣是幼儿学习最好的老师，在之后的项目化活动中，教师可以鼓励儿童进行多次尝试，并为儿童提供一些有趣的创新思维启发活动，如设计挑战、头脑风暴等，进一步培养儿童的创新能力。水钟活动不仅仅是一项简单的项目化探究活动，更是一项能够培养儿童创新思维和实践能力的教育活动。因此，教师可以将创新教育的理念融入教学中，鼓励儿童提出想法、解决问题。

（二）鼓励不放弃的态度

不放弃是一种非常重要的意志品质。作为教师，我们要鼓励孩子不放弃，引导他们学会从失败中吸取经验和教训。而这种教育应该贯穿于整个教育过程中。同时，不放弃也是一种重要的社会价值观，能够让我们在生活和工作中更加自信和勇敢。在教育中，我们应该通过各种方式，让孩子们认识到这种价值观的重要性，并在实践中不断磨炼心性。这样，孩子们才能更好地应对未来的挑战和困难，成为拥有独立思考、创新思维和坚韧意志品质的合格社会人才。

户外建构游戏中培养幼儿创新素养的支持策略

——以中班"汽车进化史"为例

上海市嘉定区黄渡菜茵幼儿园　王　瑶

创新素养主要涵盖创新人格、创新道德素养等在内的创新品格，以及发散思维、聚合思维、批判性思维等在内的创新能力。对幼儿来说，创新品格指向好奇、好问、坚韧、坚持等品质；创新思维指向发散、批判、逻辑等思维；创新能力指向协商合作、解决问题、技术应用等能力。在提升幼儿创新素养的活动中，教师不仅要关注学习者知识的习得、保持与迁移，还要能促进幼儿批判性思维、创造力、协作解决问题能力以及兴趣与参与度的提升。户外建构游戏的实施是"保证每天户外活动时间不少于2小时"的落实。近年来，教师在组织户外建构游戏中发现，幼儿常常会碰到一些困难，如：搭建时间不够；不知道自己要搭什么；搭到一半搭不下去了；搭出来的和自己想象的不一样等。为解决此类问题，我们走进现场观察分析，提出三大支持策略，在助推幼儿深度学习的过程中建构幼儿创新素养。

一、时间不足引发的失败——适度等待，给予充足的自主探索机会

《幼儿园保育教育质量评估指南》中提到："充分尊重和保护幼儿的好奇心和探究兴趣，相信每一个幼儿都是积极主动、有能力的学习者。"幼儿的成长就是在"玩中学"，通过对幼儿建构行为的观察，发现他们在建构中的创造性行为

往往在游戏时间过去30分钟后才逐渐出现。因此，在新材料投放初期，幼儿动手动脑探索新事物时，需要提供充足的探索时间和宽阔的建构空间来满足他们的好奇心和兴趣。在探索过程中，幼儿专注解决问题时，教师不急于介入，重在观察分析他们的行为。当幼儿碰到无法自行解决的问题，或主动向教师寻求帮助时，教师则需要提供相应的支持。教师相应的支持使幼儿在积极探索、探究问题的过程中获得深度学习的机会，有利于促进幼儿创新素养的提升。

【案例】这是一辆能坐的车

片段一：幼儿园投放了一套大型洞洞户外建构积木。游戏中，赫赫和笑笑决定一起搭汽车。笑笑拿了木板架在"车轮"上，赫赫推动车子，"车轮"滚了，积木散架了。赫赫说："一点也不牢固，轮子一滚，积木就掉下来了。"笑笑说："我再来试一试。"可结果仍然没能固定，笑笑说："我们还是不要动了。"就这样，赫赫和笑笑的"大工程"似乎停滞了。

片段二：赫赫在材料区来回徘徊，教师继续观察。他停留2分钟后发现了和木板一样颜色的黄色连接件，插入洞洞后刚好能固定积木。这时游戏结束时间到了，幼儿的搭建没有完成，但他们仍兴致高昂、专注，教师决定延长10分钟。

片段三：赫赫拿了两根圆管积木当排气管，这时他发现安装不上去，黄色连接件与圆管积木不匹配。于是，他重新找到另外两种对接件。车子完工，笑笑开心地坐上了小车（见图1-1）。

片段四：幼儿通过各种资源了解不同车的造型和构造，经过一周，幼儿搭建了有创意的车，有的装上了控制器和挡风板，有的改造成坦克大炮的造型（见图1-2）。

图1-1　能坐的车　　　　　　　　图1-2　各种造型的车

（一）弹性化课程边界，等待幼儿满足探索欲望

新材料投放初期，幼儿需要与材料进行"磨合"。当他们决定要搭建的主题时，往往游戏时间已经过半；当游戏结束时，有的幼儿搭建还没成型。如果发现大部分幼儿还处于搭建的关键时刻，教师不妨尊重幼儿游戏的节奏，弹性化课程边界，例如：利用自由活动和午睡前的碎片化时间进行小组活动；在集体活动中对幼儿游戏的经验进行分享和交流；在户外角色游戏时还可以使用积木来创设游戏环境等，把四大课程相融合，给予幼儿充分自主、自由的探索机会。

（二）持续观察识别，等待幼儿发现关键问题

对幼儿的观察要有持续性，在观察中发现幼儿对新材料的组合方式存在困惑，教师并不是直接介入，而是继续等待，观察他们的行为。幼儿在材料区主动寻找新的材料，尝试后发现了解决问题的关键，即孔和洞可以通过连接件连接。幼儿对自己感兴趣的事总能很快发现问题、尝试解决问题，并把获得的经验迁移到游戏中。在第二次探索中，当赫赫发现积木组合不牢固时，他能寻找其他连接件，并通过动手操作和比对，选择大小适合的零件。

（三）整合新旧经验，等待幼儿积累认知经验

基于中班幼儿有一定的建构经验和水平，对于汽车也有初步的认知，在建构中，赫赫清楚地知道汽车的组成部分有四个车轮和座椅，还能关注到排气管这一细节。为进一步拓宽幼儿创新思维和想象，我们利用家长资源，找找身边或书上的车，鼓励幼儿在建构中尝试设计更多不同造型。

二、反复试错中的失败——捕捉价值点，推进幼儿持续性深入学习

幼儿面对建构中的问题时，在尝试不同的解决方法中出现了反复试错的行为，这是一种"有效失败"，是深度学习的一种表现。反复的尝试不仅能促进幼儿知识的习得、保持与迁移，还能促进批判性思维、创造力、协作解决问题能力以及兴趣与参与度的提升。这时，教师要善于观察幼儿的行为表现，

捕捉价值点，利用观察量表（见表 1）进行客观记录和分析，把握幼儿的最近发展区，在已有经验和目标经验之间架构桥梁，发现幼儿创新品格、思维和能力，推进幼儿持续性深入学习。基于建构游戏观察，教师根据幼儿已有经验提出驱动性问题，引发他们思辨、质疑、尝试、调整，积累解决问题的经验，从而获得更高水平的认知和建构能力。

表 1　建构游戏观察量表

	内容	水平	案例
建构水平	平铺		
	延长		
	围合		
	堆高		
	盖顶		
	接插		
	镶嵌		
	排列		
	交叉		
	螺旋		
	搭桥		
	表征		
数学核心经验	模式与对称		
	数量比较		
	数数		
	数符号表征		
	几何图形		
	空间方位		
	测量		

（续表）

	内容	水平	案例
学习能力	问题解决		
	推理与证明		
	交流		
学习品质	兴趣		
	专注		
	坚持		
	合作		

【案例】双人汽车诞生记

片段一：涵涵想要搭一辆能坐两个人的车，尝试了多次没能成功。当涵涵要放弃时，为了激起他的探索欲望，教师组织幼儿小组思考讨论。

教师：车身能延长吗？

程程：不能，两块木板叠起来后就插不进车轮里了。

乔乔：我搭乐高的时候是两块积木靠在一起，在拼接隙缝的上面再搭一块连接。

一一：但是这个不能扣下去。

教师：那洞洞积木是怎么连接的呢？

涵涵：连接件。

程程：木板很薄，中间无法插进去固定。

乔乔：有厚的方形积木，它的侧面有洞洞。

讨论结束后，涵涵和程程开始动手尝试。

片段二：新的问题产生了。积木太重，程程建议中间拿掉一块，涵涵认为这样太短。两人到材料区找到一块侧面有洞的小积木继续尝试。由于重力影响，中间的小积木还是向下沉。涵涵认为可能是连接件坏了，于是又重新替换新的上去，但仍然没有成功，心情沮丧。程程寻求教师帮助，教师为他介绍了螺丝钉。两人把四个孔的连接件都安装上了螺丝钉，车身就变得非常稳固，在两人的合力下，搬上了车轮，完成了双人汽车（见图1-3）。

螺丝钉

图1-3 双人汽车

片段三：分享交流中，教师请涵涵演示一下如何固定住延长的木板，涵涵说："我一人没办法拧螺丝，要有人帮我托住两块木板。"涵涵请了朋友来帮忙，两位幼儿合作，成功完成双人车的搭建后显得很有成就感。幼儿明确了合作需要两人协商，一起合力完成一件事情。

（一）捕捉幼儿关键问题，引发思维碰撞

涵涵在搭建汽车时产生了新的想法，却遇到了问题。于是教师引导小组展开讨论，有目的地进行引导提问，引发幼儿思考车身延长的办法，幼儿各抒己见。同伴间产生了思维碰撞，有认同、有质疑，能迁移乐高积木的建构经验，同时也能发现两种积木之间的区别。对此，教师通过驱动性问题"洞洞积木是如何连接起来的？"引发幼儿有目的地观察积木特征，根据积木组合特性来寻找合适的延长方法，解决困难。

（二）捕捉幼儿有效失败，肯定反复试错

有效失败本质上指发生在学习者身上的一种学习现象或机会，使得表现上的失败和有效学习同时发生。对幼儿而言，就是把不理解的地方弄明白，在不敢做的事情上有突破。活动中，幼儿的探索经历了尝试、失败、讨论和调整这四个循环过程，见下表：

表2　幼儿的探索过程

	尝试	结果	讨论	调整
第一次	选择三块长积木	失败	积木太重	中间积木变小
第二次	选择两块长积木，一块方积木（小）	失败	连接件损坏	替换连接件

（续表）

	尝试	结果	讨论	调整
第三次	连接件更换	失败	寻求帮助	发现螺丝钉
第四次	拧上螺丝钉	成功		

当幼儿经历三次失败后，他们的自信心受挫，教师对于他们反复试错解决问题的学习品质要及时肯定。当幼儿寻求教师帮助后，要判断他们是否有能力和经验解决该问题，再给予相应的帮助。活动中幼儿把连接件错认为是螺丝钉，对两者区别有较为模糊的认知，于是教师为幼儿演示两者如何使用，解决连接不牢固的问题。当幼儿明确了使用方法后，他们能根据经验判断，对不稳的地方进行加固。虽然幼儿经历了三次失败，但他们的失败是有效的，在动手操作实践中，他们做到了不放弃，解决问题的能力提升了，同时他们还理解了抽象的数学概念，发展了方位感、空间感知能力、创造力。

（三）捕捉幼儿创新能力，推动协商合作

中班幼儿的合作意识刚刚萌发。从涵涵和程程的互动中，我们能发现两人始终都在相互沟通，交流问题，协商办法，为了能搭好双人汽车一直在尝试和努力，这是幼儿良好的创新能力的体现。因此，在分享交流中，教师请幼儿现场示范搭建的关键步骤，诱发幼儿产生自主合作的动作，并激发幼儿回忆自己合作的经验，进一步理解协商合作的含义。

三、经验不足引发的失败——提供隐性支持，为幼儿架构经验桥梁

幼儿经验的不足会引发许多搭建过程中的失败，同一个问题反复尝试多次仍然没有成功，也找不到其他解决的办法，就容易放弃，这时教师的隐性支持就非常重要。隐性支持是指在培养幼儿创新素养的过程中，并非直接告诉幼儿结果，而是采用多元化的支持方法，推动幼儿主动学习的一种策略；为幼儿架构经验桥梁，凸显幼儿主体性的一种策略。本次活动中，通过环境暗示、提供教育资源、多元评价来实现隐性支持，幼儿与环境、材料、同伴进行三方

互动，间接获得经验的积累。在这个过程中，幼儿得到了思考的机会，主动获得新认知，汲取新经验，获得了自主建构与深度发展。

【案例】不一样的机甲坦克

片段一：星星和小永想要一辆大到人可以坐进去的坦克。两人选择了用长管和圆形积木组合，小心翼翼铺上木板，可是轻轻一碰，木板倒下了。两人拆除一段管子，把坦克变小一点，重新组装好，装上大炮。当星星踩上木板时，木板又往一方倾斜。两人又调整木板进行了两次尝试，结果仍然不成功（见图1-4）。小永抓着头，闷闷不乐地

说："总是掉下去，一点也不牢固。"星星说："因为管子是圆的，所以总是滑下去。""没有办法了，我不想再拆了，再拆坦克越来越小。"在两人的对话中建构游戏结束了，他们情绪有点失落。

图1-4 倒塌的坦克

片段二：回到教室，教师引导他们把自己的心情记录在心情墙上（见图1-5），同伴为其贴上了"爱心""笑脸"的标志表示关心和鼓励。在分享中同伴为他们"出谋划策"，讨论解决的办法。同时，教师提供图册（见图1-6），发现幼儿在自由活动时能自主翻阅研究。

图1-5 心情记录

图1-6 图册

片段三：在后续建构中，幼儿尝试了各种各样外形不一、功能多样的坦克（见图1-7），幼儿的作品呈现出了多种创新。在分享交流时，幼儿能自主记录游戏故事并大胆表达，星星说："我和小永搭了一样的大炮和塔台，炮弹能往天上发射，保护我们的家。"小易说："我和他们在对战，我有坦克、飞机和轮船。我还给坦克加了一

个控制台,这样就能自动驾驶,更方便。"教师欣赏着这些有创意的作品,一对一倾听他们有趣、有爱的游戏故事,肯定和赞赏他们的创新想法,激发他们的创作动力。

图1-7　创新坦克

（一）支持情感表达,创设情感表达环境

幼儿建构的机甲坦克虽然成型但最终没能坐上去,失败带给了幼儿失落和不甘心。教师关注并缓解幼儿的消极情绪,肯定了他们勇于创新、有新想法的学习品质。教师语言的肯定给予幼儿一定的心理安抚,但从幼儿视角来看,他们缺少了表达自己情感的途径。于是,教师在班级中创设心情墙,为幼儿提供情感表达的环境,幼儿可以记录自己的心情,同伴间可以录音进行互动和鼓励。

（二）支持创新建构,提供多方教育资源

从幼儿建构现场看,洞洞积木的可玩性较高,但也存在一定的局限性。在材料投放上,幼儿和教师需要讨论并共同收集辅助材料,选择适宜的积木组合。为支持幼儿的想象与创新,教师投放了图册、绘本、纪录片等信息资源,供幼儿自主翻阅查看。同时,教师也梳理出丰富的教育资源供亲子活动（见表3）,家园合作为幼儿搭建经验支架。

表3　教育资源汇总表

教育资源	社会教育资源	上海汽车博物馆
	家长教育资源	1.家长带领幼儿寻找、调查生活中的车。 2.教师邀请汽车相关行业的家长进课堂讲解。

（续表）

教育资源	信息资源	图书类	《DK 汽车大百科》《如果我是汽车设计师》《寻找奇奇怪怪的车》《坦克，冲呀》
		网络类	纪录片：《超级工厂》《汽车百年》《超级卡车司机》

（三）支持多元评价，搭建经验互通平台

多元评价方式能满足幼儿的表达欲望，教师多维度评价幼儿的发展，促进师生互动、生生互动。多元评价主体有自我评价、同伴评价及教师评价。本次活动中，自我评价主要以游戏故事的形式呈现，幼儿把建构作品或游戏中有趣的、精彩的故事记录下来，分享给同伴和教师。同伴评价是对同伴的建构作品及游戏故事表达出自己的赞同、质疑、建议等，以便在下次建构活动中更好地实现经验迁移，获取新经验，为下一次的尝试做铺垫。教师评价是教师在一对一倾听幼儿的表达后，对幼儿表示肯定，并分析幼儿经验水平，从而获得创新素养培养的契机，提出有效支持幼儿创造能力发展的支持策略，形成有针对性的支持性评价，帮助幼儿在成功的体验中强化创新行为，培养创新素养。

在建构游戏中，幼儿始终保持着热情。他们能热衷、坚持、专注于自己的搭建；他们能理解和迁移经验，尝试多次解决问题；同伴间能互动交流、思辨质疑、协商合作。对教师而言，学会适度等待，捕捉价值点，提供隐性支持能有效助推幼儿的深度学习，提升他们的创新素养。

参考文献

[1] 师保国，刘霞，余发碧.核心素养视域下的创新素养内涵及其落实[J].课程·教材·教法，2017，37（02）：55-60.

[2] 梁雨.基于有效失败的 STEM 学习活动设计与研究[D].上海：华东师范大学，2022.

[3] 周颖.大型户外建构游戏中幼儿深度学习的支持策略[J].教育导刊，2021（01）：26-30.

反思成长篇

寻觅：陈败·新思

——以初中英语听说课 find penfriends 为例

上海市嘉定区马陆育才联合中学　陈晓佳

我时常在想，完成既定的课时目标、达到单元教学目的，是否就完成了一个单元的教学？在经历了若干个单元教学后，我是否就成功完成了一个学期的教学任务？直到遇到牛津英语七年级上"penfriend"这个单元，主题看似符合"知行合一"，实则已渐渐远离了我们高速的生活。于是，我开始带领孩子们寻觅本单元中令人"不适"的部分。

一切源于作为网络时代"原住民"的这群孩子对于网络交友得心应手，但是本单元的主题"penfriend"与他们有着很大的距离感。如果忽视这种"不适"，或许教会孩子们相应的句式和相关的书信格式便好了。但学生们在创设的情境中流露出失败过后真实的悲伤，我想，引导他们发现、接纳自己的失败，未尝不是一种人生成长经验的寻觅。

一、引导接纳——在失败中尝试寻觅

为学生创设适合学习的真实情境，方可将本节课更好地展开。本节课的主题是寻找笔友，作为教师的我也在寻觅适合这群对网络交友得心应手的孩子们的真实情境。也许交笔友对于他们来说是一件十分遥远的事，倘若能将书信格式的教授与网络交友的安全性相结合也不失为一节很有教育意义的课。选择他们在网络中常能瞧见的登录注册界面，引用真实的 international penfriend 注册界面。孩子们似乎对这一个话题产生了兴趣。课堂氛围热烈，毕竟这一次是选用了非母语，去结交一位来自一位异国他乡的朋友啊！

（一）热闹下的黯然——失败初现

课堂的 40 分钟不能给予学生足够时间等待一位来自他乡笔友的回信，因此这节课只能让同学们书写自己的 personal files，随机交换后，模拟网络另一端的笔友在阅览了"远方"传来的个人信息后进行匿名选择。通过情境创设，提高孩子们的参与度。

课堂热闹非凡，也有黯然失色。没有收到回信的学生中，有的低下头，盯着手里那张来自"远方"的个人信息表，一言不发；有的露出不解的表情，仿佛在向"世界"的另一头呐喊"为什么不选我？"有的露出不屑的表情，"不谙世事"的他们似乎因为没有交到笔友而早就拆穿了这是来自老师的一场谎言。激烈讨论之后，一部分学生寻觅到了笔友，而另一部分学生寻觅到的不是笔友，而是扑面而来的失败感。

（二）放缓速度——认识失败

以往这堂课应该在寻觅中结束了，课堂的书信结构教授完毕，所采用的句型也训练到位。总结一下便可以伴随着悠扬的下课铃结束这场跨国寻友之旅。但这一次这几位小小笔友的失败表情让我想要驻足，想让孩子们寻觅一下问题出现在哪里。我未让孩子们总结这堂课学到了什么。我说："Do you think you really find a penfriend now?" 有的孩子骄傲地点了点头，满足的神情就差下课铃给予十几秒的伴奏了。

那几位黯然神伤的孩子突然抬起了头，眼里满是失败。是啊，在这群初中生眼里，一声朋友大过天！我怎么能就此结束。"Keep the personal files. I found some of you find a penfriend, but some didn't receive a message from the international penfriend. So we haven't finished the exciting trip. Would you like to share the reason why you didn't want to make penfriend with the person on the personal files?" 这个问题的引出无疑会让这堂课没有一个较为完整的结束。但让孩子们在失败中寻觅原因或许更有意义。

令我感到惊喜的是，原先句型训练中参与的大部分孩子是成功寻觅到笔友的那一群。而这一次，一位不愿服输的男孩立即举起了手，调整呼吸后，有条不紊地说："I don't have enough time to make my files!"周围的同学投来眼神仿佛在说"至于吗？"于他而言他似乎是说出了憋在心中多年的委屈一般如释重负。"I wouldn't like to make a penfriend with a girl." "There is so little information."他们络绎不绝地寻找着这堂课中未能寻觅到笔友的理由，比起在有限时间内没能完成任务，似乎更多的是来自孩子们的抱怨。下课铃步步紧逼，我忽然意识到既然时间不够，如若心急吃不了热豆腐，那何不慢慢来。

（三）用寻觅取代抱怨

我叫停了孩子们的七嘴八舌，他们有的在抱怨，有的若有所思，有的在等待下课铃声。"我接受你们的理由，也倾听你们的抱怨。似乎你们依旧没有解决这个问题，今天的寻友之旅你们好像失败了呀！"听到这句话，孩子们安静了，黯然神伤似乎又挂上了他们稚嫩的脸庞，仿佛失去了人生挚友一般。在面对他们如此强烈的情感变化时，我一边欣喜对于与学生生活稍有脱节的课本内容所创设的情境是合理的，但扑面而来失败的失落感似乎成了他们更大的人生困惑。

"Well, all of you want to make a penfriend but some of you failed in finding an international penfriend this time. For the homework, you are going to find the reasons why you haven't got one. And the reasons why there's someone who chose you. We will try to make a penfriend again in next class."我临时更换了回家作业的内容，同时也为这一单元增加了一课时。人生不会一帆风顺，应给予孩子们寻觅失败的机会，哪怕最后依旧是失败。

二、反思——在寻觅中不断创新

日常教学的节奏比较快，我知道让孩子们认识到这一次失败并寻觅的时间并不多。课后作业的改变给予了学生思考的空间和时间。他们有了更多可以进行反思的机会，不论是参考自己在空闲时间创设的个人信息表，还是寻找成功的同学交流和分享经验，都能帮助他们寻觅自己失败或是成功的原因。

（一）寻觅失败的原因

从学生递交的作业来看，课堂中对于寻找笔友失败的学生，总结和归纳的理由有：（1）书写个人信息表的时间并不充裕。（2）个人信息不丰富或混乱，导致吸引力缺失。（3）也许样本范围太小，并没有志同道合的人。（4）羞于发表个人观点，未能尝试表达自己的想法，实则有可以选的对象。（5）不喜欢写信。

课堂中成功找到笔友的学生，总结归纳以下理由：（1）有志同道合的选择。（2）想要尝试一下新鲜的交友方式。（3）个人信息表内容丰富，有吸引力。

（二）陈字见新

常见教学多是"先教后练"，结构上体现"由高到低"的教学顺序。而有效失败教学则鼓励"先练后学"，在结构上体现"由低到高"的教学顺序。教师通过教学干预（延迟提供支持等）有意设置困境，让学习者尝试自行解决问题，在此过程中学习者因为知识的缺失会产生错误，遭遇失败。在经历探索、整合两个阶段后，教师再根据需要进行必要的指导。教学开始不提供结构化教学。当学习者陷入困境遭受挫败时，继续推迟支持，让学习者在困境中探索，进一步引发认知冲突。第一次，学习开始时提供，帮助和材料有限，不足以帮助学习者顺利解决问题。第二次整合阶段完成后，教师提供足够的支持，帮助学习者理解并掌握新知。

本节课的第二课时展开了，依旧是国际笔友交流网站的情境创设，也依旧是个人信息表的制定。这一次孩子们眼里充满了"视死如归"的野心，仿佛在向我宣誓本节课一定能成功；也有"洋洋得意"的坦然，似乎上一节课成功了，这一次成功也定属于我；更有"暗自神伤"的无助，仿佛是在承认我一定不会再成功了。我深吸一口气，"Let's begin！"他们不知道的是，这一次我改变了寻觅笔友的范围，改变了课堂的顺序。如果依旧按照先创设个人信息表，交换后再表达，那与上一节课并无不同。陈字见新，这一次学生的失败将转为一次新的挑战。

由于是前一节课的延续，本节课我直接向每一个小组下发了几份来自"远方"的信息表，表格的量是之前的三倍之多。学生们用英语认真地讨论寻觅着，都期望着能从茫茫人海中选中那位"异国他乡"的笔友。很快孩子们都露出了满意的笑容，我给了 5 分钟，试着让他们回想自己的信息表和书写的理由。紧接着在没有其他要求下，给了孩子们 15 分钟重置自己的信息表。我的内心是忐忑的，他们真的能不再重蹈覆辙吗？他们的反馈是积极的，有的孩子甚至拿出了自己压箱底的水彩笔、彩色卡纸。是的，我没有给他们任何的限制，绘画创作也不再拘泥于性别。学生个人信息表的创新，在无形中给予我再上一个课时这个选择的肯定。

（三）力求创新

学生并没有忘却前一节课教授的个人信息的基本框架，之前失败的学生，做出了以下改变：（1）增加个人信息的内容，包括兴趣爱好的种类、家庭成员的丰富度。（2）在先前给予的模板中，改成了更规整的排版，使得个人信息一目了然。（3）增加了一些绘画创作，色彩鲜明。以上对于个人信息表的创新我并未给予明确的指导，是学生通过反思、比较再反思所产生的个性化输出。课堂中不免有部分学生迟迟未能下笔或是对于个人信息表的创新幅度较小，但他们正在失败中创造更好的自己，也在成功中不断完善自己。

三、再接纳——在创新中接受失败

这一次，孩子们的脸上露出了满意的笑容。创新一定会带来成功吗？爱迪生曾说：失败也是我们所需要的，它和成功对我们一样有价值。是的，经过了课时增加，流程再造，依旧有学生未能成功在所谓"茫茫人海"中寻觅到一位笔友。他们是失败的吗？答案为否！

（一）失败再现

在第二堂课中，学生也分享了自己未能找到笔友的原因。他们有的考虑到网络交友安全，从一开始就不愿多透露个人信息；有的认为写信太费时间，对于收到回信的期望度并不高；还有的认为交友是志同道合的事，若刻意迎合他人，友谊也并不会长久。这是来自初一学生在真实课堂中的真实反馈。

听完我的内心久久不能平静。

（二）有效失败下的新思

有效失败的概念由卡普尔于 2008 年第一次提出并不断补充完善，是指由某种教学干预所导致的，发生在学习者身上的一种学习现象或学习机会，表现为学习者同时产生了表现上的失败和学习的发生。有效失败能够促使学习的发生，很大程度上源于学习者所学习的支架不足从而引起了学习者的认知冲突。

若基于以上理论，这些在课堂最后依旧未能寻得一位笔友的他们并非是失败的。学生的创新不止于课堂输出部分内容的创新，也包含了核心素养、精神世界的"创新"。如若我们依旧一刀切，对学生不展现任何包容度，那么当初创设的情境不就又毁在了教师手里？这一次是作为教师的我被孩子们推向了"失败"的边缘。

教师在课堂中是引路人，起到引导作用。倘若我依旧只是注意到孩子们未能达成"交到笔友"这一活动目的，不免显得过于苛刻。学生的创新其实是多维度的，他们可以在输出内容中以最浅显的形式展现，例如：内容的丰富度、色彩张力、言语等。更应该接纳学生在思想上的创新，例如：批判活动的合理性、现实世界的适用度。无论是课堂上还是生活中，学以致用都是教学的真正目的。

四、感悟——在失败中学会成长

课堂的最后，我让学生分享了两次课堂中所经历的改变。同时也请那些依旧未能找到笔友的学生抒发了自己的想法。他们的眼里不再有失落，勇敢分享了自己的想法。以下是学生课堂的真实反馈。

学生 1："只有展现缤纷多彩的自己，才能在斑斓的世界中寻得一位新的朋友。"

学生 2："如果有机会，我希望可以将我的个人信息表放在国际笔友网站中，还可以锻炼我的英语书写能力！"

学生 3："虽然没有成功找到笔友，我在现实中有很多朋友，因此我并不难过。"

学生 4："就算有笔友配对成功，我们在网络交友中依旧要小心谨慎。这就是我没有分享过多个人信息的原因。"

推陈出新往往需要很大的勇气。我相信这一次特殊的经历给予了学生直面失败的勇气，寻找问题的耐心，再次面对失败的坦然。未来的人生中，很多事情没有标准答案，而勇于面对失败、在寻找成功的过程中力求创新和突破自我，需要极大的勇气。

在失败中学会成长，体悟、认识失败的价值和意义，在反复的失败中坚定自我，感悟人生道理正是教育的意义。这一次笔友的寻觅，也许学生会寻觅到朋友，也许会寻觅到人生的经验。我希望他们能在学习的过程中不断历练和成长。

五、结语

以往，由于课程的时间安排，以及基于学生实际学情的教学设计，大部分学生都能够成功掌握课程内容。因此对于部分学生习得的失败，或是输出活动的未达成，大部分都忽视了，但是课堂中呈现的有效失败，也是教学过程中重要的一部分，更是学生成长的一部分。

而直击失败所带来的问题，我们应给予学生充分的时间和空间，皮亚杰认为学习涉及同化（将新信息吸收到已有图式中）和顺应（修改或新建图式以适应新信息）两个主要认知过程。通过干扰，打破认知平衡状态，引发认知冲突，就会引发相应的同化和顺应过程，直至重建平衡。

在此过程要引导学生：

第一，接纳自己的失败，寻觅失败背后的问题并能直面它们。

第二，找到问题之后反思问题产生的因素，是外在因素还是内在因素，通过比较后同化进而在失败上创新，将新信息吸收。

第三，要允许失败的再次发生。无论是在课堂上还是人生中，失败会反复出现。不断接纳，失败或许早已在创新中发生了质变。

第四，我们经常强调过程的重要性，失败必然是其中不可或缺的一环。在经历失败的过程中，我们将突破自我，不断创新，而失败也是创新的常态。如此循环往复，将锻造出更强大的自己。

不是所有的失败与创新背后都是成功，但所有的成功背后一定有失败与创新相伴。人生本就是经验改造的一趟旅程。作为教师的我们应该教会学生感受失败，面对失败，迎接更好的自己。

悦纳失败给孩子的创新思维插上翅膀

上海师范大学附属嘉定高级中学　曾　平

习近平主席在党的二十大报告中指出：我国已经进入创新型国家行列，但科技创新能力还不强；需要深入实施科教兴国战略、人才强国战略、创新驱动发展战略；坚持科技是第一生产力、人才是第一资源、创新是第一动力，完善科技创新体系；确保我国在 2035 年进入创新型国家前列。不难发现，在民族复兴之路上，党和人民呼唤创新人才。

一、教学困境：学生害怕失败

在"保护生物多样性是全人类的重要使命"一课的教学中，教师布置了这样一个任务：请学生自选素材及形式，分析人类的活动对生物多样性的影响。同时给出建议和期望，希望大家能选择更多鲜活的案例，结合更加丰富多样的形式，创作出一个让人眼前一亮的"作品"。几天后，一个男生向教师坦言："老师，创新太难了！首先要想到一个不错的主意。我想制作一款可以播放上海本土生物獐的历史变迁的放映机，按下不同按钮，放映机的彩灯亮起，同时呈现獐的历史变迁故事，并且彩灯颜色与故事变化相呼应。"教师问："你实现了自己的想法了吗？"男生说："唉！其实在小组讨论时我想说出自己的想法，但是担心自己的想法可能导致任务失败。如果失败了，会遭到伙伴们异样的眼光，甚至会招来嘲笑，想了想后还是算了。"教师鼓励道："你的主意很棒，期待能欣赏到你的作品。"男生立马变得激动起来，并表示愿意尝试。

事情的发展果然如男生担心的那样，他最终没有成功，被电路问题卡住了，他目前正在钻研物理学科知识。但是，他真的"失败"了吗？并没有。其实，失败不能否定一切，也不意味着结束，它可能是下一次成功的起点。只要学生能从失败经历或心路历程中，捕捉到转化、调整的机会，就能为下次的成功打下坚实的基础。

二、寻找原因：学生为何失去了创新的勇气

学生有好的创意，却没有尝试的勇气，选择沉默不语，最终错失创新思维发展的良机。究其原因，还是害怕努力后失败而被人嘲讽，害怕别人投来异样的眼光。

长期以来，家长以胜负论输赢，教师拿分数断成败，这些单一的以结果为导向的评价，具有较强的功利性，会导致学生只重结果、忽略过程的倾向。学生由此产生沉重的心理负担，遇到真实问题时表现得小心翼翼、如履薄冰。因为无法正确面对失败，害怕陷入因失败而带来的各种困扰，所以，产生自我保护、自我封闭的心理，失去打破常规、突破思维僵化的牢笼的勇气和力量。

因此，教师需要创设安全、愉悦的课堂环境，引导学生接受多种可能，坦然面对失败。同时，教师更要提升育人的智慧，善于将学生的失败转变为合适的教学场景，帮助学生总结反思，发展高阶思维，收获成长，从而学会将失败转化为成功的起点，做到悦纳失败。现以高中《生物学》沪科版选择性必修二第3章第1节"设计并制作生态瓶"的实验教学为例，阐述笔者为帮助学生真正悦纳失败而创设安全、愉悦的课堂环境以及引导理性反思的策略、成效及感悟。

三、悦纳失败：创设良好的课堂环境是关键环节

上海格致中学原校长张志敏曾说过这样的一段话："校园里应该是安全的，这不仅指建筑及交通安全，更是要让学生感到心理上的安全。作为教师，应当尊重学生的好奇心，允许试错、宽容失败，鼓励、欣赏学生，尽最大努力

为每一位学生发展创造条件。"课堂是学生学习的主要场所,为学生提供一个自由、宽松、心理安全的课堂环境至关重要。教师可从课堂物理环境、课堂心理环境和课堂认知环境三个维度着手,创设利于学生悦纳失败的良好课堂环境。

(一)创设适于悦纳失败的课堂物理环境

课堂教学中,学生最先感受到的是教室的物理环境的布置,属于教室的基本属性。而适于悦纳失败的课堂物理环境应具备以下几个特征:身体安全性、体感舒适性、教育浸润性。人脑的发展首先是以生存为首要目的,在没有安全感的环境中或处在不适的环境中,大脑难以放松,何谈帮助学生放下戒备,敞开心扉,接纳失败呢? 为此,教室的物理环境应当保持通风良好、光线充足、温度适宜、颜色气味恰当、墙面布置得体。

在"设计并制作生态瓶"的实验教学时,教师除了保持实验室的干净整洁,还对实验室的物理环境进行如下布置:提前打开门窗,保障空气的流通;打开灯光,调整窗帘,保障光线充足,教室明亮;讲台摆放一束黄色或亮橙色的鲜花(百合或月季等);空调设置为适宜温度;墙壁张贴相关的名人警句(见图1)。

图1 墙壁张贴的相关名人警句

安全、舒适、美化的实验室环境,能让学生感觉舒适。同时,保持实验室内空气清新,增加空气中负离子含量,有利于大脑保持活跃状态。黄色或亮橙色的鲜花可以激发学生积极情感,其香味能促进学习,增加创造性和帮助放松。墙上具有教育意义的标语，能潜移默化地影响学生，增强学习动机，积极接受挑战等，发挥重要的教育功能。如此，一个让人舒适、温暖、安全又具有美感的实验室环境，对学生坦然面对学习中的不如意有积极的作用。

（二）创设适于悦纳失败的课堂心理环境

课堂环境的安全不仅仅指学生的身体安全，还包含心理安全。一个轻松、没有威胁的课堂心理环境对学生成长至关重要。但是，学生常因人际关系的不和谐而感到压力及心理威胁，导致内心焦虑、紧张等，造成心理负担重，做事顾虑重重，逐渐迷失自我，害怕失败而失去尝试的勇气。由于生生关系、师生关系是学生人际关系的重要组成，因此，在课堂教学中营造温馨和谐的生生、师生关系尤显十分重要。

在"设计并制作生态瓶"的实验教学中，教师组织 4～6 人为一个实验小组，采用合作探究学习的方式开展实验。学生以团队的力量，共同经历提出假设、设计实验方案、实施实验、观察并记录实验结果、统计分析数据、得出实验结论、验证假设、提出新的问题的科学研究过程，最后完成分享交流活动。整个流程中同伴之间相互帮助，情感交流十分活跃。例如，成功时会产生愉快、融洽的情感，失败时会有紧张、失落的情绪。团队成员相互影响，互相鼓励，拉近彼此间距离，增进感情，实现共同成长。

同时，教师需要在教学过程中保持情绪稳定，微笑面对学生。然后巧用美国当代心理学家罗森塔尔的"皮格马利翁效应"，教师以饱满的热情对学生的实验抱以最大的期待，使学生感受到被信任，促使学生对本组实验充满信心和希望。例如，教师在与某组成员交流时，总会寻找其中的优点，给予肯定和表扬，然后饱含深意地说道："你们小组的实验设计不但遵守基本的实验原则，还能选择合适的观测指标，巧妙地将定性的实验升级为定量的实验，体现出团队的智慧，我有些迫不及待地想看到你们的实验结果了。"学生感受到老师的期待和信任，脸上总会露出灿烂的笑容，然后更加投入、认真地完成探究实验，并经常找到教师汇报成果或分享经验。

如此，温馨和谐的生生、师生关系正是在情感互动和共鸣中形成的。教师营造没有威胁，师生、生生关系融洽的人际关系有利于创设和谐的课堂心理氛围，学生在此环境中能感受到被关爱，从而身心放松，思维活跃，进而放下包袱，大胆表达自我，勇于尝试而不怕失败。

（三）创设适于悦纳失败的课堂认知环境

学生渴望获得家长和教师认可，期待被同伴接纳。但是，学校及家长长久以来却以"分数"为唯一评价指标衡量学生的成长。从而导致学生对成功与失败的认知出现偏差，误以为考试分数不高就是失败。由此，当学生未能取得理想分数时，容易被教师、同学，甚至是自己贴上"失败者"的标签。不难想象，"悦纳失败"会因缺少适宜的课堂认知环境而成为一个难以实现的空中楼阁，究其原因还是单一评价导致的后果。因此，创设悦纳失败的课堂认知环境应从多元评价和正向引导两方面入手。

在"设计并制作生态瓶"的实验教学时，教师不仅关注学生探究实验的结果，还侧重关注学生探究实验的过程及各阶段的表现，分别形成过程性评价和表现性评价，并引导学生形成正确的关于"失败"的认知观念。例如，教师发现 A 组的探究实验很多方面不尽如人意，但实验设计方案非常严谨，值得表扬。而 B 组在实验现象观测方面非常认真仔细，运用 Excel 软件将表格中的数据转化为多种直观的图形，非常专业，值得点赞。此时，教师在评价了两个小组的实验后，进行适时引导：两组同学的探究实验过程都有各自的亮点，当然也存在不尽如人意的地方。如果两组同学仅停留在做得不好的阶段，而不再继续尝试和挑战，他们还能获得大家的喝彩吗？所以，失败并不是什么洪水猛兽。虽然它可能阻止我们在某一方面取得成功，但是，只要我们不气馁，勇敢尝试，最终会在其他方面获得成功。

通过多元评价及教师的引导，帮助学生形成正确的"失败"观，从而构建一个悦纳失败的课堂环境，成功减轻学生心理负担，打破学生思维僵化的牢笼，为创新思维的发展创造了有利条件。

四、悦纳失败：理性反思促成长是重要环节

创设良好的课堂环境是从感性层面帮助学生营造一个坦然面对失败的氛

围，有效帮助学生不再害怕失败，甚至能够接纳失败。但是，若是想让学生从心里真正悦纳失败，还需要从理性反思的角度引导学生巧妙利用自己遇到的"失败"，捕捉蕴含其中的通向成功或成长的重要契机，从而获得进步和成长。

在设计并制作生态瓶的实验教学中，教师两次引导学生进行了有效反思。为此，教师采用半结构化的访谈形式，以同一实验小组成员（6人左右）组成焦点小组，由教师协调，准备好相关问题，引导学生参与回答，说出自己的想法。

第一次开展反思活动的主题是针对实验方案的修改，教师抛出的相关问题有：① 你设计的实验预期结果是什么？ ② 依据你的实验结果能得出严谨的结论吗？ ③ 你觉得自己小组的实验设计有哪些缺点，该如何改进？ ④ 你的小组实验中观察指标是什么？它能很好地反映生态瓶稳定性大小吗？ ⑤ 你的小组的实验结果是描述性的定性分析吗？能否选择合适的指标进行定量分析？

学生经历了第一次的理性反思，会发现自己的实验存在不少问题——或者是实验方案设计缺陷，或是观察指标不合理，又或是未遵循实验设计原则等。总之，很难一次成功。虽然有些学生会情绪低落，但并不气馁，更多的学生愿意继续思考，追问失败的原因，深入分析改进的方法，并期待完善设计方案，继续尝试实验。由此，学生学会了抓住重要的学习契机，获得了发展。

第二次开展反思活动的主题是针对数据分析，教师抛出的相关问题有：① 你的实验数据呈现直观吗？你是怎么做的？ ② 依据你的实验数据能得出什么结果？实验结论是什么？ ③ 你能根据生态系统结构与功能相关知识，结合自己制作的生态瓶模型，简要分析你得出的实验结论吗？ ④ 经历本次探究实验学习，你从生态瓶这样的小瓶子悟出了生物圈稳定性与生态系结构复杂性的关系的大道理是什么？ ⑤ 你的小组成员还想探究哪些主题对生态瓶稳定性的影响，准备如何做？

学生经历第二次的理性反思后，大家会欣喜地发现自己已经取得了巨大进步，例如，对选择何种观测指标有了清晰的认识。同时，也发现了新的不足，例如，容易混淆实验结果与结论，数据处理能力不足，知识迁移应用能力不足等。此时，学生也意识到，自己还没有完全解决本次探究实验的核心问题，因此，还谈不上成功。但是，相较之前的失败，这次学生斗志高涨，兴趣盎然，愿意一鼓作气将遇到的难题逐一破解。由此，学生再次抓住重要的学习契机，再次获得成长。

本田汽车的创始人本田宗一郎曾说：许多人梦想成功，其实，成功只能通过反复的失败和反思才能得到。因此，教师不但要创设包容失败、敢于尝试的课堂氛围，引导学生正确地对待失败，还要在学生经历尝试后遭遇失败体验时，引导学生善于抓住遇到的失败带来的契机，将失败内容转换成反思性思维训练的资源，促进学生高阶思维的发展。学生获得成长，才能真正悦纳失败。

五、成效与感悟

（一）成效：来自学生的反馈

1. 最有意思的活动

这个探究实验充分调动学生积极性，参与度很高（见图 2），甚至一些不选修生物学的同学也和同伴一起来参与实验过程，并反馈说：生物学真有意思。

图 2　学生开心地制作生态瓶的瞬间

2. 最有趣的观察

实验现象的观察和记录要在每天的同一时间进行（见图 3）。学生非但没觉得枯燥，反而甘之如饴。有些学生几乎每天一早就在实验室门口等开门，教师晚到一会儿，还会被他们催促，兴趣之大可见一斑。

图 3　学生专心地观察生态瓶的瞬间

3. 最真实的感受

每进行一次实验，学生都有不同的感受和收获（见图 4）。从这些感悟中可以看出，学生的兴趣被激发，不再担心失败，愿意多次尝试，并在每次的反思中促进了高阶思维的发展。

> 张连盈　　4.20
>
> 经历本次项目化学习后，有两个最大的体会：一是认识到实验的失败不是终点，而是另个开始；二是反思和总结非常重要，只有不断深入思考，才能在一次次的尝试中不断改进实验设计和实施过程，才有可能获得较大进步和收获。

图 4　学生的感想（部分）

（二）感悟

探究实验类的学习耗时较长，因课时有限，需要教师充分利用课内外时间，合理设计教学环节，调整教学顺序，聚焦核心问题，培养关键能力。

基于理论分析与课堂实践体会，具体经验总结如下：① 创设良好的课堂环境十分关键。② 教师设计一定复杂的、劣构的问题，引导学生尽力尝试解决，并生成多个表述或解决方案。③ 反思性思维是激活有效失败核心机制的关键。④ 运用类比比较策略，对比学生的解决方案和标准的解决方案是设计有效失败学习的重点。⑤ 提供类似问题，让学生实践练习，做到以点带面，举一反三。

　　打破常规是创新的必经之路，没有现成的做法、路径可以照搬照抄。因此，必然经历一个曲折、点滴积累、螺旋上升的过程。经历挫折和失败是创新的必然。教师的首要任务是营造宽容的课堂环境，引导学生正确认识和对待失败，悦纳失败。其次，教师通过有效失败学习教学设计，引导学生进行有效反思，从失败中汲取营养获得成长。不难发现，教师引导学生悦纳失败，犹如给学生创新思维能力发展插上翅膀，助推学生飞得更高、更远。

参考文献

　　[1] 国栋.青春眼：党的二十大报告中的 20 个关键词[J].新青年（珍情），2022，（11）：6-11.

　　[2] 李金钊.基于脑的课堂教学[M].上海：华东师范大学出版社，2013：125-126.

　　[3] 李金钊.基于脑的课堂教学[M].上海：华东师范大学出版社，2013：131-135.

　　[4] E·詹森.基于脑的学习：教学与训练的新科学（修订版）[M].梁平，译.上海：华东师范大学出版社，2008：53-58.

与"巨人"同行，感悟科学探究中的"失败"之美

上海市嘉定区封浜高级中学　李苗苗

牛顿曾说："我之所以能成功，是因为我站在巨人的肩上。"一方面，科学的重大发现、理论与规律，大都受惠于前人的思想遗产，很多的实验成果是无数科学家辛苦努力的结果。另一方面，科学家经常在与疑难和不确定性打交道，犹如在黑暗中摸索，没有任何人能够确切地告诉他们要寻找的答案是什么，也没有任何现成的方法指导他们怎样才能获得成功。因此，科学研究必须做好在过程中产生无数次"失败后创新"的心理准备。

但在教学实践中发现，大部分学生在学习中仅关注实验的结果，而很少关注实验过程，没有意识到现有的实验结论是科学家们一次次失败、一次次创新的艰辛成果。这种仅仅站在"巨人"肩上的状况，也导致学生无法深切感受科学家锲而不舍的科学探究精神，更无法理解并受其鼓舞。更有甚者，学生在设计探究活动时，明明可以借鉴前人的研究经验，反而闭门造车导致其探究停滞不前，进而产生消极情绪。

为此，在教学过程中教师应该注重引导学生去发掘科学家在科学研究中所经历的失败与错误的价值，创设活动，引导学生与"巨人"同行，感悟科学探究的"失败"之美。

一、教学中是否关注过"巨人"的失败与创新？

在生物课上，当我要讲"基因重组"这节课的内容时，我以袁隆平院士杂交水稻的案例作为课堂导入，让学生意识到杂交水稻研究中就运用了基因重组的原理。但当我引入案例时，却发现很多时候学生是"知其然而不知其所以然"。

课堂教学片段：

师：袁隆平院士一生致力于杂交水稻的研究、应用和推广，为我国粮食安全、农业科学研究和世界粮食供给作出了杰出的贡献，那大家知道水稻是如何杂交的吗？

生 A：就杂交呀！

师：那具体怎么杂交呢？

生 B 抢答：老师我知道，就是把一个水稻的花粉授粉到另一个水稻的雌蕊上呗，这个很简单的。

师：既然这么简单，为什么还需要袁隆平院士花毕生的心血去做杂交实验？

生 C：老师，可能袁隆平院士一直不愿意止步，想要精益求精更进一步提高水稻的产量吧。

师：很好，但你们知道吗？仅仅第一株杂交水稻问世就经历了十多年时间，谁能说出来袁隆平院士在培育杂交水稻的过程中会遇到哪些障碍？又会经历哪些失败？他又是如何创新改进实验方案战胜困难的？同学们关注过吗？

学生哑然，都陷入沉思……

二、是什么让我们忽视"巨人"的失败与创新？

我发现不只是袁隆平院士的杂交水稻实验，在高中生物的学习，特别是科学史的学习中，很多学生都是"某科学家发现……，进而某科学家又发现……"的模式学习，只关注实验的结论，忽视科学家得出该实验结论的过程中的艰辛。为了探究造成这种现象的原因，我决定听听学生的想法：

生 D：老师，我觉得科学史中科学家得出结论的具体过程不重要，我只要知道科学家得出了什么结论就行，这个考试才会考，看这个过程需要浪费很多时间。

生 E：我们从小学到现在，老师都是直接告诉我们结论，我们问的时候，老师一般都会说不需要关注过程。

生 F：我倒是对这些具体研究过程感兴趣，但是有些内容书上也没有，我不知道去哪里了解这些知识。

……

通过了解，我发现学生忽视"巨人"努力的原因是多方面的：1. 受应试教育和课时限制等因素的影响，很多教师只重视实验结论的教学，很少引导学生关注实验结论的发现过程，也未重视引导学生认识到实验过程中科学家探索的艰辛。2. 在应试教育背景下，很多学生只关注考点和知识点，并没有过多关注科学探究的过程，部分同学即使感兴趣，在有限的课时下，也缺乏收集资料的时间和能力。3. 学生心理上没有共情。即使老师再强调，但是学生没有亲历科学探究全过程，没有亲历科学家探究过程中"尝试→失败→分析原因→创新→再尝试→再失败→再分析原因……→成功"周而复始螺旋上升的过程，所以很难对科学家的艰辛探究产生共鸣。

另外，实验操作是一个很枯燥的过程，需要有意志力，即为达到预定的目标而自觉克服困难的一种心理品质。如果一个人经历过多次失败后才得到成功，获得成就感，便会喜出望外，从而增强自信心，追求更高层次的成功，即形成"成功→自信→再成功→更自信"的良性循环。这种心理现象被称为"成功强化效应"。而过程中经历的失败与创新会让这种成功显得更为弥足珍贵。

三、如何感悟"巨人"的失败与创新？

感悟"巨人"的失败与创新，需要教师在教学中不断创设活动。我通过创设阅读→体验→创新（如图 1）的活动路径，引导学生层层深入地感悟前人的失败，体验并理解科学家从失败走向成功过程中所历经的艰辛以及从失败走向成功中所产生的创新思维。

阅读：走近"巨人"的平生事 → 体验：重走"巨人"的探究路 → 创新：延续"巨人"的研究魂

图1 感悟"巨人"的失败与创新的活动路径

（一）阅读：走近"巨人"的平生事

在教学中我先调整自己，特别是关于科学史的教学不再是一句话带出实验结果，而是通过问题设计引导学生思考（比如：实验过程中会遇到哪些问题？哪些因素可能会导致实验失败？实验失败后应该如何创新改进？），在学生思考之后，再讲述科学家从失败到成功的具体操作与创新突破。通过故事化的课堂教学，潜移默化地吸引学生对科学探究过程产生兴趣，引导学生慢慢转变思维，重视"巨人"的努力。同时，我还收集很多有关生物科学史的资料和书籍，比如《袁隆平传》《双螺旋·发现 DNA 结构的故事》《达尔文与进化论》《孟德尔传：被忽视的巨人》等科学家自传书籍，放在班级图书角鼓励学生利用课余时间阅读并分享读后感。同时，我还会利用"慧雅阅读"暑期读书活动，推荐学生分组共读某位科学家的生平，整理"巨人"科学探究历程的读书笔记并分享，从分享中走近"巨人"的平生事。学生阅读之后触动很大：

生 G：原来袁隆平院士做了这么多尝试和改进，才得到现在的杂交水稻，我以后遇到困难也不怕失败了。

生 H：原来为了能让国人都吃饱饭，袁隆平院士失败又站起来了这么多次，我要向他学习，努力让"禾下乘凉梦"早日实现。

……

不只如此，我还利用信息技术课指导学生如何合理利用搜索软件从网络中搜索感兴趣的实验探究过程，引导学生学会自主查阅、搜集和筛选资料，学会如何挑选书籍阅读，从被动阅读转变为主动阅读，通过阅读感悟"巨人"的失败与创新，理解科学探究是一个失败—创新—再失败—再创新的复杂而艰辛的过程。

（二）体验：重走"巨人"的探究路

"纸上得来终觉浅，绝知此事要躬行。"科学史中很多实验是可以在高中实验室中完成的，学生如果仅仅简单地阅读科学史，虽能够理解科学探究过程的复杂，却不能切身感受到科学家在科学实验中的挫折与失败，也不能深刻体会科学家每一次创新改进实验设计的艰难与不易。因此，教师可以选择合适的科学史素材，创设科学史实验情境，组织学生通过探究活动，重走"巨人"的探究路，亲历实验过程。

比如，袁隆平的水稻杂交实验就可以是绝佳的科学史教学素材。我组织学生体验水稻异花授粉实验，学生将收集的水稻花粉授粉到另一株水稻上，在实验操作时出现各种各样的"失败"：

生 I：老师，这个水稻花粉好难收集呀，我收集了好几次，才收集这么一点点，也不知道能不能成功授粉。

生 J：老师，这个太难了吧，水稻花这么小，我把花瓣打开授粉时不小心将水稻花瓣撕裂了。

生 K：老师，我授粉完忘了套袋，怎么办？会不会影响结果呀？

……

实验过程中任何一个操作不当都可能会导致失败，但是只有经过一次次失败，才能不断总结经验，在下次操作中创新改进，收获成功。同时我跟学生强调，科学家探索过程中也会遇到类似的"失败"，但是科学家并没有放弃，而是尝试不断创新，引导学生更深切感受到科学家的探究精神。

（三）创新：延续"巨人"的研究魂

通过阅读科学家的生平事迹和体验科学家的实验探究路程，学生已经初步形成不畏艰辛的心理品格和开展科学探究的基本能力，可以进一步设计新的实验情境和课题。通过组织学生分组设计和实施实验方案、分析实验数据和评价实验成果，延续"巨人"的研究魂，体味实验过程中失败、创新的艰辛过程与收获成果的喜悦。

1. 创新途径：对照"巨人"的设计思路改进不完善的方案

实验方案是实验操作的指南针，只有实验方案设计得无误且规范，才能保证实验方案的有序实施与实验数据的有效，从而得出正确的结论。而且实验方案的设计不是一蹴而就的，需要不断调整，特别是实施方案后发现问题，需创新改进不完善的实验方案。

为了让学生感受设计实验方案时需要不断创新，我基于袁隆平院士的杂交水稻案例所提出的要提高水稻产量还可以培育一年多次成熟的水稻种子，让学生分组设计获得该类水稻种子的实验方案。A组同学基于紫外线照射可诱发普通水稻突变成一年多熟水稻种子的原理，设计了如下方案：

① 选取一些水稻种子，将种子放在紫外线灯下照射几天；

② 将紫外线灯照过的水稻种子种植下去，然后浇灌培养液培养，等长出种后检测水稻种子是不是一年多熟种子。

作为教师，一看这个实验方案便发现有很多漏洞，但我并没有直接指出错误，而是发放袁隆平院士在培育海水稻时设计的方案，先让A组同学对照袁隆平院士实验方案的设计思路自我修改，让B组同学也对照方案对A组同学的实验方案提出修改意见，果然他们在对比下都发现如下"不完善"：

跟袁隆平院士的实验方案相比，该方案中一些水稻种子没有说明具体是多少数量，也没说几天是具体几天，水稻种子也没有分组，培养液浇灌多少也没有说明……

A组同学在对照了袁隆平院士的实验方案发现自身方案的不完善之处后，推测按照他们设计的方案可能并不能得出实验的结论。因而他们做出如下调整：

① 选取100粒大小相似、发育状态相近的水稻种子，将种子分成两组，一组放在紫外线灯下照射2天，另一组不做处理；

② 将紫外线灯照过的水稻种子先在实验室培育发芽，每天浇灌等量10mL培养液，等长出成子后检测水稻种子是不是一年多熟种子。

改进后的实验方案更具有操作性，但是仍然没有得到一年多熟的种子，A组同学再次分析影响实验结果的原因，发现问题可能是：

突变的频率很低，100粒种子可能并不能得到突变的一年多熟的种子，那是否可以将种子改成 10000 粒，成功的概率可能有所提高；查阅资料发现，紫外线诱发突变的最佳时间不是 2 天而是 1.5 小时，那可以把时间改成 1.5 小时，重新完成实验操作。

在不断的失败和创新中，A 组同学的实验方案愈加完善，虽然最终没能获得一年多熟的水稻种子，但是得到了开花较对照组早 2 天、抽穗早 1 天的水稻种子。

2. 创新素材：参考"巨人"的标准取舍"错误"的实验数据

按照合理的实验方案、正确的实验步骤，得到了实验数据，但是有可能出现某组实验数据异常，那如何分析"错误"的实验数据，从中获取有效信息并将"错误"的实验数据转换成创新的素材，也很考查学生的能力。

比如，在设计一年多熟的水稻种子实验中，按照实验预期，随着光照强度增加，叶片光合速率增加，水稻产量也会增加。但是学生发现 300klx 光照强度下，叶片光合速率反而比 200klx 光照强度下光合速率小，学生对于该组实验数据的去留，提出了质疑：

生 L：老师，对于该组实验数据我应该如何处理？是删除还是重新做？还需要求平均值吗？……

基于此类情况，我引导学生正视每组实验数据都有其存在的价值，对于异常的实验数据，并不意味着失败，应该以异常的实验数据为契机，展开进一步探究，这可能会成为创新的素材。我以海水稻的发现为例，指出袁隆平院士在野外发现原本寸草不生的盐碱地上长出的水稻时，并没有因为它瘦小、产量低而直接拔除，而是以该水稻作为材料最后得到耐盐碱的海水稻。基于以上引导，学生都意识到异常实验数据的价值，我引导学生继续思考如何对异常实验数据进行处理：

生 M：我觉得我们该先上网搜一搜，看看有没有人得出跟我们一样的结果。

生 N：我觉得我们应先检查实验步骤，重复实验操作，观察是否是操作不当引起的。

生 O：我觉得我们应该设计个对照，看看存不存在差异。

生 P：我觉得我们发现了"新大陆"。

……

我肯定了学生的思路，并且告诉学生可以参考"巨人"的标准取舍"错误"的实验数据，如果再次操作发现不再出现异常的实验数据，可能是实验操作过程有误，这组数据需要删除；如果检查实验步骤，多次重复实验操作，还是出现同样的异常实验数据，那可能实验的假设是错误的，需要进一步创新改进；也可能是存在其他规律，需要进一步创新提出新的结论。因此，得到"错误"的实验数据不可怕，要认识到"失败"的实验数据也有价值，可能就是其创新的素材，需要结合实际情况对实验数据进行取舍，创新性提出新的实验结论，或许是实验的另一个重要发现。

3. 创新动力：借助"巨人"的评价肯定"不成功"的实验结果

实验评价并不只是以结果成功与否来评价，只要学生在实验过程中发现问题并积极解决问题，最后即使没有得到预期的实验结果，也应得到积极的评价。在实验操作过程中能否设计实验方案、合作完成实验操作、准确分析实验数据和创新性提出新的探究思路等，都可作为学生实验评价的标准，而积极的评价是学生继续创新的动力。

学生在设计培育一年多熟的水稻种子时，很多小组因得到的实验结果与对照组无明显差异，出现明显的沮丧情绪，不愿意继续尝试创新改进。我便借助"巨人"的评价肯定学生的努力，给学生举了袁隆平院士最初实验并没有一次成功，但他的导师仍关注他在实验操作中的贡献并积极肯定他的例子。我引导学生梳理实验过程中自己的"贡献"，并且请组员之间互相肯定评价自己的队友，如"我们组的实验数据是小 A 分析的，他可是花了一下午的时间，还做了一个图表呢"等。

我作为教师也积极肯定学生的努力，基于学生的任务分工，设计实验评价表，引导学生借助评价表通过自评、互评和师评的方式，对实验流程中的各个环节进行评价，通过创新性评价措施，鼓励学生积极探究，引导学生正视失败，从失败中获取经验，激励其继续创新改进。

四、总结与反思

我们的"巨人"不只有袁隆平，还有钱学森、屠呦呦等科学家，以及其他领域的很多伟人。这些科学家在探究过程中所表现出的科学探究精神都值得我们学习。教师在教学过程中要抓住"失败"的这一契机，借助"失败"情境引导学生感受科学探究中的"失败"之美。

（一）观摩"巨人"失败经历，奠定创新之基

失败是客观存在的一种现象，科学家在探究过程中也会遭遇失败，但是善待失败，把失败有效地利用起来，却可以在失败、再失败的基础上获得成功。因此，教师通过引导学生在阅读中观摩"巨人"的失败经历，逐步养成查阅资料的习惯。特别是当失败发生后，科学家运用这些失败的经验，成功地开拓了未知的知识领域，能让学生从"巨人"的失败经历中得以更新自己知识的广度和深度。另外，学生通过重演科学家的失败经历，可从过去同类的失败中学到应对失败的经验，则在未来的学习、工作和生活中尽量规避，提高创新成功的概率。

（二）巧用"巨人"探索方案，提高创新之技

科学探究是高中生物学科的必备核心素养，实验操作能力又是人的智慧力量转化为物质力量的媒介。一方面，教师可收集和整理"巨人"较为完善的探究方案，学生初步设计方案后参照"巨人"的方案自主修改其方案，相较于无参照方案的修改，这样更容易从对比中找到原因并加以归类分析。另一方面，学生还能从教师提供的"巨人"失败后创新的思路中找到再创新的途径，从科学家掌握的实验探究的基本流程和思路中关注实验设计的原则，从实践中练就娴熟的专业操作能力和技巧，形成用实验探究解决生活实际问题的探究思维，提高创新之技。

（三）体验"巨人"坚韧心志，坚定创新之志

在探究过程中要有良好的心态和坚韧的精神品质，失败并不可怕，可怕的是隐瞒失败、回避失败或害怕失败。教师要多启发学生体验科学家在取舍"错误"实验数据的态度中所展现出的锲而不舍的探究精神，增强学生面对失败的勇气、克服困难的毅力。另外，积极的评价则能给予学生正向力量，教师要积

极探索综合性评价的方式,以自评、互评和师评的方式进行多元化评价,关注过程性评价和正面评价,提升学生再次挑战、不断突破的意愿。这种面对失败勇于创新、锐意进取的创新之志,将激励学生在未来的学习和生活中永远有勇气面对失败、克服困难,再次挑战、不断创新,成为自己生活的"巨人"。

在与"巨人"同行的路上,教师能做的还有很多,可以利用拓展型课程和研究性课题的开展,采用制作电子小报、完成实验报告等方式,调动学生参与的积极性。当然,高中生物实验设备和材料比较缺乏,有些实验耗时过长,很难短期见到实验结果,实验课时有限,由于各种问题的限制,也会让我们遇到很多阻碍。教师需创设条件去帮助学生克服困难,利用有限的资源最大限度地调动学生的积极性。

让缆车动起来

——深度探究中的"失败"及教师支持

上海市嘉定区中国福利会新城幼儿园　张继英

缘起

在"我们的城市"主题活动中，涵涵、Joey 和轩轩计划搭建一座游乐场，而连接鬼屋和地铁站的缆车成为了他们的第一个挑战。容易造型的铝丝做缆车的缆绳，分别固定在鬼屋顶端和地铁站的地板上；乐高积木搭成的长方体作为缆车，顶部用乐高积木中的三孔梁穿过铝丝，缆车就这样诞生了。惊喜于孩子们的创意，在个别化分享环节，我把缆车项目作为重点推荐给班级其他幼儿。

在同伴们兴奋和期待的目光下，三名幼儿现场演示缆车如何运行（见图1）。就在涵涵将手放在缆车上的一瞬间，乐高搭建的缆车"扑通"一声掉在地上四分五裂。观众们哄堂大笑，嘴里喊着"太搞笑了！"Joey 开始抱怨涵涵："我都说了我去分享，你非要来，你的动作那么重，缆车肯定会坏掉啊！"同伴轩轩则无奈地说："又失败了……"

图1　乐高做的缆车

一、"还是失败了！"

分享还没开始，作品就出了故障，为了完整呈现自己的作品，涵涵要现场组装乐高缆车，但由于着急，乐高怎么也无法咬合，三名幼儿情绪一路下滑。为了不打消他们探索的热情，我提问道："关于缆车搭建，你们有什么想要跟我们分享的经验吗？"轩轩回答："等我们调整好了再来分享吧，我们都弄了一上午了，还是失败了。"我追问："为什么你认为自己失败了？"轩轩："缆车都坏了，没动起来。"

在幼儿的眼里，一个作品没有成功呈现，整个探索的过程也就被定义成了"失败"，失败的就是不值得分享的。

二、什么是"失败"

这次的分享事件让我对幼儿定义"失败"的方式有了更多反思。《3—6岁儿童学习与发展指南》（以下简称《指南》）建议，成人要善于发现和保护幼儿的好奇心、求知欲，注重探索过程，引导幼儿通过观察、比较、操作、实验等方法，学习发现问题、分析问题和解决问题。引导幼儿发现失败中的转机，关注探索过程中的体验和收获是提升幼儿活动成就感，激发幼儿持续、深入探索的关键。

为了更具体地了解幼儿视角的"失败"和"成功"，我用马赛克方法的研究思路做了一次简单的调查：你觉得什么叫失败？请把你最近的一次失败画下来。对幼儿表征的梳理见图2。

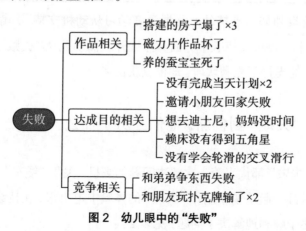

图2　幼儿眼中的"失败"

从幼儿的表征中可以得出，几乎所有幼儿对失败的定义都是结果取向，认为某件事情没有完成就算失败了，失败之后随之而来的就是负面的情绪体验，从而影响接下来的活动意愿。

三、"失败"的转机在哪里

"失败"的转机在于发现"失败"的价值，在亲身经历整个学习过程后，体验"失败"带来的额外收获。对于经验水平有限的幼儿来说，从"失败"到创新的路上，需要教师为幼儿提供更加科学有效的支持。基于此，我对深度学习的特征和认知活动的基本内涵进行了链接，以此为基本框架，助推幼儿的深度探究。

从布鲁姆认知领域目标分类的角度来看，幼儿的认知过程包括应用、分析、评价、创造四个维度。每个维度的内涵及其与深度学习特征的对照见表1。

表1 布鲁姆认知领域目标分类及与深度学习特征的对照

学习类型	认知过程维度	内涵	幼儿学习的特征
深度学习	应用	把所学知识应用于新的问题情境	迁移运用
	分析	分析当前问题和知识经验的相关性，进行信息整合	整合、意义建构
	评价	做出判断，评价效果	反思、评价
	创造	做出决策，解决问题	解决问题、创造

接下来就教师如何支持幼儿开展深度学习从动机支持、理解支持、探究支持、方法支持、评价支持五个方面具体展开。而幼儿从"失败"到创新的探索之旅在教师的支持下充满坎坷，却也收获良多。

四、从"失败"到创新，他们经历了什么？

每一次"失败"都代表着一次解决问题的契机，关于"缆车"，三位幼儿与班级同伴和教师一起从缆车制作"失败"的体验中走出来，在持续经历了八次"失败"后，终于顺利地解决了问题（见表2）：

表2 缆车项目"失败"的历程

"失败"的历程	图	问题	讨论原因	讨论解决方案	幼儿表现出的创造性学习的特征
第一次"失败"：用铁丝将等高的地铁站和鬼屋连起来，同时铁丝穿过用纸板做的缆车及缆车上的座椅。		缆车会马上翻转，座椅朝下。	缆车太轻了，需要增加重量。	在座椅两边各增加两块乐高积木。	整合信息、同伴协作
第二次"失败"		缆车依然马上翻转，座椅朝下。	未形成确定结论，但愿意试误。	尝试将乐高积木粘在缆车的反面。	整合信息
第三次"失败"		缆车不再翻转，但是会倾斜。	缆车两边的重量不一样。	在高的一边增加乐高（2块）直至缆车平衡。	迁移、整合信息、解决问题
第四次"失败"		缆车无法左右顺滑移动。	铝丝不够光滑。	将铝丝换成光滑的鱼线。	迁移、整合信息、解决问题

（续表）

"失败"的历程	图	问题	讨论原因	讨论解决方案	幼儿表现出的创造性学习的特征
第五次"失败"		缆车能够手动左右移动，但无法自行移动。	鬼屋和地铁站高度一样，缆车无法在平平的线上自行移动。	向班级同伴求助：鬼屋增高一层。	整合信息、同伴协作、解决问题
第六次"失败"		缆车能够从高处自行移动到低处，但鬼屋会一直晃动。	鬼屋增高后不稳，有倒塌的隐患。	向班级同伴求助：在鬼屋下方增加配重，并将四条腿固定到同一片纸板上。	整合信息、同伴协作、解决问题
第七次"失败"		缆车无法从低处自行移动到高处。	从低处无法向高处移动。	向家长求助：借助乐高积木中的滑轮装置，将缆车摇到高处。	解决问题、创造、迁移

（续表）

"失败"的 历程	图	问题	讨论原因	讨论解决 方案	幼儿表现出 的创造性学 习的特征
第八次 "失败"	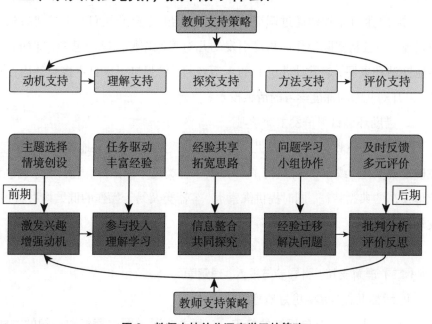	缆车运行时会将鬼屋拉斜向地铁站。	缆车太重，鬼屋无法承受其重量。	利用斜拉桥的受力原理，在鬼屋另一边拉一根绳索，和缆车的力量保持平衡。	反思、迁移、创造

五、从失败到创新，教师做了什么?

```
          教师支持策略
              ↓
┌──────────────────────────────────────┐
动机支持 → 理解支持    探究支持    方法支持 → 评价支持

主题选择    任务驱动    经验共享    问题学习    及时反馈
情境创设    丰富经验    拓宽思路    小组协作    多元评价

前期                                         后期

激发兴趣 → 参与投入 → 信息整合 → 经验迁移 → 批判分析
增强动机    理解学习    共同探究    解决问题    评价反思

          教师支持策略
```

图3 教师支持幼儿深度学习的策略

（一）动机支持：激发兴趣，增强动机

1. 重视主题的探究性、可操作性

《指南》指出，幼儿经验的获得主要来自直接经验。根据幼儿具体形象思维的特点，操作探究类的活动更有助于幼儿保持探究兴趣，提升探究欲望，从而获得感性认知。

在缆车项目开始之前，教师与幼儿展开讨论：

师：如果你去游乐场玩，你希望你的游乐场里一定有什么项目？

涵涵：鬼屋！

嘉一：鬼屋好玩，但是很吓人的。

Joey：鬼屋要做得很黑。

师：鬼屋建在哪里？

Joey：可以跟我的地铁站连起来。

轩轩：可是地铁站那么高，你连轨道都没有，怎么连起来？

师：没有轨道，还可以用什么方法到达鬼屋？

涵涵：我知道了！坐缆车过去！我以前坐过缆车的，要从高一点的地方连起来。

讨论过程中，教师通过调动幼儿的亲身经历，提升他们对于搭建游乐场的兴趣，并且从实际操作的角度引发幼儿对于操作性问题的思考，即如何连接地铁站和鬼屋，启发幼儿已有的生活经验，增强接下来自主探究的内在动机，提升幼儿参与深度学习的情感投入。

2. 借助环境材料诱发主动学习

探究的环境和材料会给幼儿一定的暗示，引发幼儿更好地理解问题情境。在确定要实施"缆车"项目后，教师提供了各类缆车的图片，组织集体观察和梳理缆车的典型特征，同时提供绳索类、容器类及易于操作的低结构材料，引发幼儿有目的地、主动地与材料互动。

（二）理解支持：引导参与投入，理解学习

1. 增加共性经验，更好地理解学习

根据幼儿具体形象思维的特点，教师主要通过图文资料和视频的方式，增加班级幼儿的共性经验，让幼儿更加直观地联系已有经验。比如，第一次尝试前，通过图片和视频资料的形式组织幼儿讨论缆车的基本建造，以及建造时可能需要用到哪些材料，为幼儿理解问题奠定基础。

2. 利用家长资源促进经验共享

同时，对家长资源的合理利用，也是帮助幼儿理解问题的重要途径。第七次"失败"后，幼儿面临的主要问题是将缆车从低处移动到高处，这与第七次的操作经验完全相反，因此，工具的使用势在必得。但是以幼儿现有的经验，很难实现这一目的。于是，教师利用对于家长专业资源的了解，鼓励轩轩求助于从事地铁设计工作的爸爸。

选择这一方式，教师主要从两个方面进行了思考，第一，轩轩家中拥有丰富的乐高材料；第二，班级幼儿对乐高材料的使用有较为丰富的经验，曾经使用滑轮材料制作升降梯。而升降梯的垂直移动与缆车的水平移动异曲同工（见图 4），乐高材料中的滑轮、摇柄、轴承、齿轮等机械类材料的组合基本能够实现缆车的水平移动。因此，轩轩和爸爸一起探索出的乐高滑轮设备，更有利于幼儿理解其力学特点。

图 4　幼儿利用滑轮设施实现电梯的垂直移动

（三）探究支持：帮助整合信息，共同探究

在深度学习的过程中，同伴协作和交流是其重要特征。"缆车"项目的第六次"失败"，鬼屋增高一层后，出现了不稳的情况。针对这一问题，教师组织了集体讨论，张家旭有较为丰富的"造桥"经验，对于物体的稳定性有一定的了解。因此为三人提出了"增加配重，稳定四条支撑柱"的关键建议，促成了鬼屋不稳问题的解决。

在此过程中，教师邀请经验丰富的张家旭进入缆车的问题情境，通过同伴互动，完成"技术指导"，达成了同伴经验共享从而解决问题的目的。

（四）方法支持：引导经验迁移，解决问题

解决问题的能力是判断幼儿深度学习水平的关键，解决问题的过程需要幼儿对问题进行分析和理解，对已有经验进行调动和迁移，并对新经验进行建构，以此达到对经验的迁移应用的目的。

1. 基于问题链接生活，让经验可调取

"缆车"项目中，在第五次"失败"之后，出现缆车无法自主移动的问题，在组织幼儿讨论时，教师呈现了幼儿使用室外运动器材"滑行索"的使用视频，幼儿很快根据自己的运动经验发现滑行索运行的关键：索道必须要一边高一边低，才能实现自主滑行，因此得出，需要将鬼屋加高一层的结论。

2. 搁置预设，允许试误，积累直接经验

《指南》指出"幼儿经验的获得主要来自直接经验"，因此，要允许幼儿失误，让幼儿在实际操作中积累和迁移经验。"缆车"项目的第一至第三次"失败"的经历中，教师非常清楚，将乐高固定在缆车的正面一定不能解决缆车翻转的问题，但并没有直接提出，而是允许幼儿自行尝试，通过"失败"的体验思考进一步的解决方案。

其实，在缆车问题出现之初，教师心中已经有了预设，即在缆车顶部安装吊环，再将铝丝穿过吊环，完成缆车的平衡悬吊。这样，无论缆车自身平衡性如何，都不会影响其正常运行。但显然三位幼儿当前并不具备这一经验，出于"基于幼儿已有经验提供相应支持"的考虑，教师选择暂时搁置预设，给予幼儿自主探索的空间，才使得幼儿自主地、创造性地解决问题成为可能。

（五）评价支持：帮助批判分析，评价反思

积极有效的评价是幼儿深度学习的保障，评价的过程更注重自主性、真实性和过程性。通过对活动过程进行评价，可以及时发现问题并调整，有助于提高幼儿深度学习的有效性，提升幼儿的获得感。更重要的是，从幼儿发展的核心素养的角度来看，评价反思的过程，需要幼儿回顾整个探索历程，对

解决问题的方法和思路进行整体梳理。这一过程对幼儿元认知的发展有着潜移默化的作用,幼儿在这一过程中获得的关于方法的经验更有助于在其他问题情境中的迁移运用。

1. 教师引导,在分享中鼓励同伴协作分析

在幼儿完成一个阶段的深度探究之后,组织幼儿进行综合的、回顾式的梳理和评价,可引导幼儿尝试批判和反思。通过批判和反思,来推动深度学习持续深入。"缆车"项目的第八次尝试,原本是该项目的"发布会",即前期探索成果的全班展示。但在展示的过程中毛毛提出:缆车固定在鬼屋上的支柱倒向了地铁站的方向,缆车可能会坠下来。济然进一步作出推测:如果缆车上人再多一点,鬼屋一定会倒向地铁站。这一推测理由充分。因此,教师顺势组织讨论:如何让鬼屋更稳定?从而调动起了其他幼儿"建造斜拉桥"的经验,并利用这一经验解决了鬼屋会倾倒的问题,完成了问题的创造性解决。

如果在分享过程中,教师只是组织幼儿进行成果的展示,忽略毛毛和济然对问题的分析,也就错过了幼儿经验提升的机会。

2. 构建多重评价主体

随着深度学习的不断推进,在评价和反思过程中,不同主体都有着自己的发现,也有着自己的反思。多主体评价可以从不同角度获得信息,帮助参与者多角度建构经验,完成自我反思。

(1)同伴评价

同伴是活动的参与者、合作者和见证者,整个"缆车"项目的探索过程是在全班幼儿的关注下完成的,每位幼儿都对活动中同伴的表现、解决问题的过程及作品有着较为清晰的了解。而同伴经验水平的同一性也让同伴之间的评价和建议更能被理解和接受。因此,当同伴提出鬼屋增高、增加鬼屋底部配重、利用斜拉桥的原理稳固鬼屋的时候,三位参与者能够较快理解并接受建议,解决当下问题。

而参与讨论或旁观的幼儿,也能从中获得符合其认知水平的经验,高质量的同伴学习也就顺理成章地完成了。

(2)自我评价

幼儿是活动参与的主体,同时也是活动评价的主体,自我评价的过程是

对自己的活动进行回顾和反思的过程。这不仅是解决问题思路的梳理，将自己的探索过程用语言的方式表达出来，也是思维再现的过程。

在"缆车"项目发布时，轩轩这样评价自己和同伴："我觉得我们几个很棒，第一，我们的作品很好玩；第二，我们遇到了很多困难都没有放弃；第三，我们向其他小朋友学会了很多新本领。"轩轩的自我评价不仅包括对自己作品的评价，还包括对自己和同伴的学习品质及学习方法的评价。

（3）教师评价

教师是相对专业的评价者，对幼儿在活动中的表现能够给予相对客观的评价，同时也能根据活动情况对下阶段的活动进行推动或引导。除了本班级的教师评价之外，教师还重视同伴教师的专业评价。

在班级个别化开放活动前，教师曾借助"缆车"作品和三位幼儿的问题表征向其他班级的教师介绍整个探索过程；开放活动过程中，其他教师见证了幼儿当天的探索活动过程，对于活动之后的分享也全程旁观。因此，他们提出的评价也会更加全面和客观。

部分教师给出的评价如下：

幼儿的探索非常深入，体现了大班幼儿深度学习的特征；

幼儿都是基于具体的问题进行探索的，问题符合大班幼儿的思维特点；

分享的时候其他幼儿与三位幼儿有频繁的互动，同伴学习的氛围浓厚；

当前幼儿解决的是模拟情境的问题，如果能够结合实际问题阐释解决会更好；等等。

这些专业的评价对班级教师和幼儿的深度学习过程有非常具体的认可，同时也为接下来的探索活动提供了方向。

六、最后的思考

在日常生活中，"失败"通常用于评价事物的结果，它通常与负面的情感体验相提并论。如果成人在日常评价中以结果论，"成功"或"失败"也会成为幼儿自我评价的主要角度。但如果成人不去刻意强调"失败"这一结果，而是引导幼儿思考"失败"过程，从过程中找到创造性解决问题的契机，那么，

"失败"就只是幼儿的活动过程之一。尤其是在深度学习的过程中，只要教师引导得当，面对"失败"，就只是在面对下一个需要解决的问题，通过幼儿自己和同伴的努力使问题得以解决，这一过程更能让幼儿体验到自己的力量，体验到认真思考取得的成就感。从而获得思维的养成、解决问题能力的提升、坚持不放弃的意志、不怕困难直面学习过程的勇气。而不断面对"失败"、解决问题的过程，也是幼儿取得正向反馈的过程。有了这样的个体体验，幼儿的创新学习还会远吗？

创新是发展的必由之路，在幼儿的学习过程中，我们还要思考，"创新"仅仅是幼儿的创新吗？教师对于科学的教育理念的探索过程，对于有效的教师支持方法的探索过程是否也是创新？实践已经告诉我们，保持对幼儿学习过程的敏感性，保持对幼儿的尊重和追随，幼儿的创新学习必将不期而至。

参考文献

［1］何玲, 黎加厚. 促进学生深度学习［J］. 现代教学, 2005（05）: 29-30.

［2］鄢超云. 学前教育评价［M］. 北京: 高等教育出版社, 2010: 183-185.

在"失败"中创新幼儿园新教师培养方式

上海市嘉定区领峯幼儿园　陈莲倩

著名教育专家李镇西说:"'做最好的老师'是一种平和的心态,也是一种激情的行动;是对某种欲望的放弃,也是对某种理想的追求;是平凡的细节,也是辉煌的人生;'是竹杖芒鞋轻胜马'的闲适从容,也是'惊涛拍岸,卷起千堆雪'的荡气回肠。"

"世间一切,都是遇见。就像冷遇见暖,就有了雨;春遇到冬,有了岁月;天遇见地,有了永恒;人遇见了人,有了生命。"梦想的花朵悄然绽放,工作了16个年头的我,于2022年成为了一所新开办幼儿园的业务副园长。角色初转,感觉良好,总以为自己的管理策略是科学合理且有实效的,对幼儿园的未来信心满满。新园"领峯"迎来了她们——小胡老师、佳佳老师、仝仝老师、小唐老师……一群刚刚跨出大学校园,经历职场竞聘,华丽转身成为幼儿园教师的新秀。梦想的种子正在萌芽,她们青春洋溢,风华正茂,对未来憧憬满满。

我们在火热的仲夏相遇,在崭新的校园里相长。育人先要育师,新教师的培训培育是幼儿园发展的基础,计划的落实,认识的偏差,要求的达成在我们之间形成"拉锯",磨合中的团队既有缺憾不足,也有全新跨越,这跨越以"失败"为基座底色,以创新为起点支撑。

一、迷津突呈：囿于"三个一刻"的平台

三脚架的稳定性源于三个支点形成一个稳定的面，同样，教师成长也需要专业理论、专业能力、专业技能三方面支撑，这样的认知深深印在我的脑海中。于是，在新园建立初期，对新教师的培养就形成了三"专"齐下、三"刻"向前的方式。

（一）"理想一刻"——扎实理论功底

招录的新教师大多是非学前教育专业毕业，因此围绕专业理论，要求新教师们利用日常时间熟稔《幼儿园保育教育质量评估指南》《上海市幼儿园办园质量评价指南》《3—6岁儿童学习与发展指南》中的理论知识，将小、中、大三个年龄段幼儿的年龄特点、发展水平、领域目标等烂熟于心。每个月，组织理论知识竞赛、理论知识分享等不同形式的"理想一刻"，以此了解新教师理论知识掌握情况，督促新教师注重专业知识积累，夯实理论功底。

（二）"新动一刻"——提升专业能力

立足新教师在职业初期专业能力的发展，搭建"新动一刻"平台，推进新教师专业能力提升。其一，每周安排一名新教师进行半日活动展示，轮到展示的教师提前制定详尽的半日活动方案，当天组织行政人员和空班教师进行观摩指导，以此调研新教师半日活动实施质量；其二，在每次教研活动结束前预留十分钟，把话语权交给新教师，请她们围绕教研内容提困惑、谈收获，在语言输出、思维撞击中提升专业能力。

（三）"亮相一刻"——展示艺术才能

对幼儿园教师而言，弹琴、舞蹈、绘画、歌唱是必备的技能，非本专业毕业的新教师这方面的能力尤为薄弱，亟须不断加强。因此，立足专业技能提升，搭建新教师艺术才能展示的平台，以每周一练的方式，推出"亮相一刻"，将弹琴、舞蹈、绘画、歌唱四类技能进行"车轮战"式的练习与展示，提升新教师专业素养和底蕴。

我期待着教师们能通过这样的方式穿上"战斗"的铠甲，在实战操练中凝心聚力，增强专业本领，以担当起新时代教师的使命与责任。然而，战士还未练成，新教师们就在起跑线的不远处"趴下"了。培训方案紧锣密鼓实施，作为总设计师的我正在自我陶醉，以为新苗茁壮成长时，让我意想不到的事情发生了。

"陈老师，我觉得背、记这些理论没有用，还占据了我大量的时间，何况还要每周一次的半日活动展示、技能展示。"勇敢的东北女孩全全老师在一次新教师座谈会上如是表达。再看看另外三位内向的老师，她们低着头一言不发，原本明亮的眼神蒙上了一层黯淡的光……会议结束后，老师们的言语、表情在我心中一帧帧闪过，再回想她们组织的半日活动，情况不甚理想，"弹唱跳画"周周练也着实"为难"她们。什么都想要的我，反而什么都没有得到。急于前进反而丢失了成长路上的"风景"。我惊讶嗟叹，不禁反思"失败"之因。

二、方式重构：应和"四步三变二转"的培养节律

回想自己从新教师走来的这一路，是什么力量激励着我不断前行？噢！是热爱！热爱可抵漫长岁月，爱从哪里来？热爱源自幼儿、源自伙伴、源自成绩、源自内心成就感、幸福感，也源自教师内生性的生长。学前人常把"儿童立场""儿童视角"挂在嘴边，难道老师们就不需要同样的立场和视角吗？也许新教师首先需要的是感受职业的幸福感，而后是幸福感支撑下生发的内在驱动，基于以上思考，我尝试重构我园新教师培养方式。

（一）创新准备：唤醒"内生四步"

作为管理新人，我也常常会翻开管理类的书籍，这既拓宽了阅读的范围，有些谜团也随之解开了。在《当校长遇到德鲁克：冰山下的领导力》一书中，我"结识"了现代管理学之父——彼得·德鲁克，他提出，管理者的任务不是"管理"人而是引导人，管理是一种文化，文化是无形的，文化是有力量的。正如谚语：你可以把马带到河边，但你不能强迫它喝水。

1. 教师画像——"画"最新的你

对于新教师，我对她们的了解程度远远不够。她们是一个团队，也是独立鲜明的个体，要培养她们，首先要了解她们，就像对孩子一样，要想走近她们，就要先读懂她们。那么每个人的长处又是什么呢？通过发放问卷、收集数据，新教师们在我心中有了新的画像，画像也随着时间推移不断更新和变化。教师画像中包含基本信息、特长爱好，基于实证的记录（教研活动分享次数、开放活动次数等），也有来自日常观察的记录，还有基于日常互动交流后的感受。进一步的了解让我知道了四位新教师中全全老师是学前教育专业毕业，佳佳老师是卫生教育专业，小胡老师是艺术教育专业，小唐老师是物理学师范专业，她们的性格特点不同，兴趣爱好也不同。她们既是一群新教师，也是全全老师、佳佳老师、小胡老师和小唐老师自己。

2. 特别定制——做擅长的事

基于对新教师的了解，尝试让她们做擅长的事情，在擅长的事上找到自信。佳佳虽然是新老师，但从幼儿园的规划以及个人发展需求而言，保健老师才是她的方向，那么"弹唱跳画"就应该变成"望闻问切"，让佳佳参与保健为主的专业培训，结合"爱耳日""爱眼日"等节日，开设"佳佳小课堂"板块，让佳佳的专业能力得到充分发挥。其他三位老师，专业技能依然"周周练"，但是内容的选择从她们的兴趣爱好入手，有人喜欢做手账、有人喜欢摄影、有人喜欢做棉花娃娃，这些都归类为"画"的范畴。专业能力结合备课组活动，艺术专业的小胡老师负责美术活动的设计；学前教育专业的全全老师负责音乐、语言活动的梳理；而物理学专业的小唐老师则负责科学活动的选材。这样做也许违背"木桶定律"中通过"补短"提升整体的说法，但是现阶段，对于新老师来说，"扬长"更适宜。

3. "咖 noon 时光"——聊暖心的话

每周，我依然会进入班级进行半日活动调研，调研的 2~3 人中固定有一位新教师。在调研工作结束的当天中午，我会邀请教师来到我的办公室，关上门，倒上茶，坐在沙发上，讨论关于上午调研的反馈，讲述关于生活的近况，在说说、聊聊的过程中让彼此消除距离感。渐渐地，这个时段不只是上午被调研的教师的反馈时间，也变成了大家都能来聊心的温暖时刻，因为拉近的关系，新老师们也更愿意表达内心更真实的想法。

4. 育爱润德——调制度的温

内管条例的实施确保了幼儿园正常运作。对新教师而言，调休稀少，当遇到特殊情况的时候，新老师内心焦急，因苦于没有调休而忐忑不安。这是发生在全全老师身上的事情，一次"咖 noon 时光"，全全老师神色焦灼，郁郁寡欢，平时乐观阳光的她竟红了眼眶，经追问了解到，原来此时她的父亲正在医院进行手术，她担心爸爸，又因为没有调休而不知所措。了解情况后，经与班子的商议，允许全全下午调休，日后通过承担双休日 03 早教等活动后补。全全的眼泪流得更多了，那是感激的泪水。我们常说教育是温暖的，温暖的教育来自温暖的教师，温暖的教师则来自有温度的制度。温暖有爱的环境，会让教师心底生出爱的种子，我想这就是"育爱润德"园所文化的体现。

（二）创新设计：巧设"三个变为"

一根筷子容易被折断，但一把筷子牢牢抱成团就坚固得多，这说明集体的力量大。筷子的故事给我这样的启示：抱团前行，解决实际问题，是帮助新教师感受幸福力，积累带班经验行之有效的方法。

1. 变"师徒结对"为"联盟小组"

突破常规的做法，从原本为第一年的新教师只配备常规师傅，转变为组建既包含带班技巧积累又包含专业能力发展的联盟小组。三人成团，这些联盟小队由我园其他教师领衔，每月一次小组研讨，一次大组展示。除本学年大教研的研究主题"生活课程"外，我们设立"游戏""运动""个别化学习"三个联盟小组，每位新教师自主选择感兴趣的实践内容。

2. 变"新动一刻"为"领动时刻"

"领动"一词源于办园理念"领动美好，峯启童年"。原来教研活动中必须由新教师承担的部分转变为每位教师都能参与的环节，新增预约制为老师们留出足够的思考时间。这样，新教师分享时，落落大方、自信满满，成熟型教师分享时，新教师则在学习中收获满满。当小班宝宝哭闹不止的时候，团队老师说："不用说太多，抱抱他们，像妈妈一样用手轻轻抚摸，安全感和亲密度就此链接。"当放学时孩子们一股脑儿往外冲的时候，团队分享的"举手"

游戏让新教师感叹:"原来可以这样游戏化培养幼儿常规。"在"哦"的一声中,新教师们恍然大悟。

3. 变"他园优势"为"共同资源"

我园是"两园一长"管理模式的幼儿园,园长还管理着另外一所成熟的幼儿园。姐妹园与我们的情况截然不同,老教师的比例非常高,这一资源不正是新教师所需要的吗?如获至宝,于是,以"家长工作如何开展"为话题,我们邀请姐妹园老教师共同参与家长工作沙龙活动,以案例分享会的形式畅聊如何做好家长工作。未来,我们还将围绕"班级常规建立""集体活动组织实施"等做进一步的互动。新教师们成长路上不再孤单,日益增长的带班资源让新教师们愈发从容。

(三)创新实践:羽化"两个转向"

南美洲亚马孙河流域热带雨林中的一只蝴蝶,偶尔扇动几下翅膀,就可能在两周后引起美国得克萨斯州的一场龙卷风,这是见微知著的连锁反应。那么新教师培养的着力点——"扇动翅膀的蝴蝶",在哪呢?日常调研中不难发现,新老师最大的困惑之一就是不会观察识别,如何帮助新教师快速进入专业发展的轨道呢?

1. 倾听——从"整体"转向"一对一"

一对一倾听是《幼儿园保育教育质量评估指南》中提倡的做法,通过对幼儿各类活动中表征的分析与解读,教师能更好地了解每一名儿童。我们商定班主任每周要对孩子进行"一对一"倾听活动,确保一个月内至少对全体幼儿进行一次倾听。这样的做法目前处于探索阶段,对不同教师的要求各有侧重。对于新教师,"一对一"的倾听要求不变,但对"一对一"的诠释发生了改变,即一个月内对一名儿童进行重点倾听,从与幼儿的互动聊天、幼儿表征解析中落实"一对一"倾听,全面了解该名儿童性格特点、兴趣喜好、认知能力、思维水平、语言发展、社会交往等方面的情况。

2. 观察——从"广度"转向"点对点"

基于课程实施,观察儿童行为,撰写案例分析是提升教师专业能力的有效途径。角色游戏观察记录、个别化学习活动观察记录、运动观察记录……

聚焦不同课程的观察记录文本工作让初出茅庐的新教师无从应对，观察记录成了新教师完成任务的流水账，对于促进专业能力提升反而无益。因此，对于新教师，我们将以上观察内容进行整合与调整。第一，新教师聚焦一类课程（运动、游戏、学习）中的幼儿行为进行观察，围绕课程特点、目标要求，对照发展水平进行纵向观察与解析，这样的调整更加聚焦，便于教师在观察幼儿的基础上，深度了解该领域的发展要求和不同孩子间的水平差异，有助于理论知识的内化。第二，围绕同一个幼儿，在不同活动中进行观察、记录、识别、跟进，这样做能够便于新教师更全面了解儿童，为幼儿定制适合的、可行的培养方案。两个举措虽然减少了观察的广度，但聚焦了思考的深度，对新教师来说，她们找到了观察儿童、走近儿童、深入课程的脚手架。

三、静待花开：植根"一一转型"的信念

新园的发展需要一步一个脚印，新教师的成长也不是一蹴而就的，刚刚开始的我们需要静候，等待的过程中既要把握青年人的特点，也要回应时代背景的呼吁。从培训者的角度出发，我们要植根新时代幼儿教师培养转型的信念。

（一）一路相随——"仰望"时代潮头的青年

人类社会经历了知识薪火相传的"前喻文化"时代，经历了知识以平面扩散、在同辈人之间传播的"平喻文化"时代。而今，随着社会的发展，知识的流动与生长突破了时空限制，知识权威逐渐消散，"后喻文化"时代已然到来。文化反哺是后喻时代的最基本特征，顺应后喻文化时代的召唤，新教师潜能无限。我们的新教师都是00后，她们接受新鲜事物的能力比我们70后、80后要快得多，年轻人能带给我们认识世界的更多的可能。让活力的基因刻入幼儿园的发展，让创新的活水源源不断，幼儿园可持续发展的泉眼打开的过程中新教师们必将是一股强大的力量。她们是教育教学活动中苗壮成长的新苗；她们也是各类策划活动中的主力干将，次元壁因她们的脑洞被打破，团队凝聚力因她们的助力而强大，管理者要"仰望"时代潮头的青年，因为她们本就熠熠生辉。新团队，新启程，未来征途我们一路相随。

（二）一份执着——"拥抱"教育数字化转型

我国教育信息化正从 1.0 时代走到 2.0 时代，在"十四五"期间，教育的全面数字化转型已成为我国教育改革发展的主要方向。在由我领衔的区级课题"教育数字化转型背景下'领动乐园'活动设计与实施的研究"中，全体新教师均主动加入研究的行列。在与新教师们的沟通过程中，大家表示课题名称吸引她们，原来她们都是信息技术的能手。那么在幼儿园教师的专业技能中，除了原有的"弹唱画跳"外，GIF 动作制作、微视频剪辑等信息技术应用与开发的能力应当成为新时代新教师的标配。坚持"教科研相长"这份执着，在课题研究过程中发挥新教师特长，开发一批幼儿喜爱的活动，提升幼儿综合素养，激活新教师主观能动性。

最近一段时间，新教师的案例中出现了深度思考的痕迹，日常带班表现游刃有余。"佳佳小课堂"让佳佳老师变成了孩子们追捧的"明星"教师；小胡老师也摘下了总戴在脸上的口罩；全全老师和小唐老师双双拿到了区教学新秀比赛的入场券……这一切悄然发生着。新教师成长的"三脚架"依然需要理论、能力和技能的支撑，但过程中三个发力点要基于教师实际动态调整，相融相通。创新幼儿园新教师培养的方式，是作为管理者自我认知的一次重构，也是新教师被卷入的一场"革命"，方式初探，我不知这一机制的调整会对新教师培养产生怎样的波澜。创新是新时代对教师的基本要求，"失败与创新"交叠也是助推教育向着高质量发展的常态步调。如果成功，欣然一笑；如果失败，创新起点再次建立，亦是宝贵的财富。

"德鲁克的教诲""筷子的故事""振翅的蝴蝶""后喻时代的召唤"……路曼曼其修远兮，在幼儿园新教师培养的征途中吾必将上下而求索。

参考文献

［1］李镇西.做最好的老师 李镇西 30 年教育教学精华［M］.桂林：漓江出版社，2014.

［2］杜绍基，彭信之.当校长遇见德鲁克 冰山下的领导力［M］.北京：中国人民大学出版社，2021.

从失败开始的深度学习

——项目活动中发展幼儿创新意识初探

上海市嘉定区菊园幼儿园　庄灵芝

失败是什么？有人说失败是绊脚石，让人不断摔倒；有人说失败是一种修行，磨炼人的身心。每个人的成长经历、思维方式决定了他的认知边界，人们常常会被自己的思维定式限制探索的脚步。而失败，正是那打破固有思维、打开认知边界的一把利刃、一声惊雷。常言道"不破不立，破而后立"，失败虽然否定了你之前的探索方向，却也能让你看到其中的创造价值，走出一条与众不同的创新之路。

在幼儿园的项目探究活动中，幼儿总会经历无数次失败。但若教师能巧妙利用这些失败，让幼儿在失败中感悟，在失败中学会自我调整、积累经验，通过自主建构与实践来理解、解释和解决问题，从失败的"土壤"中汲取养分，就能使创新的萌芽破土而出，开出绚烂的智慧之花。

一、从逃避外出到创新的驱蚊行动

· "我不想去小树林玩"——幼儿的逃避心理

一次户外活动结束回到教室，小Z拉拉我的手说："老师，我下次不想去小树林玩了。"我追问原因，他烦恼地说："我每次去小树林都会被蚊子咬很多包！"原来小Z是敏感体质，身上被蚊子咬后就会肿起来，很痒。此时一旁听到小Z诉苦的孩子给出了建议：可以在到小树林玩之前喷点驱蚊水或者在衣服上贴驱蚊贴。

我给出的应对也差不离——请小 Z 准备一些驱蚊用品，每天去户外前注意佩戴，这就算解决了小 Z 的问题——就如我们每天会遇到的孩子无数个小麻烦一样，三两下就解决了、揭过不提了。然而几天后，我注意到小 Z 正烦躁地不停抓腿、挠胳膊，询问后得知他虽然在衣服上贴了驱蚊贴，但玩的时候驱蚊贴掉了，失去"保护"的他再次被蚊子"攻击"了。看着小 Z 烦恼沮丧的样子，我心中感到抱歉，又担心孩子再次萌生退意。

我的思考：

户外活动中难免会受到蚊虫的侵扰，幼儿皮肤娇嫩，新陈代谢活泼，皮肤上的毛孔挥发汗液快容易吸引蚊虫，身体抵抗力也没有成人强，被咬了更是瘙痒难耐。在我们眼中小小的蚊子，却成了孩子心中大大的麻烦。但是否因为这样，就要放弃去户外活动的机会呢？

叶圣陶先生曾说过："老师之为教，不在全盘授予，而在相机诱导。"即老师要抓住教育契机引导幼儿，幼儿园的一日生活皆课程，小小的"蚊子包"也隐含教育价值，这与陶行知先生的生活教育理论不谋而合。老师要从一日生活中偶发的教育事件中，察觉幼儿的需要、捕捉教育的契机，从而生成贴合幼儿需求的课程。同时我也想用实际行动让孩子体会，"蚊子包"只是一点小麻烦，我们可以通过这个麻烦去思考、去观察、去探索，从中有所收获，甚至把"小麻烦"变成"小幸运"，学会把困难当成机遇、把失败看作挑战，将会让他们受益终身。

• 幼儿创新行为：驱蚊行动

驱蚊贴不好用，那有没有其他更好的驱蚊用品呢？为什么蚊子最喜欢咬我？到底有没有办法让蚊子再也咬不到我们？我再次组织幼儿展开讨论，收集幼儿的问题，引发幼儿对驱蚊的研究兴趣。就这样，"驱蚊行动"项目探究小组成立了。通过讨论，小组决定从认识蚊子开始，"知己知彼"才能找到对付蚊子的办法。

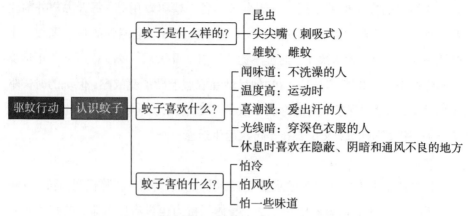

图1　调查后幼儿对蚊子特点认识的思维导图

　　通过信息搜索、查阅百科全书、请教家人，幼儿了解到：蚊子对湿度、温度、气味都很敏感，所以它们常爱叮那些容易出汗又不洗澡的人。当蚊子闻到不喜欢的味道时，它们就会躲得远远的，很多驱蚊用品，如驱蚊贴、驱蚊花露水、驱蚊手环等，就是根据蚊子的这一特点来驱赶蚊子的。

　　了解了驱蚊用品的作用原理，接下来到了探究驱蚊效果的时候。小组成员在这时产生了分歧，他们有的想抓蚊子回来进行实验，对这些蚊子使用驱蚊用品，观察蚊子的表现，来比较驱蚊效果；有的想用真人使用这些驱蚊用品到小树林去活动一定时间，观察使用者的情况，从而进行用品体验测评。

　　我的思考：

　　孩子的想法总是直接又天真，在我们大人看来，小孩子肯定抓不到蚊子，而用真人"以身涉险"——去小树林进行被蚊子叮咬的实验，也违背了我们保护孩子的意愿。这些在成人眼中注定失败、得不偿失的想法，有必要让孩子去尝试吗？

　　萧伯纳说过："一个尝试错误的人生，不但比无所事事的人生更荣耀，并且更有意义。"我们成人总是打着为孩子好的名义不让孩子做许多事，却不曾问问这些保护是不是孩子真正想要的，于是这些以爱为名的保护成了阻挡孩子自由探索创造的枷锁。我想到杜威提出的"做中学"教育理念：从活动中学习、从经验中学习，他认为，教育就是人的主观认识随着客观现实的不断变化而获取各种"经验"。这一次，就放手让孩子去做吧，看看他们能收获什么。

二、从失败的捕蚊行动到创新的捕蚊工具

· 逃走的蚊子——失败的捕蚊行动

在我的鼓励下，驱蚊行动中诞生了"捕蚊行动"小队。小队成员坐在一起讨论了需要哪些工具，做好了分工，然后从家里带来了捕虫网兜、手持吸尘器、电子捕蚊器等工具，一个个摩拳擦掌准备大干一场。

然而现实却不尽如人意，他们用网兜抓蚊子，发现蚊子从网兜的孔隙里飞走了；用手持吸尘器抓蚊子，抱着吸尘器在小树林转了许久，却一只蚊子也没抓到；用捕蚊器成功捉到了蚊子，打开捕蚊器的瞬间蚊子逃走了……面对失败的结果，孩子们感到失望和丧气，他们纷纷找我倾诉。

我请他们记录下操作的过程和结果，回忆在过程中有没有做得不对的地方。接着在班里开了一场分享会，介绍捕蚊行动的进展和遇到的问题，听听大家的建议，说不定能找到突破口。以下简单记录使用网兜捕蚊的幼儿的讨论片段：

小A：我明明看见有一只蚊子在飞，我用网兜去捉它，然后一看网兜里什么也没有。

小D：我觉得你这个网兜不好，它的洞洞太大了，蚊子很小的，你把蚊子套住了，它可以从洞洞里逃走。

小E：我知道蜘蛛的网就是很小的洞洞，而且它是黏黏的，蚊子飞过来就会被粘住，就逃不掉了。

小F：说得对，那就去买洞洞很小的网兜试试看，再在上面涂点黏黏的胶水不就好了。

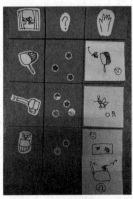 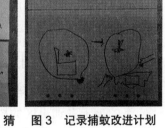

图2　记录捕蚊方法、猜测和捕蚊结果　　图3　记录捕蚊改进计划

通过这次分享会，全班孩子一起开展头脑风暴，找原因、寻办法，不仅帮捕蚊小队找到了新的探索方向，而且班里更多孩子萌发了对驱蚊行动的兴趣，

主动加入进来，小组队伍更加壮大了。

我的思考：

孩子的表现既在我的预料之中，又出乎我的预料。预料之中的是捕蚊行动不会如他们计划得那样顺利；预料之外的是孩子们面对失败能主动倾诉、积极面对，用一种坦然的心态去接纳，在鼓励下化失败为动力，集思广益，虚心接受他人的建议，然后重整旗鼓。

杜威提出，教师应该创设五彩纷呈的情境、开展各种各样的活动，这样不仅能调动儿童学习的积极性和主动性，还能培养儿童的创新能力，让儿童身心得到改造和发展，特别是在动手操作及活动过程中，儿童可以把感性知识概括后上升到理性层面，从而让其终身受益。教师应让幼儿通过"做"来感知，通过"做"来体验，通过"做"来思考，进而达到身心合一的最佳学习状态。

因此教师要尽可能多地提供给幼儿思考与探究的机会和空间，为幼儿提供充分表达自己思想与情感的机会和平台。在探究活动中让孩子适当地经历失败，接受失败，在失败中寻找原因，能引发幼儿的深入思考、深度学习。让他们在探究过程中经历从失败中有所收获的过程，有助于提高他们的科学探究和创新能力，培养他们勇于创新、敢于质疑、敢于表达的科学品质。

• 幼儿创新行为：自制捕蚊工具

通过讨论会，捕蚊小队的成员反思了自己的失败，并受到启发，开始改进自己的捕蚊工具。使用捕虫网的孩子找来了孔洞更小的网兜，又用刷子在上面刷上一点胶水，做成了黏网。使用捕蚊器的孩子，把捕蚊器放进一个大袋子里，隔着袋子打开，让蚊子飞进大袋子里，把有蚊子的部分袋子扎紧，再拿出捕蚊器，蚊子就成功地留在了大袋子里。

有的孩子看到小区的树上挂着的苍蝇笼不费力气就能捉到很多苍蝇，像一个陷阱一样，觉得非常有用，就和小组成员讨论："我们能不能做一个蚊子陷阱？"模仿苍蝇笼的陷阱很好做，孩子们很快用饮料瓶做好了，但是蚊子喜欢的东西和苍蝇不一样，陷阱里放什么东西吸引蚊子呢？前面的调查中了解到，蚊子喜欢黑暗的环境、出汗的味道，于是臭袜子、擦过汗的毛巾齐上阵，再把陷阱包起来隔绝光线，自制的蚊子陷阱就做好了。

图 4　幼儿尝试改进捕蚊网

图 5　幼儿制作蚊子陷阱

我的思考:

　　一次又一次的失败刺激了孩子们的思想,使他们对于各种问题更深入地观察、思考、分析、推理。他们明白了用网兜时要选择孔隙比蚊子小的;吸尘器的口比较小,更适合发现单只蚊子的时候进行一对一抓捕;捕蚊器捉到蚊子以后,要放在装蚊子的容器里面再打开。他们还学会了科学地观察、如实地记录、大胆地分享,以及使用吸尘器和显微镜等工具的方法……当遇到困难时,他们能运用已有的研究成果协助解决问题,这些经验、方法和答案,都是孩子们从失败中"悟"出来的。

　　创新能力就是这样一种实践能力,它要求人们在实践中不断地学习、总结、反思、突破。培养幼儿的创新能力就必须让他们在实践中去体验,在体验中去探索、在探索中去创新,在创新中获得成就感、满足感。

三、从蚊子实验到创新的驱蚊用品

· 脆弱的蚊子——中止的实验进程

终于捕捉到了蚊子,可以对蚊子进行驱蚊用品的实验了。孩子们把驱蚊贴、驱蚊手环、喷洒了驱蚊水的棉球放进装蚊子的袋子里，观察蚊子的反应。他们发现，蚊子对几种驱蚊用品的味道比较敏感，躲得远远的。但也有例外，对个别的驱蚊贴，蚊子好像闻不到味道一样，在袋子里正常地活动。

这么好一通折腾，袋子里的几只蚊子很快失去活力，飞不起来了。"怎么办？我们还有几种驱蚊水没试过呢。"孩子们有些失落。想要继续实验，就需要更多的蚊子作为实验对象，但此刻捕蚊器里空空如也，看来今天不能进行驱蚊用品的实验了。

眼看孩子们的探究被迫中止，我提议他们借助显微镜观察死去的蚊子，他们一下来了兴趣。通过观察，他们发现蚊子的更多外形特点，对蚊子有了进一步的认识。原来蚊子的一对翅膀退化成了平衡棒，有助于帮助它们在飞行当中保持平衡、灵活转向、调整姿态，"所以它才能逃得这么快！"孩子们恍然大悟。小小的蚊子竟然也有这么多学问，这是一开始大家都没想到的。

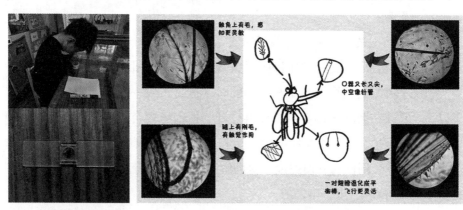

图6 幼儿用显微镜观察蚊子　　　图7 幼儿记录观察后的发现

我的思考：

科学实验中存在许多不稳定因素，更何况是这样的"活体实验"，难免遇到研究进度被迫暂停甚至倒退的情况。面对这种问题，幼儿单一的思考方式往往会让他们陷入瓶颈，甚至钻进牛角尖。而我们教师就是引领幼儿、为幼儿拨开迷雾的那个人。这样不行就试试别的办法，这条路走不通就找找别的路，说不定自己就走出了一条新的路。

美国教育家杜威指出,"教学即生活"。这句话说明教学并不是把现成知识灌输给幼儿就完成了教学任务。真正意义上的教学是在教学过程中使幼儿成为主动学习者,通过学习去实现知识的建构、能力的提升和品德的形成。教师恰到好处地利用幼儿遇到的困难和失败,引导他们打开思路,激发他们多种不同的思考角度,这对培养学生的发散思维、逆向思维、批判思维,培养学生的创新意识和创新能力是至关重要的。

• 幼儿创新行为:驱蚊用品研发

通过观察和实验,孩子们了解到蚊子是这样的灵活灵敏,而驱蚊贴、驱蚊水却不是百分之百好用,那要用什么样的驱蚊方法才能帮助小 Z,让他喜欢去小树林玩呢?

1. 驱蚊香水

孩子们在研究驱蚊原理时发现,一些能散发特别香味的植物,如薄荷、夜来香、薰衣草、天竺葵、七里香、柠檬桉等有驱蚊的效果,由此提出想制作驱蚊香水的想法。他们研究制作植物香水的方法,把新鲜采摘的薄荷叶放在研钵里捣烂,加水、过滤,灌装进小喷瓶里,喷洒出来的水真的带有薄荷清香。然而,第一批制作成功的薄荷香水在一周后发臭了。

孩子们毫不气馁,积极寻找原因,发现鲜采的植物和水中都存在细菌,时间长了就会因细菌滋生而变质腐坏,而酒精可以杀死细菌,防止变质。于是他们改进了"配方",将薄荷浸泡在酒精里,果然存放了很久香水还是香香的。

图 8　制作驱蚊香水计划

图 9　记录发现香水变臭的问题

图 10　用酒精浸泡有香味的植物

图 11　成功制作的薄荷香水、柚子香水

2. 驱蚊手环

在经过使用现有的驱蚊用品进行体验后，孩子们总结出了驱蚊贴、驱蚊水、驱蚊手环的优缺点。从而想要结合三样材料自制一款适合大家用的驱蚊用品。他们找到了美纹纸这一方便粘贴又能吸水的材料代替驱蚊贴纸，把美纹纸剪成一长段，首尾相贴就变成了驱蚊手环，最后喷上自制的驱蚊香水，由孩子们亲手制作的驱蚊用品就诞生了。

图 12　幼儿记录对驱蚊用品的猜测及使用体验

图 13　用花瓣、树叶装饰手环

图 14　按照颜色间隔排列装饰的手环

动手制作的过程也是不断改进的过程。他们先是用在小树林里采集的树叶、花瓣、小果子等贴在上面装饰，让驱蚊贴和手环更加好看。接着有孩子想到把树叶剪成方形、爱心形等不同的形状来装饰。后来又发现可以使用压花机将树叶印压出五花八门的图形，把树叶按照大小、颜色、形状等间隔排列，手环在一代一代的改进下，更具美观性。

每当要出发去小树林玩了，孩子们就自发地戴上自制的驱蚊手环、喷上自制驱蚊水。小 Z 更是手腕、脚腕都戴上了驱蚊手环，"我做的是小太阳图案的手环，我还把薄荷味、薰衣草味香水都喷了一点上去，这下蚊子不会咬我了，"他得意地说，"下次我想试试柚子味的。"

我的思考：

驱蚊行动进行到这里，幼儿仅仅是学到了驱蚊的知识吗？答案显然是否定的。回顾幼儿整个探究的过程，由一个小小的蚊子块引发幼儿的烦恼和逃避情绪开始，到幼儿成立项目化探究小组寻找原因和办法，再发展到研发出新的驱蚊用品，幼儿探索的过程是持续的、发展的，是随着他们探究的进程逐步深入的。

幼儿在探究活动中一步步去寻找答案、解决问题，就好像玩游戏过关升级一样，在一个个游戏关卡中学到了"新技能"、找到了"好武器"、获得了"经验值"，一点点挑战更难的游戏关卡，而当他们经历了数个关卡后，再去回顾游戏的第一关，就会觉得特别轻松简单，因为如今的自己各方面都已有了成长。

四、教育反思：把失败看成一种创新教育的资源

曾经看过一句话："失败也是一片土壤，只要有合适的种子，有春风的鼓舞，种子必定能绽放出应有的美丽。"如果说幼儿的失败就像一片待开垦的土壤，那么教师就是一个农夫。农夫要如何让这片土壤绽放生机呢？我想他需要拥有以下几种能力：

（一）慧眼——从失败中发现教育契机
人的一生中会经历无数次失败，每一次失败都是一种经历，也是一个学

习的过程。教师要了解和分析幼儿失败的原因，帮助幼儿认识失败，将失败转化为另一种可能，那么错误也会成为幼儿成长道路上的一笔可观的财富。而这就是教师的教育契机，只要引导得当，失败也可以转化成一种教育资源。

1. 鼓励幼儿学会面对失败

在日常生活中，孩子们经常会遇到一些失败、挫折。失败和挫折的滋味并不好受，摔倒在地是会痛的，很多人因此恐惧失败，害怕失败。对幼儿来说，他们还不能正确地认识挫折或失败是一种正常现象，如果教师不及时给予引导，他们很容易产生消极情绪，并因此丧失信心、放弃和逃避，那么就真的成了人生的失败者。

就像本案例中被蚊子叮咬的小Z，因蚊子叮咬而不愿到小树林玩，这时教师及时引导，引出"驱蚊行动"项目活动，小Z在项目活动中做出了有效的驱蚊手环，再也不怕蚊子叮咬，这一过程就是教师不断引导、支持后让幼儿正确面对挫折，反败为胜的过程。相信经历了这一过程，孩子以后面对失败和挫折，也会不断思考创新，寻找更好的解决方法了。所以只有做到正视挫折或失败，幼儿才能真正获得成长。

2. 启发幼儿学会反思失败

科学探究就像走迷宫，每一次失败的探索都增加了走对路的可能，经历无数次失败的探索最后走出迷宫。没有失败的探索不会发现正确的方向，而走出迷宫时的成就感很快会消失，不断失败的过程却更让人记忆犹新。

在本案例中，幼儿第一次"捕蚊行动"以失败告终，此时教师就要站在幼儿的立场上来考虑问题：他们为什么会失败？是什么原因使他们产生了这样的结果？该如何纠正？于是，教师耐心倾听幼儿的探索经过，再引导他们去记录、观察、思考和提问，组织幼儿开展分享讨论会。就是为了启发幼儿在失败中进行反思，在失败中吸取教训，分析失败原因，寻找正确因素，调整探究方向，从而提升幼儿的思维能力和探究能力。

我们在指导幼儿反思时的提问是关键，在引导幼儿对失败进行回顾和总结时，教师的提问要有启发性和时效性，点拨幼儿思考、解决问题；在发现问题症结所在寻求解决办法时，教师的追问要有针对性和延伸性，引导幼儿找到答案，又产生新的问题。只有这样不断地循环往复地反思失败，才能真正促进幼儿在深度学习中有所收获。

（二）支持——从失败中推动幼儿的创新

《幼儿园教育指导纲要（试行）》明确指出："为幼儿的探究活动创造宽松的环境，让每个幼儿都有机会参与尝试，支持、鼓励他们大胆提出问题，发表不同意见，学会尊重别人的观点和经验。"教师要能真正认识到幼儿是具有主观性的人，要正确对待教与学的关系，要相信幼儿都是有内在学习和创新潜力的。教师恰当的支持就是在挖掘幼儿的这一潜力，助力他们的创新潜能的发展。

1. 悦纳幼儿的失败，呵护幼儿的创新动力

面对幼儿的失败，教师应该宽容和安慰幼儿，而不是打着教育的名义，对幼儿进行批评和指责。批评和指责不仅于事无补，而且会使幼儿产生畏难、逃避、自我否定、逆反等心理。

每个孩子都有自己特殊的思考方式，就如本案例中幼儿为了试验驱蚊用品的效果，想用吸尘器来抓蚊子作为实验对象。可能我们成人听了会觉得他们的想法不可行、不切实际，但是在幼儿已有经验和认知结构上却是合理、合乎逻辑的。所以我们要做的就是，无论孩子预想的探究方式和实际操作是否能成功，都应该给予支持鼓励，接纳幼儿的不同意见以及他们自己特殊的探索方式。对于幼儿那些天马行空的想法，教师要给予充分的尊重，耐心倾听幼儿是怎么想的，站在幼儿的角度理解幼儿的逻辑，进而给出中肯的评价与合理的建议。

2. 鼓励幼儿的"不一样"，培养幼儿的创新意识

在教育教学活动中，教师要培养幼儿个性发展，坚持让幼儿独立思考，搭建分享的平台，让每位幼儿都有平等的分享自己想法的机会。鼓励幼儿不满足已有的成果，敢于别出心裁，追求新颖奇特，这是创新活动的前提和内部动力。

幼儿一些标新立异的想法恰恰展示幼儿的创造性思维，因此，教师应给予鼓励，多给孩子创造、尝试的条件和机会，比如，在与幼儿讨论捕蚊方法时，鼓励幼儿收集不同的捕蚊材料，只要幼儿觉得有用的，都可以拿来试一

试，如果找不到自己满意的捕蚊工具，还可以自己设计制作一个。又如在制作驱蚊用品时，有孩子想到把美纹纸剪成爱心形状，制作成驱蚊贴的样子，我立刻赞扬她的创意是"金牌设计"，并与其他幼儿分享。

幼儿在这种不断被肯定、被赞扬的氛围中，获得了成功的喜悦和成就感，他们能主动复盘自己的行为："我是怎样做出来这个作品的？""我下次还会继续想出什么好办法来。"当幼儿在多次尝试后掌握了更多、更好、更新颖的方法后，就会对自己产生更大的信心。一石激起千层浪，受此影响，其他幼儿也乐意积极加入到创新活动中来了。教师就是这样通过欣赏幼儿特别的想法，鼓励其他幼儿积极加入创新的行列，提升他们的创新思维。

现实生活中，由于种种原因，幼儿常常会遇到一些困难或不如意的事情，这就要求我们教师要以鼓励、肯定的态度面对幼儿的失败，多给幼儿提供机会与条件，让他们从失败中吸取经验、积累知识，在失败中不断地创新。把失败当作机遇，用创新赢得未来。这样才能培养出具有创新精神和创新能力的新一代。

参考文献

［1］周明芳.变"废"为宝的"失败资源"——巧妙利用失败资源提高孩子的科学探究能力［J］.华夏教师，2019（12）：22.

［2］孙倩倩.关于幼儿创新意识培养的探索与研讨［J］.新智慧，2019（31）：143.

评价管理篇 //////////

多元朗读评价，于失败中走向审美创新

上海市嘉定区外冈中学　陈晓丽

"书读百遍，其义自见。"不断反复地读书，书的意思便心领神会。

"读书破万卷，下笔如有神。"博览群书，感受文脉的起、承、转、合，写作起来就得心应手。

朗读实质上是一种优雅从容的生活方式，朗读者通过欣赏自己的声音，伴随着韵律、节奏、情感、想象，把读者带入其境，获得美的体验和感受。

培养学生的语文核心素养，朗读就是一条重要的途径。要让学生喜爱朗读，教师就要借助于多元评价支架，帮助学生逐渐走出失败，在一个个成功中，获得朗读的快乐，提升审美情趣，激发创新思维，探究出更多美读的方法与技巧，让声音美化生活，在诗意中栖居。

一、参照课程标准，发现朗读失败

（一）明晰教学目标

《义务教育语文课程标准（2022年版）》对初中学生的朗读水平做出了要求：能用普通话正确、流利、有感情地朗读。

六年级下册第二单元的课文都蕴含着作者丰富的感情，适合朗读教学。教学时，教师一方面要从外在的技巧进行训练，比如：引导学生掌握朗读的节奏、停连、快慢，调整声调的高低，保证朗读的流利准确；另一方面要引导学生从文章内在情感的体会出发，进行朗读。比如：《匆匆》要读出忧伤、急促、激动的情感状态，《那个星期天》则要读出欣喜、低沉、绝望和无可奈何的情感变化。总之，每一篇课文在朗读方面都有需要特别注意的地方，教学时要引导学生准确把握。

（二）再现课堂情景

本学期，笔者任教六（5）班语文。在朗读方面，该班同学普遍存在一些问题：漏字；多字；抢读；回读；念字；语速或快或慢；表情过于夸张；音高一个调……

1. 朗读失败之不流畅

师：子在川上曰："逝者如斯夫！不舍昼夜。"《长歌行》有言："少壮不努力，老大徒伤悲。"海伦·凯勒说过："把活着的每一天看作生命的最后一天。"时光匆匆，转瞬即逝，不仅我们深有体会，朱自清先生也感同身受，他要对我们青少年朋友说些什么呢？下面，请小敏同学来读一读这篇课文。

小敏：燕子去——去了，有——有再——再来的时候；杨柳枯——枯了，有——有再——再青的时候……

小敏同学的综合成绩在班级里属于中下等水平。小学阶段就没好好朗读过书，喜欢默读，时间一长，就习惯了闭口，让她有声朗读时，经常会结结巴巴，甚至为难。

"换人吧。""这还叫读书。""坐下去吧！"……同学们中间传出一些嘲讽。倏地，小敏的脸蛋涨得通红，像受了很大的委屈，"呜呜呜——"一阵痛哭，嘴里还念叨着："我不是故意的，我又不会读，为什么失败的总是我？"

2. 朗读失败之拖哼念经

只见小志高高举起了手，迫不及待地跃跃欲试。

师：看你信心满满，请续读。

小志：我不知道他们给了我多少日子……

小志嘴唇微动，声音含糊不清，音高、语速和情感都缺少变化，没有停顿，拖哼劲儿十足，简直就像小和尚念经。原本文质兼美的散文，被唱读后，生气荡然无存。正值春困季节，暖风熏得同学醉，只把课堂当睡堂：有的上下眼皮忽开忽闭；有的手托下巴，打盹；有的趴在桌上，呼呼大睡。小志自以为高人一筹，却不知，实际在唱催眠曲。

3. 朗读失败之音量轻微

师：小明，请你接下去朗读。

小明：……

只有音响，不见内容。我屏气凝神，他依然如蜜蜂"嗡嗡嗡"。小明胆子太小，我本想借此机会，锻炼一下他的胆量，可这孩子十分拘谨。

师：小明，声音大一点。

小明：我——我——不敢，怕——怕读错。

师：不怕，勇敢一点。即便错了，也不要紧。

小明清了清嗓子，提高了音量，内容清晰了。但是，好景不长，几个句子之后，声音又低沉下去，恢复了原样。

4. 朗读失败之缺乏感情

小慧按捺不住，自告奋勇地想要一展才艺。

由于小慧没有深入分析文本，了解作者的情感变化，不能用形象的声音恰当地再现作者的情感世界。朗读平淡无味，缺乏活力与激情，达不到声情并茂，无法与同学们形成共鸣。

……

换你换他，总是找不到满意的人选，令人叹息！

由此可见，同学们现实的朗读水平远远低于目标导向。理想很丰满，现实很骨感。怎样改变现状，提升朗读水平？这一扪心自问，向笔者提出了巨大的挑战。

二、反思失败根源，寻找突破生机

（一）溯本求源明真相

像小敏这样读书能力欠缺的，在班级中大有人在。虽然课堂上某些同学在讥笑小敏，但是，他们自己的朗读水平也就半斤八两，能做到有感情朗读的，可谓凤毛麟角。为此，我访谈学生，请教同事，沟通家长，想要找到根源所在。

学生对朗读不够重视，花的时间少；没有经过充分的训练；没有得到教师系统有序的朗读指导；朗读的内容枯燥乏味，提不起兴趣；学生不懂得朗读对文章理解的有效作用；应试教育不考朗读，导致有些教师教学的疏忽……

（二）情境朗读悟诀窍

课间，我站在教室门口，同学们都兴高采烈地交谈着，终于在一个胖乎乎的男生后面，我发现了小敏。她趴在桌上，闷闷不乐，无精打采，大概为她的朗读失败而不安、伤心。

"嘿，小敏，老师现在遇到一个难题，心里有点慌，你愿意帮助我吗？"

"可是……可是……，好吧，那我试试吧！"小敏有些犹豫，但还是点点头，同意了。

驻足百草园，清风拂面，莺歌燕舞，花红柳绿，香气氤氲，好一派怡人春光！"燕子去了，有再来的时候；杨柳枯了，有再青的时候；桃花谢了，有再开的时候。但是，……"借助大自然美妙的音乐，我朗诵了这段文字。

斑斑驳驳的光点下，小敏的脸色转阴为喜，她打开手臂，伸向空中，似乎想要拥抱这一切美好："老师，您朗诵得真好，可我怎么做不到呢？句子一长，读的时候就不知道在哪里停顿，每次竭尽全力，换来的总是失败。"

我从口袋里掏出一张纸，纸上打印的正是朱自清的《匆匆》第一段。已经用笔画好了停顿。

燕子／去了，有／再来的时候；杨柳／枯了，有／再青的时候；桃花／谢了，有／再开的时候。但是，聪明的，你告诉我，我们的日子／为什么／一去不复返呢？——是／有人／偷了他们吧：那是谁？又藏在／何处呢？是他们自己／逃走了吧：现在／又到了／哪里呢？

"困难似弹簧，你弱他就强。首先，要正视自己的弱点，树立战胜失败的勇气。徒有勇气，没有方法，那是一介莽夫。所以，其次，我们就要想怎样把长句子变得短小、易读。这就涉及划分停顿，把长句子划分成若干个字、词和短语，这样读起来就有抑扬顿挫之感了。而且，我们现在所处的环境和文章描写的接近，这也会激发你朗读的灵感，按照这些要点，你来试试看。"

小敏将信将疑，但还是坚持愿意一试。这一次，她读得十分缓慢，唯恐又要出错，在小心翼翼之下，她真的做到了，不回读。

"我居然成功啦！"她惊叹道。

"一切皆有可能。不断地练习，就会游刃有余，读起来更加自然、流畅。"

"嗯，真是太好了！老师，您刚才请我帮忙，是什么事情呢？"

"看到你一筹莫展，老师心里也很着急。心病总得心药医，知道你因为昨天失败的朗诵，一直耿耿于怀，于是，我就想请你帮我朗读这段话，你高兴了，我的烦恼也就消失了。这个忙，你已经帮到了。"

"哈哈哈……"我们的笑声回荡在校园的角落。

（三）偶得"评价"作抓手

从小敏身上，可以推断出，同学们都渴望自己有一身朗诵的本领。只是，在平时的教学中，由于笔者的忽视，没有集体训练。每次的朗读，对同学们的希望过高，常常事与愿违。而同学们步入六年级了，自尊心也相继强起来，他们拖拖哼哼地唱书，一旦遭受他人的批评，常常会陷入自责，就会失去兴趣，产生抗拒，不开心，导致每一次的朗读都煞风景。

怎样让同学们转悲为喜呢？丰富评价，逐步激励。在学习朗读技能的各个阶段，都能够给予同学积极向上的评价或者委婉地提出不足，同学们就能够在可接纳的愉悦心情下不断修正，不断进步，渐渐地掌握系统化的知识。反观平时，对学生朗读的评价大多是"好"或者"不好"，太笼统，没有具体指出好在哪里，值得注意的地方又在哪里，学生都模模糊糊，教师也没有针对性的指导，所以，朗读评价没有真真切切地落到实处。

三、构建多元评价，培养审美情趣

（一）锚定学习结果

根据班级学生各自的学习经历、智力因素、非智力因素等条件，构建多元朗读评价，见表1，预设同学们学习结束后可能达到的不同水平，分为四大类：新手、基本、合格和进阶。通过认识、情感和动作上可观察、可测量的表现，精准地描述可能达成的学习成果，并预见有待提升的空间，步步深入，提升朗读技能。

表1 多元朗读评价

素养名称	新手	基本	合格	进阶
朗读	声音响亮、圆润；吐字流畅、清晰；停连恰当；感情基调准确。	声音响亮、圆润；吐字流畅、清晰；停连恰当；感情基调准确；重音突出；语气合适；节奏分明，变化有序。	声音响亮、圆润；吐字流畅、清晰；停连恰当；感情基调准确；重音突出；语气合适；节奏分明，变化有序；站立姿势准确；面部表情合乎内容；落落大方、自然真切地表达。	声音响亮、圆润；吐字流畅、清晰；停连恰当；感情基调准确；重音突出；语气合适；节奏分明，变化有序；站立姿势准确；面部表情合乎内容；灵活运用肢体语言来表情达意；声音的高低、强弱、快慢把握自如，随时切换；根据角色不同，转化语音语调语气；散文朗读表现出图画美、情感美和音乐美。

（二）履行学习任务

以量规为导向，精心备课，根据我班学生的特殊学情，制订具体的教学内容，见表2。由浅入深地教授朗诵知识，跟踪训练，能够稍微改变一下现状。

表 2　教学安排

课时安排	知识点	教学活动
1 课时	停连（停顿和连接）	一、停顿 　　根据具体句子，以字、词或者短语为单位，恰当标出停顿，用"/"表示。句子停顿分为三种： 　　1. 标点符号停顿 　　停顿最长——句号、感叹号、问号；停顿较长——冒号、分号；停顿稍短——逗号；停顿最短——顿号；伸缩性——破折号、省略号。 　　2. 语法停顿 　　找出句子的主语、谓语、宾语、定语、状语和补语，以此作为停顿。 　　3. 感情停顿 　　根据朗读者的心理或者感情的抒发来停顿，特点：声断，气不断，情不断。 　　例子：太阳（—）他有脚啊，轻轻（——）悄悄（—）地挪移了。 二、连接 　　词语或者固定短语之间不能割断，要连续读。有时候，为了表情达意，下一句要立马连接上一句。连接符号用"⌒"表示。
1 课时	重音	句子中，要强调某个字、词或者短语，可以提高音量来体现，有重读、轻读和慢读三种形式。同一个句子，重音不同，意思也不一样。重读符号用"·"表示。
1 课时	语气、语调	语气指在句子里，能够表达作者的情感态度的声音方式。语调指朗读中，声音的快慢、高低、长短、强弱、虚实等各种形式的组合，爱时气缓声柔，憎时气盛声硬，高兴时气足声响，伤心时气降声慢…… 　　升调用符号"↗"表示；降调用符号"↘"表示； 　　渐强用符号"<"表示；渐弱用符号">"表示。

（续表）

课时安排	知识点	教学活动
1 课时	感情基调	《匆匆》这篇文章是朱自清的散文名篇，表达了作者对时光转瞬即逝的惋惜和茫然，也表达了不愿意虚度年华的期待。朗读时，总的感情基调：失落、忧伤。
	节奏	为了更好地展现作者的思想感情，朗诵的时候，注意轻重缓急、抑扬顿挫的表达形式，节奏贯穿于作品的始终，整体上呈现出声音的起伏走向。

所有课程结束时，化零为整，带领同学们把前面碎片化知识点进行整合，运用朗读符号，标记全文，读出水平，作为最终的学习成果，如下。

匆匆

朱自清

感情基调：失落、忧伤

燕子／去了，／有／再来的时候；＼杨柳／枯了，／有／再青的时候；＼桃花／谢了，／有／再开的时候。＼但是，聪明的，你告诉我，我们的日子／为什么／一去不复返呢？／——是／有人／偷了他们吧：那是谁？／又藏在／何处呢？／是他们自己／逃走了吧：现在／又到了／哪里呢？＞

我不知道／他们／给了我／多少日子，但我的手／确乎是／渐渐空虚了。在默默里／算着，八千多日子／已经／从我手中／溜去，像针尖上／一滴水／滴在大海里，我的日子／滴在／时间的流里，＜没有／声音，也／没有影子。我不禁／头涔涔／而泪潸潸了。＞

去的／尽管去了，＼来的／尽管来着，＼去来的中间，又怎样地／匆匆呢？／早上我起来的时候，＼小屋里／射进／两三方／斜斜的太阳。／太阳／他有脚啊，＼轻轻悄悄地／挪移了，＼我也茫茫然／跟着旋转。于是——洗手的／时候，日子／从水盆里／过去；＜（快）吃饭的／时候，日子／从饭碗里／过去；＜默默时，＼便从凝然的双眼前／过去；＜（慢）（快慢变化中，排比句子的层次越加明显）我觉察／他去得匆匆了，＼伸出手／遮挽时，（快）他又从／遮挽着的手边／过去；＜天黑时，我／躺在床上，↗他／便伶伶俐俐地／从我身上／跨过，从我脚边／飞去了；＜（快）等我睁开眼／和太阳再见，↗这算又／溜走了一日；（慢）我／掩面叹息。＼但是／新来的日子的影儿／又开始在叹息里／闪过了。＞

在／逃去如飞的日子里，＜在／千门万户的世界里的＜我／能做什么呢？只有／徘徊罢了，＼只有／匆匆罢了。＼在／八千多日的匆匆里，↗除徘徊外，又／剩些什么呢？↗过去的日子／如轻烟，被微风／吹散了，＼如／薄雾，被初阳／蒸融了。＼我／留着些／什么痕迹呢？↗我／何曾／留着／像游丝样的痕迹呢？↗我／赤裸裸来到／这世界，转眼间／也将／赤裸裸地回去吧？＼但／不能平的，为什么／偏要／白白走／这一遭啊？↗

你聪明的，告诉我，我们的日子／为什么／一去不复返呢？＞

在这段时间内，大家兴致勃勃，充满了浓厚的好奇心和求知欲，特别是一些符号的加入，让文章读起来如行云流水，帮同学们克服了原有的畏惧感。原先，"不会读""不敢读""不想读""读不好"，小小的失败一次又一次摧毁了同学们的自信。如今，"这个符号很好玩""我想试试""我居然读出来了，不可思议啊！""这个方法可行"……小小的成功一次又一次唤回了同学们的自信。

四、激发审美创新，促进素养提升

（一）于学习过程中探索新知

同学们没有被失败吓倒，通过勤奋努力，都有了一定的收获。在朗读方面，大家有了新的发现。

1. 眼神先行，声音跟上

小敏虽然是后进生，但是有一双善于发现的眼睛。

小敏说："假设你拿到一篇陌生的文章，立即就要求你朗读，这时候，很多人因为不熟悉，读起来不流畅。我给大家支支招，这一招屡试不败，现在分享给大家。"

小敏接着说："就拿朱自清的《匆匆》来说，如果你初读此文，不要慌张。此时，我们需要同时用上两种感官，一个嘴巴，一双慧眼。在你读，'燕子去了'的同时，你的眼神就往后挪移，看到'有再来的时候'，这样，后一句话就会先一步进入你的视线，接下来，你再读，就会熟悉一些，顺畅一些。当你读'有再来的时候'的同时，眼神再往后挪移，看到'杨柳枯了'。当你读'杨柳枯了'的同时，你的眼神继续往后挪移到'有再青的时候'，依次类推。这就提示了我们平时朗读的误区：眼睛看到什么，就读什么。我们不妨尝试换一种思路，那就是，在读这句话的时候，先用余光扫一下后面一句话，此时，后一句话在你的心里就有了位置，当你读好前一句话时，就顺利地接上了后一句话，每一句话都这样操作，水到渠成，整篇文章不知不觉就读完了。"

小敏的话还未说完，大伙儿就忙着拿一篇新文章来试验。

"行得通啊！""好像可以啊！""小敏，你怎么发现的？"……大家如获至宝，惊讶、喜悦瞬间激荡出课堂的阵阵涟漪。

2. 表情丰富，动作及时

同学们都喜欢看小真朗读，不说"听"，说"看"，是因为小真掌握一套变脸术。她的脸蛋就像花开花谢，喜怒哀乐，变幻无穷！

小真说："要把作者的感情体现在声音上，有一定的难度。但是，有个办法可以实现，那就是做出面部表情，这样，就会随之带来相应的情绪。读到喜的时候，你就眉飞色舞；读到怒的时候，你就面目狰狞；读到哀的时候，你就愁眉苦脸；读到乐的时候，你就笑逐颜开。当读到'瞪大眼睛'，你就用力睁大眼睛；当读到'拊掌大笑'，你就边拍手边仰天长笑；当读到'踉踉跄跄'，你就展示出喝醉酒走路的样子……这样的朗读妙趣横生，就像在和你做游戏呢！"

小真说的没错。朗读的时候，你不仅仅是一位读者，更是一位演员，要做一位实力强的演员，可要下工夫，恰如其分的表情和到位的肢体语言就是很好的抓手，能够牢牢抓住听众的心。

3. 发挥想象，身临其境

阅读的时候，摆在我们面前的文本就像一座岛屿，水上的部分，就是我们眼睛看得到的课文。水下的部分，就是我们看不到的作者的情思。成功的朗读，就是借助声情并茂的声音使水下的部分浮出水面，让人心领神会。

朗读之前，需要做到知人论世，参考文献，了解作者的生平和写作背景，才能够更深刻地体会作者的处境，为朗读的感情基调找到依托。

1922 年 3 月，"五四"运动刚落潮，朱自清感受到时代的脉搏，作为一个知识分子，他一时找不到出路，感受到迷茫和失落。然而，他却不愿意一直沉沦下去，因此，他借助《匆匆》这篇散文，传达出自己内心的哀愁和不想虚度年华的决心，反映了当时大多数知识青年普遍的思想。

在朗读《匆匆》时，就把自己想象成朱自清，想象自己有着同样的经历。在淡淡的哀愁下，开始朗读，读到什么，就看到什么。比如，在读到第三段的时候，就要想象：早上起来，光芒万丈，直射入小屋里。面对太阳，发现它在慢慢移动，就恍惚迷离起来。然后，在清水中洗手，水从盆里流去……所有的文字都在你的想象和联想中，以画面形式呈现在眼前，就像看电影一样。只有心有所想，你才能真正走进文本，才能够灵活自如地运用声音和肢体语言，身临其境，引人入胜。

……

"有心栽花花不开，无心插柳柳成荫。"没想到，在探索中，同学们居然有了这么多新发现，如数家珍，令人叹为观止。

（二）于多元评价中彰显进步

通过阶段性训练，同学们各自的朗读技能达到了哪个层次呢？为了获得准确的评价，需要构建一张朗读水平测量表来衡量（见表 3）。依据自评、家长评、同学评和教师评来判断学生的真实朗读水平。

表3　朗读水平测量表

评价要素	主要指标	评价标准描述	自评	家长评	同学评	教师评
朗读	新手（1分）	声音响亮、圆润；吐字流畅、清晰；停连恰当；感情基调准确。				
	基本（2分）	声音响亮、圆润；吐字流畅、清晰；停连恰当；感情基调准确；重音突出；语气合适；节奏分明，变化有序。				
	合格（3分）	声音响亮、圆润；吐字流畅、清晰；停连恰当；感情基调准确；重音突出；语气合适；节奏分明，变化有序；站立姿势准确；面部表情合乎内容；落落大方、自然真切地表达。				
	进阶（4分）	声音响亮、圆润；吐字流畅、清晰；停连恰当；感情基调准确；重音突出；语气合适；节奏分明，变化有序；站立姿势准确；面部表情合乎内容；灵活运用肢体语言来表情达意；声音的高低、强弱、快慢把握自如，随时切换；根据角色不同，转化语音语调语气；散文朗读表现出图画美、情感美和音乐美。				

收集测量表之后，进行数据统计。把总评看成单位"1"，教师评占40%，其他角色各占20%，得出结论。班级总共31人，其中新手3人，基本8人，合格15人，进阶5人。绘制等第图，见表4。

人数

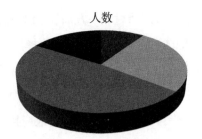

■新手 ■基本 ■合格 ■进阶

图1　评价等第占比图

得知各自的考核等第后，大家都喜笑颜开，从"小白"到"大咖"，同学们用热烈的掌声庆祝了自己的成长。

在手掌的开合之间，笔者隐隐约约看到小敏又趴在桌上，她的评价等第是"基本"，进步很大，本应开心才是。问其原因，她说："班上好多人是'合格'，甚至'进阶'，我才是'基本'，永远比不上别人，总是失败。呜呜呜——"又是一阵痛哭。

班长小蕊站起来："你没有失败，先前，读书结结巴巴，导致你厌恶朗读。现在朗读流畅，声音响亮，字正腔圆，停连恰当，感情充沛，节奏分明，这张多元评价表就见证了你的进步，你成功了。"

小敏抬起头，望着笔者："班长说的是真的吗？"

笔者用袖子轻轻抹去她脸上的泪水，微笑着点点头。

终于，她破涕为笑。

五、小结

在学习过程中，学生已掌握的知识和技能需要及时被发现与认可，从而获得小小的成就感与满足感。教师制作多元评价表，通过不同角色来综合评判学习者所达到的水平。教师尤其要关注学生创新性的活动与成果，并及时给予一定的肯定与表扬，鼓励学生的奇思妙想和标新立异，开拓创新思维，培养创新人格，教师的"推波助澜"更能够增强学生继续创新的信心，学生的创新能力将会得到更大程度的锻炼和提高。

在通往创新的道路上，必然会遇到失败。"人生不如意之事，十有八九。"

失败是一种人生常态，它具有双重性，一方面，可以摧毁一个人的斗志；另一方面，也可以激发一个人的斗志。我们要善于选择后者，保持积极乐观的态度，在永不言败的勤奋进取中，抱着"置之死地而后生"的信念，失败很可能就是下一个转折点的契机，只要在这段征途上，你竭尽全力，倾注所有，就别无遗憾。所以，请务必善待自己，每天乐观豁达地迎接太阳，绽放生命的璀璨之光！

参考文献

［1］中华人民共和国教育部.义务教育语文课程标准（2022年版）［S］.北京：北京师范大学出版社，2022：14.

［2］温儒敏.义务教育教科书　教师教学用书　语文　六年级下册［M］.北京：人民教育出版社，2022：60.

在失败中点燃一团创新的火

上海市嘉定区江桥小学　袁伶娟

能用众力，则无敌于天下矣；能用众智，则无畏于圣人矣。

——三国·孙权

每位学生的心中都有一团创新的火种，当它形单影只，它会燃烧却不会那么持久，甚至会在风吹雨打的洗礼下，熄灭殆尽。失败是创新路上的常态，在失败的暗夜中，我们需要点燃火焰，众人拾柴，集"众力"与"众智"燃起一团创新的火。

一、熄灭：一盘散沙，合作失败

"袁老师，我不想待在这组了，我想换组……"一次课间小组讨论后，奇妙自然小组的萱萱同学泪眼婆娑、哭哭啼啼地跑到我的面前，眼前的她呜咽不成声，似乎受了很大的委屈。"为什么要换组呢，萱萱？"我先是震惊，而后眉头紧皱，心中并不情愿。因为一旦换组必然引起小组骚动，那是不是其他小组成员只要合作不愉快，就可以找我来换组呢？我立即意识到这看起来是一件换组的小事，却是可以引发蝴蝶效应的那一阵扇动。在我的安慰与追问中，我才知道原来她们小组分配任务时她什么任务也没有安排，所以讨论的时候她总感觉插不上话，刚提出看法又会被否定或无视，那种挫败与失落让她心生退组之意。而她的小组因为成员分歧问题，已经不止一次听到争吵，不止一次不欢而散。

其他的小组同样在合作时屡屡受挫，有的小组看似平和，却好似事不关己高高挂起，皓月当空小组在撰写"自然之美"主播稿时，负责编辑却只交给了我一份主播稿大纲，没有实质性的具体内容，而这原来"归功"于三位小组成员迟迟不交观察记录表，观察记录收不齐，主播稿就是无米之炊。生如夏花小组的成员不积极主动思考，讨论时思维不发散，全靠组长决策，最终做出来的"自然之美"宣传手册与皓月当空小组雷同，完全没有团队的独特创意。

这桩桩件件的合作失败事件接连发生，不由得让我陷入深思。我曾经以为所谓的小组合作就是分小组、分好工，他们自然而然就会合作。事实证明，这样的合作如同一盘散沙，不仅消耗了成员的时间与精力，更熄灭了学生探索的热情。教师皆知"众人拾柴火焰高"，却鲜少知道如何引导"众人拾柴"。众人不拾柴，火不久必灭，这样的合作注定是失败的。

二、探因：分中无合，合中无分

这看似凌乱的、超出预期的种种问题，归根结底在于"无效"团队的"无效"合作。无效合作导致的失败已然是事实，我本可以立即调整，为所有团队做出最合适的安排，让大家按部就班合作探究，可这样的"成功"是学生需要的吗？是我想看到的吗？不，不是。只有真正让学生探寻出失败的秘密，走出一条崭新的合作之路，合作才能从无效走向有效，失败才能成为成功之母。为此，我决定走进学生合作的过程，与他们一起去寻找"众人不拾柴"的真正原因。

（一）"丢失"的平等话语权

当我走进萱萱所在的奇妙自然组，我才真正明白萱萱所说的被忽略和无视的被动"边缘人"是一种怎样的感受。在奇妙自然小组，能力强的"优等生"占有优先发言权，他们抢占合作任务，身兼数职大包大揽，像萱萱这样没有分配到任务的同学，只能处于被动倾听、被动安排的状态，做着无关紧要的"杂活"。平等话语权的缺失，剥夺了学生均等参与合作过程、触及学习任务内涵本质的机会。

怎样才能找回学生的平等话语权？如果只是靠我来进行任务分配和协调，学生依然不明白合作学习的意义，而是形成新一轮的教师"话语霸权"。

究其根本,"话语霸权"的背后是对合作学习中每位成员的独特价值的否定。要让每位学生都能以"核心参与"的样态回归合作学习,必然要让成员们看到每位成员的闪光点,真正地欣赏和认同彼此,诚挚、平等地共享话语权。

(二)"架空"的团队协同性

在我们的团队中,每个团队都有团队口号、团队名称等显性团队文化,但这只是浮于形式,并不是真正的团队精神,真正的团队合作最核心的精神内涵应是协同合作、优势互补,发挥协同效应。而在"如何描绘自然之美"这一项目化学习的合作探究中,皓月当空小组的主播稿为什么言之无物,其主要原因就是团队协同形同虚设,成员们"合坐却不合作",大家各行其是、分而不合。

怎样发挥团队协同的优势?团队必然要先形成共同的目标,并为此制订合理的约定,提升团队凝聚力,同时团队协同发展并不是线性的、一味强调个人服从团体,而是要基于成员优势发展的全方位协同。为此,我们必然还要全方面把握团体成员的独特个性,化成员优势为团队创造力。

(三)"磨灭"的个体独创性

在合作探究中,往往需要集体决策来共同选定一种解决问题的方式,这种解决问题的思维方式不可避免会出现团队成员不发言、不思考,一味等待集体决策的情况,磨灭了其他创造性解决问题的可能性。生如夏花小组合作中的问题便是来源于此,如果不能激发团队成员发散思维,成员的个体独创性只会在一次一次的妥协、听从中不断消耗和磨灭,何来创新之说?

为此,我们必须给予每位成员交流思考的平台与空间,营造一种追求多样性、创造性理解的合作氛围,最大限度地发挥成员个体的主观能动性,展现其最独特的批判与思考,唯有如此,才能触发更多成员的思维与灵感,碰撞出更有创意的观点。

三、重燃:分有个性,合而创新

"黑夜给了我黑色的眼睛,我却用它来寻找光明。"团队合作就如同一团火，这团火在失败中熄灭了，眼前一片黑暗，可我们对光明的执着和渴望却并未停歇。当我们在黑暗中摸索着寻找失败的源头，就如同寻找到了那枚火折子，而这次的火需要团队成员们共同点燃。

（一）重新认识彼此——我们都想要被看见

在"如何描绘自然之美"这一项目中，每个团队的共同目标是要在小主人广播"自然之美"主播竞选会中脱颖而出，为此每个团队需要至少四种角色分工，即主播稿撰稿人、小主播、自然之美宣传手册制作者、PPT 制作者，这些角色均需要特定的能力作为支撑，当我带着各小组仔细分析这四种角色分工时，学生们已经开始反思：团队成员谁能胜任？我们了解彼此的优势吗？

在奇妙自然小组的个人主观分工中，组内是没有人愿意做技术总监的，因为这项工作比较复杂、技术含量较高，而主播人选成员们却趋之若鹜，随意指定或自主选择往往不能发挥个人原有的优势，达不成优势互补。萱萱在奇妙自然小组中看起来能力确实不那么突出，难道她就没有优势，没有胜任的岗位了吗？并非如此，班级中能力强的孩子毕竟是个别，像萱萱这样的孩子其实是我们学生的大多数。究其根本，或许是因为我们没有充分挖掘成员的潜能，我们都需要重新认识彼此，我们都需要被看见。

为增进成员间的信任和了解，我设计了一项团队游戏"我想被看见"。游戏中，小组成员各自在纸条上写写自己的各种能力进行分享，纸条上不仅可以写大家都知道的能力，还要写写别人不甚了解但又想让人看到的能力，这样彼此之间在愉快的游戏氛围中逐渐增进情感和信任，每个人都像金子般熠熠夺目（见表1）。

表1 "我想被看见"游戏纸条

我想被看见
请尝试按照如下表达方式，说说你想被看见的能力吧！
大家都知道我的……能力很好 / 最擅长……
其实我不仅会……还会……
我虽然不太擅长……但我想试试 / 我可以学会……

"原来平时不爱发言的沈同学其实既擅长写作，也能操作 office 办公软

件!""原来萱萱写过很多随感,她做事细致认真、很有条理!"在一声声的惊叹和分享的小故事中,团队成员们才明白"生活中不是缺少美,而是缺少发现"。在游戏中,萱萱的写作能力得到大家的认可,最终通过投票表决,由她和沈同学共同完成编辑工作。同时,在四种角色之外,奇妙自然小组还增加资料员的角色,安排一位成员专门负责资料的收集、整理、传递与汇总,这样所有角色的分合运转更加便利。

(二)重新定义团队——团队画像有你有我

怎样才能构建一个好的团队?面对这一问题,我们集体讨论并为好团队画像(见图1),在交流中,学生达成共识:好的团队应该是团结友爱,分工合作,有凝聚力、创造力,有共同的目标,并能让每个人都能发挥所长,一起解决问题的学习共同体。为加强团队的凝聚力、合作力,我们结合团队现状分析小组目前存在的团队合作的问题,并讨论达成解决办法的共识,同时共同制定团队合作协议(见图2),对团队行动进行合理规划(见图3)。

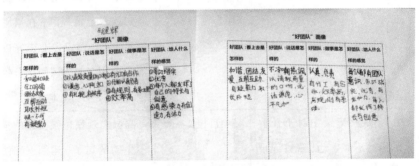

图1 为好团队画像

图2 团队合作协议

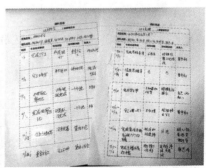

图3 团队日志

为避免像皓月当空小组这样因成员拖拉影响团队进度的问题，学生们还集思广益，采取了更加积极开拓的合作方式，以两种方式讨论团队合作中存在的问题，一是团队日志，对每天团队中出现或提出的问题进行记录，二是阶段汇报时汇总团队日志中的主要问题，列出问题清单并提出解决办法，有的问题可能在阶段汇报前已经获得解决。

皓月当空小组就是在认真分析和总结合作失败问题的基础上，改进了团队合作方式，对问题进行梳理并成功获得了解决方案（见表2）。

表2 皓月当空小组问题解决方案

组名	问题清单	问题分类/重要层次	解决方案
皓月当空	1. 观察记录还有3人未完成，做事拖沓。	项目相关/重	限定1天内完成记录，实在有困难的可由其他成员辅助完成。
	2. 微信视频会议讨论问题时有些同学没有参加或者不准时。	时间管理/中	提前约定微信会议时间，确定讨论主题和内容，会议前发通知或者电话提醒；在家用微信不方便、回家作业未完成的情况下约定改为课间十分钟讨论，约定好日期、地点。
	3. 观察记录中对于景物的描绘不够生动，观察记录均选用观察记录表，方式比较单一。	项目相关/重	圈画出观察记录文字中描述不生动的句子，运用五感法再次观察、记录；加上绘画、书签、拍摄视频等。
	4. 主播和编辑两个角色因为观察记录都没有收齐所以暂且无事安排。	人员管理/轻	辅助完成和修改观察记录或者负责视频拍摄；观察记录收齐后编辑进行主播稿撰写，此时主播也可以与编辑相互交流意见。

将团队合作的落脚点放在"问题"之上，不回避问题，有问题群策群力，

哪怕一开始并没有解决问题的有效路径，通过团队协商也能创造性地思考出解决方式，进一步推动项目的开展，这一系列过程能充分调动学生的思维，敏锐地发现问题，大胆地提出问题，创造性地提出建议，有效地解决问题。在这样的问题解决过程中，个人与团队不断地联动，产生团队协同效益。

（三）重新理解创造——失败也是创新之机

每个团队都希望自己的最终成果能够脱颖而出，富有创新活力，可在团队合作中，最常遇到的问题仍是思维不发散、思维局限的问题。如何突破思维瓶颈，让团队合作真正迸发创新思维的力量？这不仅是我，也是所有团队在创新成果时面临的巨大挑战。当生如夏花小组思维受阻，只能想到与皓月当空小组一样的成果展现方式时，真的是小组成员没有其他有创意的观点和想法了吗？很明显不是，这看起来是一场决策的失败，但并不是团队的失败，换个角度来说，这一结果实际是在告诉他们：这条路十分拥堵，但我们并不是别无选择。而其他多样性的创意依赖于团队成员充分发挥个人独创的优势，发散思维，在小组思维碰撞中获得更多可能性。

失败了我们就重新出发，创造更多可能性。大家都想到要做立体的自然之美宣传手册，我们能不能换个方式？正是在这样的契机中，生如夏花小组走上街头，去搜集不同的宣传单，然后在小组内展开热烈讨论，并最终采用可灵活折叠的五面立体剪裁制作自然之美宣传手册（见图4、图5），让人眼前一亮。而这正是团队协同合作所共同点燃的思维之火、创新之火。

图4　生如夏花小组宣传手册　　　　图5　五面立体剪裁宣传手册

四、启思：失败有价，创新有路

在"如何描绘自然之美"项目化学习的团队合作中，我们可谓是历经重重困难，在一次次的团队问题与矛盾中，我们经历了失败，并在失败中不断反思原因，直视团队问题，共同协商最佳方案。在失败中学习，我们更加明白团队合作的真正含义；在失败中反思，我们更加清晰协同创新的实现路径。

（一）团队合作基于个人价值的觉醒

团队合作不仅仅在于建立一种团队的口号、队名等显性团队文化，也不应是等待着工作的分配，被动地执行。真正的团队文化的建立，应通过建立合作机制，唤醒成员的自我认识，激发所有人的主观能动性及内在潜能，让成员们都能意识到自我生命的价值，感受到作为团队的成员不仅应该而且能够为团队做自己能做的事情，他们不仅可以通过能力匹配找到自己发光发热的领域，还能通过民主平等的讨论、提问、总结、反思、反馈和解决团队中的问题，有效提升团队的凝聚力，从而大大提高合作探究的效率。

（二）有效成功在于正视失败的意义

正所谓"不破不立"，在团队合作探究中，有效成功是伴随着问题的解决而不断取得的，解决问题的过程不可避免会出现失败，失败之后再次深入探索问题，最终创造性地解决问题，这"破"与"立"的转换，就是有效失败的价值。我们的团队合作从"一盘散沙"到"协同创新"，离不开对团队合作过程每一次失败的反思，离不开对问题本身的反复推敲。正因每个团队遇到了各不相同的问题，体验了不同样态的失败，每个团队才会想方设法选择新的解决路径，去重新认识彼此，看到每个人身上的闪光点，去重新理解团队合作的意义，去创造性地解决问题。

（三）协同创新需要全员思维的蓄力

团队协同创新需要基于每位成员的思维碰撞、优势互补，这不是光靠一两个人的思考就能达成，而更需要团队中营造一种平等协同、求同存异的小组合作交流氛围，需要打通每位成员沟通交流的渠道，让思维碰撞思维，让一加一变为三，变为四，变为无穷无尽的思维火花持续迸发。尤其对于一些不善言辞的同学而言，让每位组员都有充分的时间和机会，没有任何顾忌地交流自己的想法，才能促成更多创造性地解决问题的可能，这种看似渺小的交流讨论机会，对于学生来说意义非凡，因为这意味着学生成为了学习的主人，他们的主动积极的互通有无，是合作探究的动力源泉，所有成员的持续蓄力，将大大有助于问题的创造性解决，真正实现团队协同创新。

失败有价，正视失败的价值，才能真正明白其实无所谓失败，那只是通往成功路上暂时熄灭的烟火，点燃那一团火，我们就能继续赶路。创新，其实本没有路，失败的次数多了，不断地跌倒后再爬起，于是在泥泞中我们走出了一条崭新的路。

品尝英语微演讲"失败"后的
那一点儿"甜"

上海市嘉定区封浜高级中学　姚秀珠

英语作为交流沟通的重要语言工具,基础教育阶段的英语学习长期囿于纸笔测试方式评价,而造成学生"哑巴英语"的窘境。为扭转这一局面,上海市教委相继在2015、2021年将口语考试纳入高考和中考。这一评价方式的重大变革也为一线教育指明了方向,在日常英语教学中如何强化学生口头语言输出,培养学生的语言能力与学习能力值得我们一再探索。然而,在培养语言输出能力过程中,有些学生执着于"标准的"甚至"完美的"答案,害怕"发音不正确""内容有偏差"等情况出现,进而"不敢说""不肯说";有些学生"想说""要说"但是"说不明白"……

实际上,没有一个人生来就能成功,换言之,教师应该给学生"失败的权利",包容他们的"失败",引导他们总结"失败"的经验教训,以高效甚至创新的方式解决问题。当学生敢于直面"失败",能够"在哪里跌倒,在哪里爬起来",在人生道路上走得更好、更远,那么才是真正品尝到成功别样的喜悦滋味。

一、"失败"的英语演讲?

(一)初尝"失败":讲稿准备"一波三折"

1. 接受任务"so easy!"

"同学们,今天大家回去认领一个演讲的主题,做好准备,下周一开始,每节英语课前,请同学上台做一个英语微演讲。"

高一开学一个月后的英语课上,我向同学们布置了"微型"英语演讲的任务。

"每个同学一学期只要准备一次演讲,演讲时间控制在 3 分钟左右,主题可以是你喜欢的话题,也可以参考老师给出的主题,你们至少有 2 周的准备时间,但是必须脱稿哦。"

"允许大家仿写教材所学的内容,好词好句好结构,只要用得得当,多多益善。"我补充说明道。

话音未落,认为自己英语基础不错的小 R 同学马上接嘴道:"那太好了,老师,你这不是变相让我们'抄'课文嘛!"

他这一提,班级同学也纷纷附和起来。

"老师,真的只要 3 分钟啊?那敢情好,分分钟搞定!"

"是呀,这小菜一碟嘛。"……

我微微一笑,缓缓说道:"合理、恰当地使用课文词句也许没有你们想象的那么简单哟。小 R 同学自信满满,那就辛苦你打头阵,从你开始我们的英语微演讲活动。"

"我来就我来!没问题!"小 R 立马爽快地答应了。

"需要任何帮忙,记得早点来找我。"我最后还不忘叮嘱一下他。

"应该不需要,看着蛮简单的。"

"你大概率是会来找我的。"听到小 R 的反应,作为"过来人"的我暗自腹诽道。

2. 准备讲稿"真头疼"

果然,过了两天,小 R 同学就唉声叹气地拿着一张纸走进了我的办公室。

"老师啊,你快点来帮帮忙。这是我的演讲稿,同学说写得很'水',真是冤枉啊!我有认真在写。你快帮我看看,怎么办啊!"

小 R 边"伸冤"边把演讲稿递给了我。

只见纸上赫然写着"my favorite travel destination"(我最喜欢的旅游名胜)。一看标题,我马上表扬了他:"你选的主题很好,和我们刚刚学过的单元主题 travel 一致,不是选得很好嘛。"

"主题有了，可是他们说我的演讲稿水平太'次'了。"

"I prefer...I think...such as the Bund, the Oriental Pearl TV Tower, the Guyi Garden..."细细阅读之后就会发现，确实他对"介绍上海"是做了一定功课的，还特地遴选了具有本土特色的古猗园进行介绍。但是讲稿的问题也显而易见：句式单一，"满屏"以"我"开句的表达；在描述喜欢上海的理由时则是进行了简单的景点罗列，鲜少对具体某个上海景点吸引人的缘由铺陈展开陈述。当我读到"It is full of relics from its distance past.（它满是具有悠久历史的遗迹）"时忍不住笑了，显然悠久的历史不是上海城市的显著特质。

3. 讲稿"失败"为哪般

我指着这句话对小 R 说："你觉得这个句子好不好？为什么好？为什么不好？你先回去想想，明天我们一起来讨论。"

没有当场帮小 R 修改稿子，是因为他作为班级中英语基础较好的同学，在撰稿时尚会觉得各种困难，其他同学怎么办？所以，我布置了一个家庭作业："你觉得怎样才是一篇好的演讲稿？"

第二天，在课堂上，小 R 发表了感言：

"我觉得，好的演讲稿要有条理，内容要丰富，句子要有变化，多用点好词好句。我最大的问题就是硬套了课文里的句子，没有注意到我介绍的地方适不适合这些句子，所以闹了个'乌龙'。"

我忍不住给小 R 点赞，总结得太好了！

我又问："那么其他同学，你们有在准备讲稿吗？遇到了什么困难？"

大家也都很认同小 R 的看法。关于困难，有学生说自己不知道怎么选择与主题匹配的内容，有学生不知道怎么把课文里学到的好词好句用到自己的讲稿中，也有学生觉得"肚里没墨水"不知道从何下手……

你瞧，能分析问题、发现不足，同学们已经在认识上有了不小的进步！

鉴于课堂时间有限，我在课后单独与小 R 一起仔细修改了演讲稿的内容。

"老师，这下我的'土坯房'终于变成'大别墅'了！我去背稿子了哈！"小 R 一扫昨天的愁眉苦脸，高高兴兴地拿着稿子准备出去了。

"不能只背稿子，记得提前去看看人家是怎么做英语演讲的。"我忍不住再提醒他。

"放心，放心！只要好好背就可以了，我会认真背的。"小R再次自信满满地说道。

（二）再遭"失败"：演讲首秀"滑铁卢"

1. 首秀再遇"失败"

演讲当天，我特意提前了五分钟进教室。只见，小R早早就打开了自己准备的PPT，嘴巴里面一直念念有词，显然是在反复背诵着讲稿。

"请同学们用热烈的掌声欢迎小R为我们进行班级首次英语微演讲！"

在全班同学期待的眼神中，号称"见惯了大场面"的小R先是放下讲稿，又马上拿起来看了两眼，最后又依依不舍地把稿子放回了自己的桌上，最后才跟跟跄跄地走上讲台。

"今天我演讲的主题是……"一开场，小R还十分流利地用英语"背书"。说他在"背书"，一点儿也不为过。因为，他的语速很快，语调平淡，仿佛没有任何感情色彩的发音机器。我还注意到几个英语基础薄弱的同学已经听着皱起了眉头，显然"听"得有些吃力。

谁知，没讲两句，小R自己卡壳了，可怜巴巴地投来了"求救"的眼神。

接收到我的提示信号后，他又开始"背"了起来。因为刚才"卡壳"的缘故，他本来就不够响亮的声音此时更轻了。

"听众们"有点儿坐不住了，纷纷看向我，仿佛在说："老师，听不见他在说什么！"

我挥手示意小R提高嗓门，让大家都能听见。

这下，他就更加慌了手脚，说出来的都是"broken English"，短短的三分钟对他来说显得尤为漫长。最后，他干脆照着PPT读了一读上面的句子就草草地结束了演讲。

"感谢小R的演讲，大家掌声鼓励。"

台下，同学们为了响应我的号召，稀稀拉拉地鼓起掌来。

小R，再次宛如斗败的公鸡，耷拉着脑袋垂头丧气地回到了自己的座位上。

此时此刻，再尝失败的滋味，想必他真的体会深切。

2. 屡遭"失败"为何哉

不用问，其他同学面对微演讲这个口语输出任务恐怕也已然从"小菜一碟"转变为"瑟瑟发抖"。

用失败打击同学们的信心从来不是目的。我直接邀请了英语课代表点评一下小 R 的演讲，她觉得小 R 的演讲内容很不错，值得一听，就是说得不是很清楚。

这时，我观察到小 R 脸色稍霁，于是，又请他站起来，交流下"二败"感受。

他略作停顿后反思道："我有在认真背讲稿，但是上台来一紧张，本来蛮熟的词儿都忘记了。而且，老师虽然提醒过我，不能死背稿子，还要学习学习人家的演讲是怎么做的，这些准备我都没有放在心上。虽然稿子我改了第二次，但是一看到这么多同学在下面听，脑子就不受控制地宕机了。"

我心里忍不住再为小 R 点赞！转头又问其他同学："同学们，你们怎么看微演讲这件事情？"

有了小 R 的坦诚分享，同学们也纷纷表示自己和小 R 差不多，比起口头表达，更重视书面作业。愿意花很多的时间和精力来写演讲稿，但是几乎没有花时间去练习演讲的技巧，尤其是英语听说技巧，甚至连训练这方面技能的意识都没有。此外，同学们表示自己"很看重参考答案"，会忽视英语作为语言工具的"交际功能"。

所以，"学过"≠"学会"；"学会"≠"做好"！同学们学会了分析与反思，看来大家又在认识上迈进了一大步呢！

所以，我话锋一转，开始表扬起小 R 来："我很赞同课代表的讲法，正如她说的，小 R 能从我们熟悉的 Guyi Garden 入手，结合 the Bund，向我们展示了上海的摩登与文化气息，是吸引人的。而且他准备讲稿的时候特别认真，两次修改都很有进步，这种坚持不懈的劲头，我也非常佩服。最令我刮目相看的是，他两次失败之后，都能勇敢地面对，而且分析自身不足的时候也很坦诚。这些都值得我们再次用热烈的掌声送给他！"

这次，班级里响起了热烈的掌声，小 R 眼中也闪动着喜悦。

二、英语演讲怎么"成功"

小 R 的演讲结束了,那么其他同学怎么办? 显然不能只是"挖坑"让学生"跳下去",更应该和他们一起想办法"站起来"。

如何"扶君上马,再送一程"?

(一)正确归因:直面"失败"有勇气

其实,小 R 的及时分享和同学们在过程中的反思已经在很大程度上突破了他们对英语微演讲的认识。

那么如何进一步引导他们重视英语听说能力的养成?

我组织同学们再次分组讨论,进行头脑风暴,引导他们从"认识、方法、评价"三个维度思考怎么样才能做好微演讲。

组 A 这样说:之前,我们都觉得演讲只要认真准备稿子,好好背出来,看来这样是不行的。学英语,只会做题目也不行。口语表达也很重要,甚至有的时候还要配合点肢体语言,否则呆呆地站在台上也有点不知所措。

组 B 总结道:我们英语基础本来就一般,在遴选与自己演讲主题适合的内容、迁移单元所学的词块或句型、创新性地表达方面都不强。对于微演讲这样的挑战,我们也知道"死记硬背"不好,但是苦于没有更好的学习方法,所以,需要老师帮忙,教我们分解"难任务"。

组 C 分享道:小 R 觉得自己在台上的表现很糟糕,在他演讲时,我们有在努力听,但是确实有时候听不懂。对于小 R 来说,我们"听不懂"也会给他挫败感。其实,我们自己也很在乎台上 3 分钟的表现,很在乎讲稿"成品",很在乎同伴的评价。但是对于学习过程中自己的感受与体验,好像就没有关注到。

同学们的反思让我眼前一亮。看来小 R 这只"小白鼠"没有白白"失败",大家已经逐步意识到英语口语的重要性,也在学着从分析问题出发,探索解决问题的方法。

最后,我高度概括了他们的三个方面不足:

就学习认知而言,"重知识、轻技能"的现象普遍存在;

就学习能力而言,"方法少、思维弱"的问题亟待解决;

就评价机制而言，"重结果、轻过程"的情况尚需改变。

认知提升了，那么，同学们应该如何变革学习方式，完善评价呢？

（二）多模态输入：跨越"失败"有底气

此次英语演讲任务时长虽然只限定在 3 分钟左右，但"麻雀虽小，五脏俱全"，是对书面和口头语言输出的双重考验，任务难度不低。学生还要作为听众，努力听明白别人的演讲内容，也是对听力的考验。所以，存在畏难情绪在所难免。

要想更好地输出语言，语言输入是基础。因此，我引导同学们做了如下尝试：

1. 课堂外，基于资源共享的语言"浸润"，缓解"失败"的焦虑

同学们都是在"短阅读时代"中成长起来的一代人，所以他们对于资源的探索，不仅考虑了《全球超励志英文演讲精选 50 篇：听演讲学英文》等纸质书籍等平面资源，还会借助英文影视剧、钉钉平台、哔哩哔哩网站等渠道，落实多模态语言输入。

当他们浸润在自己喜欢的英语语言输入媒介之中时，畏难情绪自然得到了缓解。犹记得，有同学在钉钉群中分享过梅根·华盛顿（Megan Washington）的"TED 演唱"，因为 Megan 从小就口吃，却能用唱歌来流畅地表达自己，在视频中，她没有用"Smooth talking"来做一场"完美的"演讲，也没有刻意取悦听众，但是，我们很难忽视她在过程中所展现的自信的、坦然的、坚定的自己，"She is not the best, but she is she!"

同学们每周轮流在钉钉群中分享自己喜欢的一个英语短视频或者英语书等，每个分享后面必须跟上至少一句的推荐理由。众人拾柴火焰高，大家在分享中以多元的方式增强了语言输入，也提升了学习英语的兴趣。

2. 课堂中，基于教材语篇的阅读及视听准备，学习成功的经验

沪外教版教材是学生们"唾手可得"的优质学习资料，所以他们也尝试从中汲取营养。以沪外教版必修教材三的第一单元"Road to Success"为例，乔布斯在斯坦福的演讲"Stay Hungry. Stay Foolish."以及第二单元鲍勃·迪伦（Bob Dylan）在诺贝尔颁奖典礼上的获奖演说"Banquet Speech"都颇具参考价值。一方面它

们的主题都与"成功的体验"有一定的关联,同学们可以从中学到如何面对挫折、疾病、失败,如何走向成功的看法或者做法,从而为自己可能遇到的失败做好充分的准备。另一方面,这两个语篇都是简化版的演讲稿,学生可以学习演讲稿的特点,学习如何撰写演讲稿,从语篇配套的演讲视频的观摩中,学习演讲过程中的技巧,从而为自己后续的演讲做好知识和技能的双重准备。

我也不断地提醒同学们,"没有标准答案""没有完美演讲"。所有的听众都以"你"的呈现为准。当然,思想的转变并非一蹴而就,但是老师作为"辅助",要为同学创造包容、宽松的交流氛围,才能让他们解除心防,畅所欲言。

（三）优化方式：从"失败"中学会学习

"走出失败,走向成功",这不仅依靠不畏失败的勇气,更需要同学们获得知识与能力的双重支撑。"不怕说错"之后,怎么"说得更好"？这就需要学习方式的创新。

1. 统整现有资源,丰富讲稿内容,让演讲"言之有物"

（1）用好主题语境,形成"演讲主题清单"

演讲的内容从何而来？高中生的精力是有限的,不能一味地"增加"学习内容,而是要整合好现有的资源,尤其是用好新教材。沪外教版新教材的单元主题选材广泛,涉及校园生活、语言文化、传统习俗、旅游、自然、动物、体育等多元内容,充分契合新课标中"人与自我""人与社会""人与自然"三大主题语境,包含的丰富内容是学生写作时的良好素材来源。

同学们在我给出的参考主题基础上,完成了二级主题,形成了"演讲主题清单"（见表1）,依托整个单元内容的支撑,学生在写讲稿时能较好地实现"有内容可写",避免内容空洞的情况出现。

表1　演讲主题清单（部分）

Topic for reference	My Sub-topic
describing an ideal school life	my ideal life in the targeted university
comparing different cultural messages behind English and Chinese world	what does "Chi" mean in Chinese?

（续表）

Topic for reference	My Sub-topic
proposing a travel destination for a friend	my favorite travel destination
sharing stories about the efforts made to restore damaged nature	if I am the head of environmental protection club...
introducing food traditions of a particular culture	different Chinese festivals,different foods
promoting a sports game in school	playing basketball is my favorite sports/ running is my favorite sports
creating your formula for success	my road to success
forming a new habit	I want to learn drawing
conducting a survey on the use of smart apps	one of our favorite smart app:Wechat
recommending a healthy lifestyle	eating more vegetables makes me healthier
sharing a voluntary work experience	my voluntary work experience in the subway
introducing effective ways to learn English	practice makes perfect
recommending a video or documentary on exploring outer space	Shenzhou XIV was launched
proposing a useful lesson for the school community	how to raise study efficiency
recommending a great scientist in China	Yuan Longping's contributions
designing a plan for surviving the earthquake	a plan for surviving the earthquake
sharing opinions on donating money to others	should senior high school students donate money to others?
proposing a future life in 2050	my future life in 2050

（2）用好单元内容，搭建"逆向设计"写作支架

"逆向设计"写作支架，不同于以往的"审题→写作→修改→定稿"的一般正向写作顺序，而是以"审题→同类文本分析→自主重构→写作→修改→

定稿"的路径进行写作。简言之,逆向写作强调学生在同类文章或语篇分析的基础上,解析原有文本结构或内容、鉴别信息,遴选符合自身写作需要的证据,对语言和内容进行重构,最终在反思、矫正后完成自己的语篇写作。

以下是同学们在学习沪外教版"1AU3 Travel Reading A A Rome Holiday",基础上完成"my favorite travel destination"演讲稿的过程。

第一步,同类语篇分析,掌握分析、鉴别方法

经过小组合作讨论,学生复习了语篇 A 的行文结构与内容,绘制了思维导图(见图 1),从 food, tourist attractions, history, shops 这四个板块进行推荐,收集证据(evidence)或支持性细节(supporting details),为撰稿打下扎实基础。

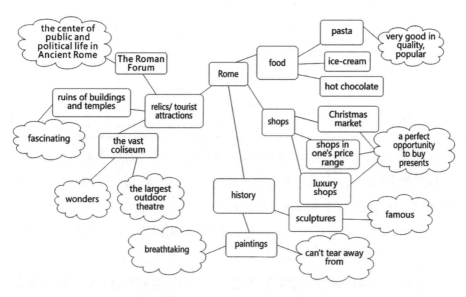

图 1　沪外教版 1AU3 Reading A 语篇内容思维导图

第二步,自主重构内容,提升谋篇、遴选能力

"自主重构"(self-reconstruction)环节聚焦学生在语言和内容两个方面的自主探究、自主遴选、自主表达。

旅游目的地的选择范围非常广泛,我给他们提供了三座代表性城市作为参考(北京、杭州、上海)。不难发现,这三座城市各有特点:北京的历史悠久、杭州的风景秀丽、上海的时尚现代……所以简单套用语篇 A 的内容是不能写出一篇好的演讲稿的,还需要对 Rome 一课的内容进行信息遴选,即根据

所选旅游城市的特点锁定描写的侧重点。此外，学生们根据不同的描述侧重点，梳理了有用的词块（lexical chunks）或句型（sentence pattern）（见表2）。

表2　描述 Rome 细节内容的词块或句型列表

aspects	useful expressions
history	... the most ancient cities .... be full of wonderful relics ... ... was once the center of public and political life ... You can't believe how old they are
tourist attractions	The best part of the visit was ... It was so breathtaking that ... ... can't tear my eyes away from ...
foods	There is a large offering of food ... ... good in quality ...
shopping	... in my price range ... It was a perfect opportunity to buy ...

交流分享中，不仅小组成员扩展了知识面，而且大家对中国旅游城市的认识也更加全面深入，尤其是在分享上海时，学生们纷纷表示：好吃好玩有特色的地方、事物太多了！他们表现出的乡梓情怀和对中国人文胜地的自豪感正是高中生在领略、对比了中西文化差异之后，仍保有的文化自信和爱国之情，这一点乃是学科育人的"初心"。

演讲稿作为英语演讲的重要准备之一，也是同学们在已有语言输入基础上的"再创造"。在清单与支架的帮助下，他们的演讲稿不管是内容的合理性还是多样性等方面都有了不同程度的提升。再以小 R 为例，他以 Beijing 作为 my favorite travel destination 重新撰写了演讲稿：

Good morning,everyone,

I am glad to be with you today and deliver a speech about 'my favorite travel destination'. I strongly recommend you to travel around Beijing, which is the capital of China and the political center of our country.

It is full of interesting places that are worth visiting. The Summer Palace is a famous destination in it. We can see huge amounts of historic relics and know more about the history. When walking around there, we seem to travel to ancient times.The scenery there is also fantastic and may change with seasons every year like a beautiful Chinese painting. The second place I recommend you to visit is the Great Wall. It was built in Qin Dynasty. It is so breathtaking that thousands of people pay a visit to it. We Chinese even have a saying that one who fails to reach the Great Wall is not a hero.

The people in Beijing are warm enough and willing to help you when you are in trouble. There are also delicious foods in Beijing like roast ducks and so on. If you have interest, Luzhu or Douzhi are really special choices for try.You are sure to enjoy the trip if you take the opportunity to visit the fascinating city.

Hope that my recommendation can benefit you. Thank you all.

当学习投入获得了一定质量的学习产出,"小 R 们"的学习热情再次高涨了起来。

那么,如何鼓励他们从"纸上"走向"台上"?

2. 强化听众意识,练习表达技巧,让演讲"言之有力"

(1)成功的演讲需要"演"

演讲不是背诵稿件,它是需要演讲者用语音语调、节奏来传达思想,用体态、表情来演绎内容。所以,学生要想自信走向讲台,首先要扭转自己对于演讲的认识偏差,学着"换位思考"。我请他们交流观看马丁·路德金的"I Have a Dream"、姚明的 NBA 名人堂演讲后的感受,让他们再次去感受什么是"好"的演讲。大家觉得,这两个演讲的语言词汇都不难——"没有什么生词",但是演讲者或淡定幽默或激情澎湃,都很吸引人。

同学们终于意识到,听众意识很重要,换言之,要站在听众的立场上,去表达他们愿意听、内容记得住、传递信息或打动他们的语言。

(2)成功的演讲需要"练"

在班级中,学生就是"听众",他们也都是以英语作为第二语言学习的人。因此,在演讲过程中,应注意如下几点:

其一,语速不宜过快,以高考听力测试的语速为参考依据的话,一般控制在 100 (±10)字符 / 分钟为宜。所以,讲稿也不宜超过 300 字。

其二，语音语调方面，声音要响亮。语调要有一定起伏。如果能做到"抑扬顿挫""轻重缓急"，那自然是更加吸引人。

其三，语义的传递要注意根据"意群"，适时"停顿"或"连读"。"意群"是一个稍长的句子分成的具有一定意义的若干个短语；"停顿"是在意群之间进行的，它是根据语意、语速的需要而自然产生的一种语音停顿现象；"连读"是在一个意群内进行的，它是在说话较快时自然产生的一种语音连读现象。以小 R 讲稿中的第二句为例，"I strongly recommend you to travel around Beijing, which is the capital of China and the political center of our country." 在演讲时，"to travel around Beijing" 可以作为推荐目的地而视作一个"意群"，在 to 之前可做短暂停顿；which 引导的定语从句应为一个整体，在 and 之后可做短暂停顿，以表示北京作为中国首都的政治中心地位。

其四，肢体语言（posture 或 body language）。整个身姿挺拔而不僵硬，放松而不随意；演讲时双手要放在听众看得到的位置，可依据演讲内容适当地抬起；眼神和目光应该聚焦，可与听众有一定的目光交流，让听众在他的眼睛里看到内心情绪的表达。

我"怂恿"同学们在记住这四个"技术要点"基础上，自己在家对着镜子或者在学校对着同学试试，鼓励他们去感悟什么是"纸上得来终觉浅，绝知此事要躬行"。

（四）丰富评价：品尝"失败"后那点儿"甜"

当同学们克服畏难心理，抓住同学大胆地开口练习，这怎么不是一种成功呢？结果固然重要，但是"过程中的甜"也值得每一位同学细细品味。

当然，在实践中，还要注意"保持住"听者在过程中的注意力。同学们建议将"听众"变为"评委"，人人都是演讲的评价者。我也提示他们从"presentation, content, food for thought"三个方面进行评价，听完演讲后，学生评委必须给出至少一点赞美和至少一点完善建议。

这样，演讲者不仅能及时地、面对面地接收到同伴或者教师的正面肯定，也能知道如何提高自己的表达技巧。而作为听者一定会认真地倾听演讲内容，否则他是难以完成"评委"任务的。

此外，教师也是重要的评价者，对于"学生评委"没有关注到的亮点，直接进行补充，引导他们更多关注学习的过程而不是结果。我还提醒他们：对英语演讲的评价，首先，考验"口语输出"即口头表达能力，评价要求参考上海高考英语听说测试的评价标准（语音、语调、意群、语言表达的逻辑性等）；其次，考验"撰稿能力"即书面表达能力，评价要求参考上海高考英语作文的评价标准，主要从内容（内容较充实，能表达出作文要求）、语言（词汇和语法结构的数量及准确性）、组织结构（格式、上下文的逻辑关系及连贯性）三方面评价。

三、我的演讲我做主！

如今，经过一系列的创新与尝试，同学们已然"胜任"了英语微型演讲。不论是演讲稿的撰写还是演讲台前的表达，都展现了他们在书面和口头表达两个方面的"创造性"语言输出。即使水平、表现仍有参差，但是无论是台上的演讲者还是台下的聆听者，都能以坦然而又积极的态度迎接每一次的交流。

记得小 R 同学第二次站上演讲台时，没有了第一次的磕磕巴巴，即使遇到"吃螺蛳"的情况，他也能淡定地往下说着。当讲到"不到长城非好汉""豆汁儿""卤煮"的时候，同学们都忍不住咧开嘴笑了。大家用热情的掌声肯定了他的演讲，还有同学夸奖他"内容丰富、表达自信"，建议"再多介绍一些北京历史名胜""演讲时配上一定的手部动作"。

看着此时高兴的小 R，我再次表扬了他前一次准备演讲稿时的认真和努力，鼓励其他同学也好好享受演讲的过程，因为"我的演讲我做主！"

四、经验总结

微演讲在继续，回首来时路，有失败，有探索，有改变，有收获，更有喜悦。

（一）创新点一：突破认知局限，学生尝试品味英语的"语用价值"

在传统教学中，学生重视语法知识和词汇学习，容易忽视英语的交际与文化功能；他们也非常看重"成功的结果"，容易忽视学习过程中的语言习得。

为突破以上认知局限，笔者通过英语演讲任务的设置，带领学生深挖教材语篇、演讲视频等资源价值，充实多模态语言输入，使他们在"语言浸润"中更新观念。即帮助学生充分认识到英语是"一门学习及运用英语语言的课程"，"具有工具性和人文性融合统一的特点"。当学生提升了自我认知，把英语演讲作为一种综合性的语言输出任务，这大大利于激活其听说能力的培养。没有语法错误、辞藻华丽、激情澎湃的演讲固然是"好"演讲，但正如 TED 演讲大会的宗旨是"用思想的力量来改变世界"所彰显的，英语演讲具有双向性，既是一种思想力量的分享，也会在聆听中汲取他人的智慧火花，最终达到思维的共享、裂变与拓展。英语学习的意义也正在于"表情达意"。

（二）创新点二：优化学习方式，学生学习实现"思维的再创造"

常有老师抱怨："我已经教过很多遍了，学生怎么还不会！"其实，施良方先生就曾明确提出"教学（教），就是教师引起、维持与促进学生学习的所有行为。有了教师，有了学生，有了教材，我们的教学在实际中未必真的发生了"。换言之，教过≠教对了≠教会了。同样，学生学过≠学会了。我们要教会学生的是"学习的方法"，而不单是知识本身。此外，"失败"是过程、是经历、是体验，不是目的。与其反复叮嘱学生记住各项注意事项，不如让他们"亲眼"看见或者"亲身"体验"什么是失败"，进而从"失败"中学会如何优化自己的学习方式，这样他们才能真正成为学习的主人。

笔者引导学生通过"演讲主题清单""'逆向设计'写作支架""强化听众意识的'演'与'练'"等策略学会如何优化学习方式。当学生能以正确的心态面对"失败"、以高效的学习方式克服"失败"，最终用英语这一工具正确地、恰当地就某一主题表达自己的想法或观点时，那么他们就实现了"思维的再创造"，这一过程中学生表现出的素养发展弥足珍贵。

（三）创新点三：改进学习评价，学生学会享受学习过程的"甘甜"

其一，创新评价方式，将对学生的语言学习评价从单一的纸笔测试拓展到了"听、说、读、写、看"的综合能力评价，还将评价权归还学生，利用同伴反馈，引导学生真正成为评价的主体。当同伴给予演讲者至少一条建议或者赞美的时候，对演讲者而言是即时的、直接的促进；对于评价者本身，也有助于他们更为客观地认识评价标准，进而在自评或自我反思中促进语言的习得。正如 Long（1996）在互动理论假设中就曾提出，对话和交流中的语篇调整可以增加综合输入，提高第二语言习得的效率，第二语言习得的实质是互动。

其二，创设宽松的评价氛围，重视过程性评价，推动学生在内化知识的过程中，享受表达、沟通和参与所带来的成就感、满足感。以小 R 同学为例，他的演讲稿从第一稿到修改稿，再到第二篇演讲稿，其文本质量进步明显，这确实体现了他写作能力的提升。但即使第二篇讲稿依旧没有达到预期的水平，他在整个学习过程中所表现出的认真与坚持，在第二次演讲中展现出的自信与进步都值得我们的肯定。

所谓"失败乃成功之母"，当我们的学生不怕"失败"，学会从"失败"中吸取经验教训，甚至懂得以创新的方式克服"失败"，那么他们正是在为迎接未来各种未知的挑战而做准备。而师者此时的"传道授业解惑"恐怕就是在用实际行动践行"教育要培养面向未来的学生"（李希贵，2022）。

参考文献

［1］季洪旭.单元教学探索　基于理解的逆向教学设计案例［M］.上海：华东师范大学出版社，2019：5-8.

［2］Richard Paul，Linda Elder.思辨能力评价标准［M］.高晓宇，译.北京：外语教学与研究出版社，2016：1-3.

［3］董亚男.高中英语听说教学理论与活动设计［M］.上海：华东师范大学出版社，2020.

［4］中华人民共和国教育部.普通高中英语课程标准（2017 年版 2020 年修订）［S］.北京：人民教育出版社，2020.

［5］教育部基础教育课程教材专家工作委员会.普通高中英语课程标准（2017 年版2020 年修订）解读［M］.北京：高等教育出版社，2020.

［6］袁丹.跟着 TED 演讲学英语［M］.北京：中国纺织出版社，2018.

［7］施良方，崔允漷.教学理论：课堂教学的原理、策略与研究［M］.上海：华东师范大学出版社，1999：11-14.

从失败走向创新

——以"奔月计划"为案例谈中班班本活动的创新实践

上海市嘉定区中国福利会新城幼儿园　王隽怡

斯金纳认为，人类的所有行为本质上都是对环境刺激做出的反应。行为能否得以维持，取决于后果是积极的还是消极的。想象一下，孩子面对一场失败后的表情是什么样的？当我们面对一场失败的时候又是如何行动的？

作为一名从事幼教工作十几年的老教师，"坐拥"丰富教学经验的我，一学期要开展无数次大大小小的班本活动，看似积累了若干案例文章，活动搞得有声有色，但失败才是大部分班本活动的"常态"。我这里说的"失败"指的是，幼儿的经验在活动后"原地转圈"。幼儿的经验在后续活动中没有能够沿用。幼儿在活动中没有成就感及满足感。那么教师能够在这些失败中"看见"什么，并做出怎样的改变呢？

一、班本活动背景

2021 年 6 月 17 日，神舟十二号载人火箭在酒泉卫星发射中心点火发射，顺利将 3 名航天员送入太空，发射取得了圆满成功。这一历史性的新闻在孩子们的世界里瞬间激起了波澜。他们在自由活动时展开了激烈的讨论：

"我看到他们出舱了，火箭外面是黑色的。"

"我也看到了，他们还穿着不一样的宇航服，专门可以出舱用的。"

"我爸爸每天看新闻都要看神舟十二号的新闻。"

"我外公说不是任何人都可以飞上太空的。能上太空的都是最厉害的宇航员。"

"我以后也要当宇航员，上太空！"

图1　幼儿在自由活动时对火箭发射感想的记录

从孩子们兴致勃勃的讨论中教师看到了他们对宇宙、火箭、星球、升空等真实世界产生了浓厚探究的愿望。听完幼儿的表达，教师认为这是一个极佳的班本活动来源，可以基于幼儿的真实愿望，引导他们在实践操作中理解、学习。

二、失败的大火箭

教师当下决定"我们一起来造一个大火箭"，"填满"这次的班本活动。

于是第二天，老师从家里搬来了几个大纸箱，交给了孩子。孩子们一拥而上，开始搭建"大火箭"。

图2　　　　　　　　　　　　图3

有人提议，要站进火箭里，于是教师帮幼儿将箱子的其中一面挖掉，孩子们又继续了他们的工作。有的在糊纸，说要打扮火箭，有的用胶带封住瓶子，说要做火箭的顶部。一周后，这座大火箭依然歪歪扭扭，无法站立。不久，孩子的制作热情慢慢地消退了，他们不再一来园就去观察自己的大火箭。

教师尝试唤醒幼儿的兴趣："你们怎么不去做火箭啦？还没造好呢！"孩子们说："造不好了，老是站不起来。""不想造了，又不会真的飞起来。"最终，大火箭就安静的站在教室里，再也无人问津。但这一堆扎眼的"大垃圾"也引起了我的思考。

孩子在这次的班本活动中，只是简单地依据自己对火箭外部特征的经验了解机械地操作，在活动中的体验感也仅限于"我们一起做了火箭""它没能站起来，就结束了"。我认为这是一次常态化的失败的班本活动，但每天看着"大火箭"让我意识到，这次的班本活动虽属常规问题，但同时也属于"胎里毛病"。即教师没有经过深思熟虑而诞生的简单统一的班本活动。

图 4　无人问津的大火箭

三、班本活动 +1 策略

意识到遗留问题不解决，对于幼儿的发展产生了阻滞消极的作用，也对教师的专业成长产生了逆流的效应，我决定从根源出发，对班本活动的设计进行创新。现在国家倡导"大众创业，万众创新"，但真正的创造、真正的创新，绝不是空穴来风。

我开始思考班本活动能够带给幼儿一些什么。2015 年，世界教育创新峰会做过一次很有意思的调查，发现在未来的社会，学力将比学历更重要。

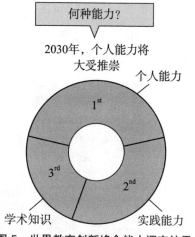

图 5　世界教育创新峰会能力调查结果

因此班本活动应是一次"项目式"探究机会，是让幼儿在自主学习中探究、发现，在实验操作中理解、学习，在分享互动中感受、表达。怀揣目标，驱动幼儿开展的一系列尝试与探索，要以本班幼儿的经验热点为指引导向，以此来培养班级幼儿丰沛的学力和蓬勃的创造力。经过反思，我尝试用"+1"的原则来重新实践班本活动。

(一)【目标 +1】

教师在活动设计前对幼儿的经验与热点进行了分析与判断，并基于中班幼儿经验建构的基本规律和特点，思考如何拓展简单目标，形成幼儿行动导向的"驱动型"目标。

于是我们召开了一次"叽叽喳喳分享会"，把大家对于火箭发射这件事的想法分享了出来。教师把大家提出的问题用网式提纲记录了下来：

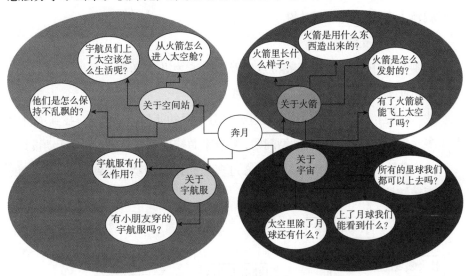

图 6　幼儿经验思维导图

结合了幼儿的经验网络以及中班幼儿的年龄特点，我们将班本活动的目标由简单变成了可操作性强、可实施途径广、学习能力整合性强的 +1 目标。

用多种方法制作火箭，体验同伴合作实现愿望的快乐。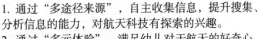

1. 通过"多途径来源"，自主收集信息，提升搜集、分析信息的能力，对航天科技有探索的兴趣。
2. 通过"多元体验"，满足幼儿对于航天的好奇心，使他们有一个初步经历。
3. 通过"动手操作"自主制作奔月计划的装备，尝试解决问题，培养科学思考能力。
4. 通过"个体—小组"的多元模式，激发中班幼儿的表达能力和合作能力。

（二）【奖励 +1】

"再来一个回合就睡觉，结果发现天亮了"，可能是大多数人最普遍的对于游戏的记忆。那教师所需要拥有的课程领导力，对于幼儿来说，就像是一场游戏设计，完成了活动中的各条途径，都能得到不同的奖励。这样的课程吸引力怎么样呢？面对失败，挑战的勇敢也是游戏精神的基本特征。因此，我尝试使用游戏脚本的设计模式来进行班本活动的实施。

1. 主线和支线

我们依然将班本活动的主线设为"大家一起制造一座大火箭"，完成幼儿的最初梦想。但我们设置了许多的支线，没有人规定在完成主线的过程中，突然脱轨去支持支线是不对的。

三步走找"支线"

教师基于中班幼儿的年龄特点以及《3—6 岁儿童学习与发展指南》的科学引领，通过"找三点"来确立活动支线。

找"多元生发拓展点"：教师通过分享会中对幼儿的话语倾听，找到项目中利于多元生发的拓展点及驱动型问题，顺着来源梳理项目脉络，进行活动设计。

找"多领域经验链接点"：教师通过多元的体验活动，找到促进幼儿发展的各领域链接点。

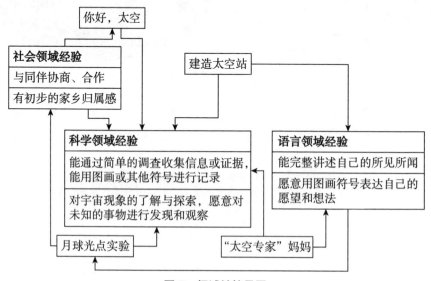

图 7　领域链接导图

找"领域价值同质点"：教师基于幼儿的兴趣热点，找到活动领域价值的同质点，从而为实践助力。在与幼儿分享交流的过程中，教师通过分析，将幼儿所有的问题大致分为两大板块，就是"如何飞"和"飞上去会遇到什么"，因此教师根据这两个异问同质的问题进行了支线设计。(见图8)

教师不断地发掘与整合多种学习资源，尝试为幼儿的探索学习搭建适宜的支线学习支架，结合中班幼儿的年龄特点及关键经验，对这次班本活动有了初步的设计与思考。

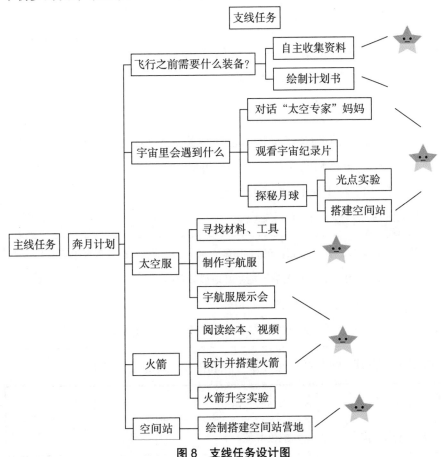

图8　支线任务设计图

每完成一个支线任务，幼儿就能收获一定程度的学习力奖励。当然每个幼儿的学习能力是不一样的，每个人的学习状态和特点节奏也是不一样的。因此我们产生了支线小组，通过"组团打怪"的方式，共享经验，合作完成我们的班本活动。

2. 支线小组

例子：宇航服小组——什么样的材料适合做宇航服？

（1）条件 +1，引发主动性学习

在开始制作宇航服前，幼儿提出了这样的问题："我要找什么材料来做宇航服呢？""家里的衣服可以变成宇航服吗？"教师没有过早地回应和提示，而是放手让幼儿自己回家去寻找。第一次制作，幼儿找来了布、衣服、塑料袋、塑料瓶、易拉罐等材料。

在制作后，孩子们提出：

> 用五颜六色的布做成的宇航服一点也不像
>
> 塑料瓶和易拉罐太难剪开了，需要老师的帮助
>
> 这些碎布我怎么把它们拼起来呢？胶水没用啊

发现问题后，教师为孩子提供了各种相关书籍与视频，引导幼儿在翻阅资料时通过观察、分析和比较来解决遇到的问题。

（2）分析 +1，对比观察，梳理新经验

在梳理相关信息后，孩子们发现了：

> 宇航服的外面是有一层银色涂层用来保暖隔辐射的（之前的材料颜色过于鲜艳）
>
> 宇宙里是很冷很冷的（之前的材料不能很好地包裹身体）
>
> 宇航服上还有备用氧气箱（之前的材料相对单一）
>
> 穿上宇航服一定还需要面罩，这样才能在太空里呼吸（还要增加更多的材料）

基于这些发现，幼儿再一次开始寻找新的材料来制作宇航服。

第一次的材料	遇到的问题	第二次的材料
家里的衣服、布料	颜色太多	锡箔纸
纺织布袋子	剪裁太难	垃圾袋（黑白色）
纸箱子	变形太难	快递保温袋

经过再设计、再操作，一件件新的宇航服诞生了。

图 9   图 10

图 11   图 12   图 13

在设计制作过程中，幼儿在选择材料上遇到了困难。在使用材料的过程中，教师充分尊重幼儿的想法，允许幼儿试错。这样的学习过程也许需要很长的时间，但教师在幼儿发生经验冲突时，抛出问题，创设支架与支持，让幼儿主动发现问题，调试方法，这样获得的新经验，选择更适宜，印象更深刻，幼儿在活动中的成就感更加丰盈。

3. 火箭小组——遇到困难了怎么办？

这次的重建，我们优先选择了个体搭建的方式。孩子们通过使用各种废旧材料进行了火箭的搭建。在过程中，他们遇到了一个个真实的问题。

（1）经验唤醒，"问题解决"视角 +1

问题 1：我的火箭站不住怎么办？

天天选择使用塑料瓶进行火箭的搭建，在搭建的过程中，他使用了玻璃胶和几个规格一样的塑料瓶一起拼接，起初一切顺利，但当最后一个瓶子粘完之后，放在展示台上时，火箭却不住地往旁边倾斜并且倒下。于是他不停地用手扶着火箭，可还是无法控制。于是老师组织了分享交流，并预约了天天作为这次分享的主要分享者。天天把他今天遇到的困难原原本本地告诉了大家。

"我今天搭了一个火箭，可是我遇到了一个问题，它老是倒下来，请大家帮我想想办法。"

"我觉得可能是上面的重，下面的轻，所以站不住。"

"可能是这个火箭，它不直，顶上弯了就站不稳了。"

"可能是粘的不牢固，再粘粘牢试试看？"

"我觉得下面宽，上面窄，就能站得稳。"

孩子们在遇到真实问题时，教师组织他们进行了分享与交流。通过给予幼儿经验提升的空间与机会，教师帮助幼儿对问题解决的方法进行梳理，对起初的方案进行调整和优化。在优化思维的过程中，幼儿提升了运用经验迁移的能力，他们会将自己在体验活动中收获的经验与真实问题进行链接，并对问题解决的方法进行分类与归纳。

遇到的问题	解决方法	
 我的火箭站不起来	材料类	 用奶粉罐增加重量　用易拉罐来试试
	粘贴方法	 使用超轻黏土还能增加重量或者使用宽胶带粘得更牢固
	结构构造	 增加发射台进行支撑或者改变形状吧

（2）利用符号表达，整合性学习能力 +1

问题 2：火箭里有什么？

今天正正用子弹头积木搭建了一艘火箭，他很开心地上前来向大家介绍自己的成果。这时刘小博站起来问："你的火箭发动机在哪里啊？"正正随便指了一个地方。接着小博又问："那舱门和推进器呢？"这下正正没回答上来。于是老师接着将话语抛回给了下面的幼儿："小博看来很了解火箭，知道火箭里那么多的结构。你们知道火箭里还有什么吗？"孩子们的回答零零星星。

图 14

基于前期经验，中班幼儿更加关注的是火箭的外形特征，他们对于直观的具象的物体感受更深，对于火箭内部的结构并不了解。教师通过让幼儿自主信息收集，用自己创造的符号将信息记录下来，使用集体解读与个性解读相结合的方式将幼儿的经验以自己的方式进行呈现，幼儿的形象思维更加充分与丰富了。

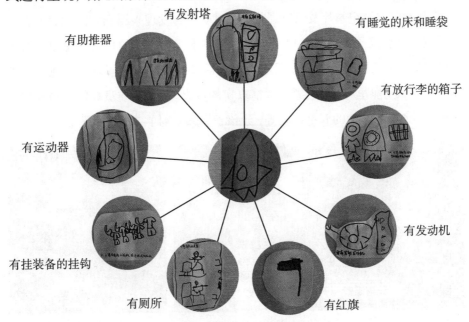

图 15　幼儿用符号呈现信息

（三）【整合资源 +1】

在幼儿不断尝试完成"支线活动"的时候，他们的思维在不断地拓展，小脑袋随着经验的增加，在不断地思考。他们逐渐又提出了许多不同的新问题。

图 16　宇宙中都有些什么呢？　　　图 17　宇航员叔叔从上面看下来会看到什么？

那么在游戏中，我们如果遇到了过不去的难题，我们会做什么呢？加血、找攻略以及求助。作为"游戏设计者"的教师自然要为幼儿整合所有的资源，通过多元途径，为幼儿搭建建构基础经验的通道，提供满足驱动要求的活动平台。

资源 1：试听资源

【观看宇航员纪录片及天宫课堂——试听结合发现兴趣，催生项目内容】

教师带着孩子们在教室里一起观看了许多飞船回家的片段与视频。幼儿回到家后，家长也陪伴幼儿观看。在观看后及时交流与分享自己的观看感受及收获。太空舱里有趣的实验，火箭真实的点火现场，宇航员在舱内的真实视频记录，火箭上鲜艳的五星红旗等，让孩子们感受到了"中国智慧"。

图 18　　　　　　　　　　　　　　图 19

资源2：家园资源

【对话"太空专家"妈妈——巧用认知冲突，激活幼儿探究需求】

我们特地邀请了班级里的一位从事相关职业的妈妈来为孩子们讲述了许多关于太空的故事。"太空专家"妈妈挑选了有关宇宙的绘本，为幼儿讲述了关于宇宙的神奇故事，一起玩了"探秘宇宙"的小游戏，在游戏的最后还给幼儿们颁发了"宇航员证书"。幼儿在互动过程中，新旧知识和经验产生的冲突对比，引发了思维上的碰撞，从而不断进行逻辑思考，产生了强烈的探究欲望。

图20　对话"太空专家"妈妈　　　　图21　对话"太空专家"妈妈

图22　获得"宇航员证书"　　　　图23　获得"宇航员证书"

资源3：社团资源

【探秘月球社团活动——借力多元体验，促进幼儿经验立体化】

此次班本活动期间正值中秋节，教师相应设计了各种体验活动，比如月球观测、建构空间站、"你好，太空"等。

图 24 "你好，太空"阅读活动

图 25 "空间站"建构活动

图 26 "空间站"建构活动

图 27 "月球光点"探秘活动

图 28 "月球光点"探秘活动

幼儿在活动中穿上了中华传统服饰,在中华传统文化的浸润下,感受"中国智慧"。"这是我们中国的火箭,上面有一面五星红旗。""只有我们中国有这么多厉害的火箭。"通过文化与科学的交融体验,幼儿对宇宙太空有了更加立体的经验建构,为活动的推进打开了多元化的切口。

四、活动收获与感悟

(一)"奔月微展览"——支持个性经验表达,倾听幼儿的内心声音

随着幼儿对"奔月经验"的不断构建,作品的不断呈现,游戏中层出不穷的奔月情节,无一不在个性地表达自己对于"奔月"的渴望。因此我们决定开展"奔月计划"的流动展览,通过多元形式展示幼儿在项目中的个性表达。展览中的海报上呈现了幼儿的问题、设计、猜测、验证的探寻轨迹。展览的服装就是孩子自己制作的宇航服,展览的作品就是他们一起制作的一架架火箭。流动展览不仅在自己的教室里展出,还搬到了幼儿园的大厅,幼儿自发地将自己的经验和收获向同伴进行了介绍。

图29 "奔月计划"微展览

图30 "奔月计划"微展览

图31

图32

图33

（二）"奔月记者会"——充分赋予表达权力，创设自在表达环境

在展览结束后，我们邀请了"小记者"随机采访了参展与观展小朋友的感想，并将他们听到的内容进行记录和表征。在"记者采访会"中，教师引导幼儿做"有见解的表达者"，并不是指向表达内容的新颖，而是在活动的过程中，充分赋权，去"师幼紧张感"，鼓励表达，通过同伴互动，将自己的感受体验多元化地、有思想地表达出来。

通过这次的班本活动创新设计，我认识到学习的核心理念是让每一个孩子成为积极主动的学习者，以幼儿发展为先，这与幼儿喜欢探索周围世界的天性高度吻合。主线支线的配合，让幼儿自主自发地学习成为了可能，随着项目的推进，幼儿学会了运用工具进行探究、实验和记录，从中形成了寻找资源和寻求同伴与成人协助的策略。能力的不断加持，自然而然地促进了幼儿学习能力和学习品质的发展。

我们能看到幼儿的能力发展与学习方式有了以下发展：

1. 从被动学习变为主动学习

在一次次试错搭建的过程中，幼儿进行了"反思性学习"，不断地发现问题，解决问题。从以前的教师提出疑问，到自己发现问题，并尝试解决，中班幼儿的自主学习愿望变得更加浓烈，自主学习的方式变得更加多元。

2. 从单一理解变为迁移运用

通过多元的活动体验，幼儿的经验被"合零为整"，在不同的情境中丰富经验，尽可能多地创造运用经验的机会，并以经验为工具来解决问题。幼儿在火箭站不住的问题上，主动迁移之前在社团活动中获得的经验，有了一定的迁移运用能力。

3. 从虚拟情境变为真实世界

这次的项目引入新闻时事，给孩子打开了一扇了解世界的大门。当我们将新闻时事引入后，发现孩子们有自己的想法、观点、疑惑和问题，带给我们意想不到的新视角，为项目延展和生发注入了更鲜活的生命力，也为自主学习提供了本真的内驱力。

4. 从单一具象变为复杂抽象

在项目初期我们看到幼儿对于火箭、太空的表征较为单一和简单，通常

只是勾勒一个大致的轮廓。但随着项目的不断开展和深入,幼儿的经验不断叠加构建,他们对火箭的认识慢慢变得复杂,对火箭的表征也变得更加细节化了。

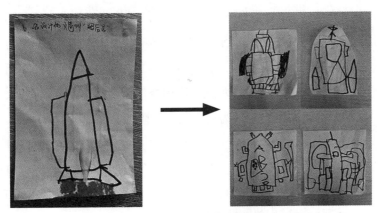

图34　幼儿对火箭的表征

在班本设计中,教师始终是一名追随者,在追随中发现幼儿,发现课程,让幼儿在项目中感受到自己的成长。

我也在这一过程中成长收获了三种"教育配方",能让中班幼儿按照自己的节奏呼吸和思考。

配方一:实践+思考+交流

中班幼儿的认知来源于日常生活的经验与观察,更具有情境性、具体性的特点,因此教师给中班幼儿搭建的支架要+3,即"机会+1、动手+1、表达+1"。幼儿通过这样的支架,就有了不断发现、观察和解决问题的空间,不断突破原有经验,构建新经验。

配方二:问题+科学+融合

在活动的推进过程中,教师要善于捕捉幼儿的问题,将其梳理提炼成为项目的"驱动型关键问题",以此推动活动的进程。在幼儿发现问题后,还要通过多媒体手段以及多元资源,向幼儿发送科学性的信息。并关注领域之间的整体结合,比如在制作火箭的过程中,运用到了重量、平衡等科学经验,在合作的过程中收获了同伴交往的经验;在设计火箭和宇航服时,用表征的方式将自己的经验表达出来。这些核心素养在项目中同步、交错、并列地培养和提升,幼儿的学习力得到了有效的提升。

配方三：情感＋价值＋情怀

《项目化学习设计：学习素养视角下的国际与本土实践》一书中提出，学习是为了心智的自由。心智的自由不是放任个体的自由，我们需要引导孩子思考如何用所学知识创造更美好的世界。让孩子关注真实的世界，不仅仅是为了深度理解和掌握概念，不仅仅是为了锻炼思维能力，同时也是为了敬畏自然与生命，理解何为社会责任。在活动实施的前、中、后，教师不断地引导情感体验，让幼儿在参与探索中感受"中国式浪漫"，了解祖国的强大。在制作过程中，幼儿都会不由自主地为自己的火箭画上一面中国国旗。

在与孩子共同成长的路上，可能会犯错，有的人称之为失败，但是我知道，是失败在提醒你，不好意思，你的方向错了。让我们在不断调整自己的教育策略中，立足"素养"，引领"价值"，基于"传统"，发展"创新"，开阔"眼界"，让每个孩子展现生命的力量，成为自己。